申如刑辩系列丛书

开设赌场罪案件律师代理实务

张 兵 / 主编
安金玲 王晓萍 谢灵珊 叶梅花 张 晨 / 副主编

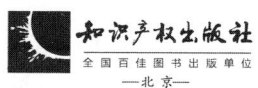
知识产权出版社
全国百佳图书出版单位
—北京—

图书在版编目（CIP）数据

开设赌场罪案件律师代理实务 / 张兵主编；安金玲等副主编 . -- 北京：知识产权出版社，2024.8.
ISBN 978-7-5130-9402-3

Ⅰ . D922.145

中国国家版本馆 CIP 数据核字第 20246TY752 号

责任编辑：刘　江　　　　　　　责任校对：王　岩
封面设计：杨杨工作室·张冀　　责任印制：刘译文

开设赌场罪案件律师代理实务

张　兵　主编

安金玲　王晓萍　谢灵珊　叶梅花　张　晨　副主编

出版发行：知识产权出版社有限责任公司	网　　址：http://www.ipph.cn
社　　址：北京市海淀区气象路 50 号院	邮　　编：100081
责编电话：010-82000860 转 8344	责编邮箱：liujiang@cnipr.com
发行电话：010-82000860 转 8101/8102	发行传真：010-82000893/82005070/82000270
印　　刷：三河市国英印务有限公司	经　　销：新华书店、各大网上书店及相关专业书店
开　　本：720mm×1000mm　1/16	印　　张：19.25
版　　次：2024 年 8 月第 1 版	印　　次：2024 年 8 月第 1 次印刷
字　　数：303 千字	定　　价：98.00 元
ISBN 978-7-5130-9402-3	

出版权专有　侵权必究

如有印装质量问题，本社负责调换。

序

2024年4月13日，我特邀沪上几位知识产权法律研究和实务方面的资深专家，在律所举办了一场关于专利和商业秘密的研讨会，申如律师事务所主任张兵律师也参加了此次研讨会。尽管张兵律师现在以代理刑事诉讼业务为主，但他同时是一位拥有律师执业证和专利代理师证的"双证律师"，因此，我也邀请他一起就专利和商业秘密问题参与研讨、发表见解。研讨会结束之后，张兵律师留下来找我单独聊天，只见他拿出一本用黄色牛皮纸为封面的书稿，并告诉我他的第二本书已经定稿，很快就要出版，希望我能够再次帮他作序。

张兵律师自创办申如所以来，一直以代理刑事诉讼案件为主。去年，也就是2023年11月，他已经出版了一本《诈骗罪案件律师代理实务》，当时也是请我为他的第一本书作序。时隔一年，看到他的第二本书稿也已完成，我颇感惊讶的同时，也对我这位曾经的学生钦佩不已。

我粗略地翻阅了一下书稿，该书是一本关于开设赌场罪律师代理实务方面的专业书籍，全书分十四章，共收录相关典型案例42起，以及开设赌场罪案件审判前沿和律师辩护策略各一章，内容丰富、引人入胜。该书开场对开设赌场罪的前世今生进行翔实的解读，并对此类案件的现状和未来进行有理有据的剖析；主体部分引入大量申如所律师经办的此类案件，并科学分类、逐一剖解，不仅包含传统的赌博形式，还包含大量新型的网络赌博案例，故事精彩、辩护有力；在全书末章，还将办案律师的办案心得和辩护策略进行归纳总结，分享给广大读者，足见作者之用心与无私。此书可传道于同业、警醒于世人，十分值得一读。

不仅如此，张兵律师还告诉我，他的第三本书的初稿也即将完成，我再次被他的勤奋所感动。张兵律师近年来连续完成三本书稿的撰写，足见其办案之勤奋、业务之精熟、总结之用心，实乃青出于蓝而胜于蓝，我惊叹之余颇感欣慰。

我对张兵律师的钦佩，主要有三：

其一，转型之坚决。张兵律师本跟随我学习知识产权诉讼代理，在其成立申如所之后，为所内业务发展，毅然决然转型为刑辩律师，并在短短几年内便将该所发展成为沪上小有名气的刑辩律师事务所，足见其做事之坚决、转型之迅速。

其二，出书之迅速。出版著作绝非易事，需要长期的积累和辛勤的笔耕，大多数律师终其一生都未能出版一本著作，张兵律师却在短短几年连出佳作，实在令人佩服。张兵律师今年三十有八，尚属青年就有如此成就，其日后必将前途无量，而著作方面定会层出不穷。

其三，专业之执着。专业化对律师自身发展而言，乃重中之重。做专业化律师至少要具备三个要素：要有特色、要成专家、要成名律。要有特色就是要在专业上有特色，要有自己的特色领域，要在某一个法律领域内深耕；要成专家，就是要成为一名专家型律师，要将自己修炼成一名业务精深、经验丰富的专家型律师；要成名律，就要树立自己的品牌，要勤办名案、难案，也要适当宣传自己、树立专业形象。知识产权律师要走专业化道路，刑辩律师同样要走专业化道路。张兵律师选择刑辩律师之路，并在短短几年内取得如此成就，乃源自他对专业化孜孜不倦地坚持与追求，实属难能可贵。

现如今，看到张兵律师事业蒸蒸日上，著书喜出连连，我也是由衷地为他感到高兴。衷心地祝愿他再接再厉，办好案、多著书、著好书，成为一名著名的专家型刑辩律师。

朱妙春

2024 年 5 月 16 日

自　　序

"赌门歪道把人迷，半夜赢来半夜输"，此话出自《戒赌诗》，道尽赌博恶习之害，尽现赌徒狼狈之相。孟子将赌博纳入世俗所谓"五不孝"："博弈好饮酒，不顾父母之养，二不孝也。"惩治赌博活动，我国自古至今皆有，战国时期改革家李悝在魏文侯支持下制定的《法经》，作为中国历史上第一部比较系统的封建成文法典，将惩治赌博纳入《杂法》一篇中，此后的历朝历代均有所承继和发展，逐步对赌博行为加强惩治，以维持社会秩序。

新中国成立之后，党和国家明令禁止赌博行为，取得了良好的成效，并将赌博行为纳入《刑法》规制的范畴。1979 年《刑法》第 168 条规定："以营利为目的，聚众赌博或者以赌博为业的，处三年以下有期徒刑、拘役或者管制，可以并处罚金。"1997 年《刑法》第 303 条规定："以营利为目的，聚众赌博、开设赌场或者以赌博为业的，处三年以下有期徒刑、拘役或者管制，并处罚金。"至此，赌博行为不但受到刑事处罚，开设赌场行为也受到刑事处罚。2006 年《刑法修正案（六）》将开设赌场罪单独列为第 18 条第 2 款，"开设赌场的，处三年以下有期徒刑、拘役或者管制，并处罚金；情节严重的，处三年以上十年以下有期徒刑，并处罚金"，处罚力度明显加重。2020年《刑法修正案（十一）》进一步提高了开设赌场罪的法定刑，将"处三年以下有期徒刑"修改为"处五年以下有期徒刑"。由此可见，我国法律对于开设赌场的行为处罚力度不断加大，以完善社会主义法治体系的建设。

"天下之恶，莫过于赌"这句古话，将赌博的危害性上升到最"恶"的高度。古人之事暂且不论，当下案例不胜枚举。无论是新闻媒体上，还是人们生活中，时常听到有人偶染赌博恶习，致无法自拔，甚至倾家荡产、妻离子散，令人不禁唏嘘，赌博害人不浅。

近三年来，笔者所在的上海申如律师事务所刑事辩护团队代理开设赌场罪的案例162件，更有大量涉嫌赌博罪或由开设赌场罪辩护为赌博罪的案例，因开设赌场罪的性质相对更为严重，社会危害性更大，故赌博罪案例不在本书讨论之列。

本书所称开设赌场，即专属于刑法领域的开设赌场罪。现行《刑法》第303条第2款规定："开设赌场的，处五年以下有期徒刑、拘役或者管制，并处罚金；情节严重的，处五年以上十年以下有期徒刑，并处罚金。"如前所述，法律对于开设赌场行为的处罚已成加重趋势，可见该行为的严重社会危害性，笔者认为赌博往往还会衍生出其他的违法犯罪行为，如因缺乏赌资而盗窃甚至抢劫，或因索要赌债而非法拘禁或敲诈勒索，由此使得赌博恶习带来的社会危害更加严重，不仅会给他人带来经济损失，还可能造成他人的人身伤害，严厉打击赌博行为及开设赌场行为有切实必要性，且任重而道远。

本书是《申如刑辩系列丛书》的第二本，第一本为《诈骗罪案件律师代理实务》。有了第一本书的撰写经验，在本书中，我们延续了同样的编写体例，收录的所有案例均是由笔者团队真实代理的案件，根据开设赌场的形式，或者被告人在开设赌场犯罪中起到的作用将案例划分为12个类别，有传统的纸牌类、麻将类、赌博机类、赌球类赌博，也有较为新型的电竞游戏类、彩票类、抢红包类赌博，更有网站平台类赌博，或为赌博网站提供推广或代理，提供技术服务、资金结算服务或场地的类型，我们选取部分有典型意义的案例进行剖析，并浅显地发表了律师感悟。

笔者撰写此丛书的目的是将以往办理的案件进行归纳整理，更利于今后的办案，同时也能够使读者从一个个真实的案例中有所警示，起到一定的普法宣传作用。

张兵

2023年11月3日于上海环球港

目 录 Contents

第一章　开设赌场罪案件审判前沿 ·· 1

第二章　纸牌类开设赌场典型案例解析 ···································· 13

　　案例1　王某某"亚星网百家乐"开设赌场案 / 15

　　案例2　陈某某"百家乐"开设赌场案 / 21

　　案例3　周某某"申博网百家乐"开设赌场案 / 30

　　案例4　胡某某"亚星网百家乐"开设赌场案 / 35

　　案例5　陈某"HHPoker" App 德州扑克开设赌场案 / 42

　　案例6　叶某某"德州扑克""百家乐"开设赌场案 / 48

　【类案摘录】

　　案例7　王某某"WePoker"德州扑克开设赌场案 / 54

　　案例8　李某某网上"百家乐"开设赌场案 / 55

第三章　麻将类开设赌场典型案例解析 ···································· 57

　　案例9　孔某利用"哈灵麻将"开设赌场案 / 59

　　案例10　闵某某"二八杠"开设赌场案 / 64

　　案例11　李某某"二八杠"开设赌场案 / 70

　　案例12　黄某某利用"哈灵麻将"开设赌场案 / 75

第四章　电竞游戏类开设赌场典型案例解析 ······························ 81

　　案例13　陈某某"凤凰电竞" App 开设赌场案 / 83

　　案例14　唐某利用"星际争霸"电竞游戏开设赌场案 / 88

案例 15　梁某某"凌科体育"App 开设赌场案 / 93

第五章　赌球类开设赌场典型案例解析 ………………………… 101
案例 16　饶某"亚博体育"开设赌场案 / 103

案例 17　姚某某网络赌球开设赌场案 / 110

【类案摘录】

案例 18　周某某网络赌球开设赌场案 / 116

第六章　赌博机类开设赌场典型案例解析 ……………………… 117
案例 19　李某某"钢珠赌博机"开设赌场案 / 119

案例 20　张某某"钢珠赌博机"开设赌场案 / 125

案例 21　陈某某"钢珠赌博机"开设赌场案 / 132

案例 22　林某"三七赌博机"开设赌场案 / 138

第七章　彩票类开设赌场典型案例解析 ………………………… 145
案例 23　张某某"六合彩"彩票开设赌场案 / 147

第八章　抢红包类开设赌场典型案例解析 ……………………… 153
案例 24　高某某"米友"App 抢红包开设赌场案 / 155

第九章　网站平台类开设赌场典型案例解析 …………………… 161
案例 25　白某某"加拿大 28"赌博软件开设赌场案 / 163

案例 26　姜某某"火龙赛事"赌博 App 开设赌场案 / 169

案例 27　孙某某"圆梦娱乐""聚鼎娱乐"赌博软件开设赌场案 / 176

第十章　网络推广类开设赌场典型案例解析 …………………… 183
案例 28　孟某某为"辉煌"App 赌博平台推广开设赌场案 / 185

案例 29　余某某为"火龙赛事"赌博 App 推广开设赌场案 / 198

案例 30　陈某某为"AG 体育"赌博软件推广开设赌场案 / 205

【类案摘录】
　　案例 31　龙某某为"新橙娱乐"赌博平台推广开设赌场案 / 212

第十一章　技术服务类开设赌场典型案例解析 ……… 217
　　案例 32　钟某某开发"招财猫棋牌"软件开设赌场案 / 219
　　案例 33　王某某开发"虎拔体育"App 开设赌场案 / 226
　　案例 34　邹某"芒果体育"软件开设赌场案 / 232

第十二章　资金结算类开设赌场典型案例解析 ……… 239
　　案例 35　王某某通过"ALOOPAY"平台提供资金结算开设赌场案 / 241
　　案例 36　杜某某为"红牛"等赌博平台提供资金结算开设赌场案 / 248
　　案例 37　梁某为"彩鲸捕鱼"网站参赌人员上下分开设赌场案 / 253
　　案例 38　刘某某利用"波克捕鱼"游戏开设赌场案 / 259
　　案例 39　鲁某为"湘遇竞技"赌博 App 提供资金结算开设赌场案 / 265

第十三章　提供场地类开设赌场典型案例解析 ……… 271
　　案例 40　陈某某提供线下场地开设赌场案 / 273
　　案例 41　杨某某提供线上"房卡"开设赌场案 / 279
【类案摘录】
　　案例 42　许某提供线上"房卡"开设赌场案 / 284

第十四章　开设赌场罪案件律师辩护策略 ……… 285

后　记 ……… 295

第一章

开设赌场罪案件审判前沿

一、赌博历史简述

赌博，是一种将有价值的物作为注码来赌输赢的行为，其并非一种新生事物，从最初的萌芽发展至今，经历了漫长的发展与演变，历史悠久。中西方对于赌博的起源有各自的说法，西方史上的赌博最早起源于占卜，像占星术和塔罗牌就是赌博的转化。我国历史上对赌博的起源总结起来大体有两种：一种说法认为赌博由上古时代的占卜等迷信活动发展而来，这一点倒是同西方史上赌博起源的说法一致；另一种说法则认为赌博是在原始社会末期、奴隶社会初期由游戏发展而来，即由先秦时期一种叫作"博"的游戏发展而来，之后，人们常常以"博"的方式进行"赌"，于是"博"字渐渐有了赌博的意思。夏商时期，出现了中国最早的赌博形式，即一种名为"六博"的棋类游戏。但是，据说"六博"本身就模仿自古人占卜天象，因此，赌博的起源可能还是占卜，只不过中间历经了游戏的转化，起初确实是作为人类的娱乐而诞生的。

伴随赌博而生的，便是禁赌。人类本身都多少带有一些赌徒心理，同时人性中对于利益的渴求，如果不稍加控制，往往就会蒙蔽人心，反受其制。当"赌"的成分逐渐超越"博"，游戏的趣味便被追逐利益的贪婪所取代。历史上因沉迷赌博导致的祸事比比皆是，因为赌博祸国殃民的案例也不在少数，而且赌博常常令人为一时输赢而意气用事，损人钱财，甚至害人性命。因此早在先秦时期，古人就认识到赌博是一种消磨意志、荒废生活的恶习。

中国历朝历代也都有禁赌的规定，汉代的法律中已有"赌博罪"这项罪名；《唐律疏议》中对赌博的定罪与处罚都做了详细的规定；到了清代，赌博的法律进一步完善，与我们如今对赌博罪的处罚越来越相似。[1]

---

[1] 赌博那些事儿之一：中国赌博史中的三大高光时刻 [EB/OL]. (2020-09-08) [2023-12-25]. "上海物质成瘾治疗中心" 微信号公众号, https://mp.weixin.qq.com/s?__biz=MzI1NzEyMzcwOQ==&mid=2650375215&idx=1&sn=22808efc5db3c44df2e9073f53ce3da1&chksm=f211103dc566992b20d0d3eb7224ee21ea2f97c7f1de1b7ea60a73a6f7494a05b52522db621e#rd.

二、赌博类犯罪的罪名演变

赌博类犯罪是指现行《刑法》第 303 条规定的赌博罪、开设赌场罪及组织参与国（境）外赌博罪。

1979 年《刑法》第 168 条规定了赌博罪。1997 年《刑法》条文规定"以营利为目的，聚众赌博、开设赌场或者以赌博为业的"均构成赌博罪，对于不同行为未予以区分，并设立同样的法定刑——"处三年以下有期徒刑、拘役或者管制，并处罚金"。

2006 年《刑法修正案（六）》第 18 条将开设赌场的行为从赌博罪中分离出来，独立设为第 2 款开设赌场罪，并设立了比赌博罪更高的法定刑，"处三年以下有期徒刑、拘役或者管制，并处罚金；情节严重的，处三年以上十年以下有期徒刑，并处罚金"。且开设赌场罪的构成要件中不再需要"以营利为目的"，虽然司法实践中，一般开设赌场的行为均是以营利为目的，但客观上还是扩大了开设赌场罪的构罪范围。

2020 年《刑法修正案（十一）》第 36 条又提高了开设赌场罪的法定刑，将"处三年以下有期徒刑"修改为"处五年以下有期徒刑"，并且增设了第 3 款组织参与国（境）外赌博罪。

法律条文的修改与司法实践中体现的情况是相互关联的。刑法设置相关罪名的目的在于科学区分危害程度不同的涉赌犯罪，做到罚当其罪。①

三、开设赌场犯罪的现状

司法实践中，开设赌场的行为在赌博类犯罪中的比例逐年递增。以 2021 年前三年的统计数据为例，从检察机关办案情况看，开设赌场罪占赌博类犯罪的八成以上。2019 年，全国检察机关起诉赌博类犯罪 86 843 人，其中开设赌场罪 70 093 人，占 80.7%；2020 年起诉赌博类犯罪 80 537 人，其中开设赌场罪 66 900 人，占 83.1%；2021 年上半年起诉赌博类犯罪 46 575 人，其

---

① 曹坚. 运用一体化思路界定组织参与国（境）外赌博犯罪［EB/OL］.（2022 - 01 - 25）［2023 - 12 - 25］. https：//www.spp.gov.cn/spp/llyj/202201/t20220125_542656.shtml.

中开设赌场罪40 217人，占86.3%①。

不过随着《刑法修正案（十一）》的实施，法定刑的提高在一定程度上震慑了犯罪分子，对于预防开设赌场罪的发生起到了一定作用。根据中国裁判文书网检索，2021年1月1日至2023年11月30日，全国一审审结并予以公开的开设赌场罪判决书共计11 650篇，其中2021年9 669篇，2022年1 440篇，2023年541篇。相较于2021年，2022年及2023年开设赌场罪审结案件的数量有了显著下降。当然，导致这一结果的因素不仅仅是法定刑的上调，相对显著的因素可能还有如下两个：第一，2021年4月，中央全面依法治国委员会把坚持"少捕慎诉慎押"刑事司法政策列入工作要点。作为落实宽严相济刑事政策的一项具体政策，"少捕慎诉慎押"刑事司法政策对多数轻罪案件的犯罪嫌疑人、被告人慎用逮捕、羁押、追诉。② 落实到赌博类犯罪的司法实践中，对于开设犯罪集团中组织、指挥、策划者和骨干分子以外的从犯、初犯、偶犯等，根据其在犯罪集团中的地位和作用，做到该宽则宽，促进教育转化。③ 第二，广大人民群众受禁赌宣传的引导，拒绝参与赌博，也从源头上遏制了赌博类犯罪的发展。

与此同时，近年来，开设赌场罪的涉国（境）外因素逐渐增多，2021年1—9月，全国检察机关起诉涉国（境）外犯罪中开设赌场罪的占比仅次于偷越国（边）境罪，居第二位。而且，涉外的开设赌场罪通常以互联网为媒介，表现形式为网络开设赌场，包括在计算机网络上建立赌博网站，或者为赌博网站担任代理并接受投注，以及为赌博网站提供各种互联网技术服务或资金支付结算服务等。由于互联网一定程度上摆脱了地域和时间的限制，相应加大了查处的难度，危害程度也更加突出。可以预见，这也是未来打击开

---

① 2021年上半年赌博类犯罪上升超两成　检察机关坚持宽严相济加大办案力度［EB/OL］.（2021－07－25）［2023－12－25］. https：//www.spp.gov.cn/xwfbh/wsfbt/202107/t20210725_524720.shtml.
② 王勇. 从党的光辉历史看"少捕慎诉慎押"刑事司法政策［EB/OL］.（2022－04－18）［2023－12－25］. https：//www.spp.gov.cn/spp/zdgz/202204/t20220418_554441.shtml.
③ 2021年上半年赌博类犯罪上升超两成　检察机关坚持宽严相济加大办案力度［EB/OL］.（2021－07－25）［2023－12－25］. https：//www.spp.gov.cn/xwfbh/wsfbt/202107/t20210725_524720.shtml.

设赌场罪将面临的一个显著问题。

开设赌场罪是妨害社会管理秩序、扰乱公共秩序的犯罪。从打击各种赌博行为的力度上可以看出，对于仅仅是个人参与赌博，并非聚众或者以赌博为业的行为，不构成赌博类犯罪，当然如果赌资数额较大，仍属于违法行为，可能予以治安处罚；而从数次刑法修正案可以看出国家对于赌博类犯罪的打击力度主要还是集中在开设赌场罪上，除了开设赌场的行为为赌博活动提供了实施的平台、场所，也因为开设赌场采用的方式及其包含的赌博手法已经渗透广大群众生活的诸多方面，潜在的危害难以估量。

随着移动通信技术、线上支付等科技手段的发展，以及智能手机的普及，在实施开设赌场组织赌博活动的行为中，传统实体赌场的比例已大幅减少，开设赌场的行为逐步从线下转移至线上。哪怕是利用传统的赌博手法，如棋牌类、"六合彩"、赌博机等，亦可通过互联网实施开设赌场的行为，更不用说专门建立囊括多种赌博手法的赌博 App 和网站，或者本就脱胎于电子竞技竞猜的电竞赌博等。对于犯罪分子来说，网络赌博既有利于自己躲避司法机关的查处和打击，又能更大范围地招揽赌客。网络开设赌场的犯罪行为辐射的地域、人群更广，也就可以更大程度地满足犯罪分子非法营利的目的。

同时，为了满足开设赌场各环节的顺利进行，开设赌场犯罪的涉案人员众多且集团化，分工细致明确等特点也较为突出。以利用赌博平台开设赌场的案件为例，犯罪集团首脑会聘请专人搭建 App，并进行运营维护；再雇用人员专门从事客服工作，解答客户的问题，提供为客户充值下注等服务；同时与相关技术团队合作，为平台提供推广服务，招募平台代理，并鼓励发展下级代理接受投注；另有专门的团队，负责赌资支付结算。整个开设赌场的犯罪集团如同一部庞大的机器，不同团队实施各自的业务分工，使得整部机器顺利运转。

开设赌场罪如同其他赌博类犯罪一样，也是滋生其他犯罪的魔窟，社会危害严重。司法实践中，不少开设赌场犯罪伴随着非法拘禁，故意伤害，掩饰、隐瞒犯罪所得等犯罪行为，严重危害参赌人员的人身和财产安全；对于涉外的赌博案件，还容易造成资金外流，对国家经济安全也会产生一定影响。据 2020 年 9 月第九届中国支付清算论坛公布的数据显示，每年自境内流出的涉赌资金逾 1 万亿元之巨。

四、开设赌场罪面临的打击

我国一直以来都坚持禁赌政策，《刑法》《治安管理处罚法》等均对赌博等违法犯罪行为作出了相关规定。2020 年以来最高人民检察院分两批次，对涉及 16 个省份的 14 起开设赌场系列案件挂牌督办，以确保案件办理的质量和效果。鉴于近年来，传统赌博和跨境赌博违法犯罪活动受互联网领域黑灰产业助推向互联网迁移，通过网络开设赌场招揽赌客的问题日益严重，2022 年赌博类 App 新增超 500 万个，2022 年 11—12 月，赌博类网站新增超 2000 万个，[①] 对人民群众的财产安全造成极大威胁，也严重妨碍我国社会管理秩序。

同时，因赌博恶习在国内一些地方尚存，参赌人员数量超千万，且大多位于经济发达地区，所以开设赌场对于犯罪分子来说仍有利可图。此外，因开设赌场的犯罪手段、途径不断翻新，比如利用电子竞技赌博、直播赌博等等，而电竞、直播的目标群体通常是青少年，因此通过上述手段招揽的赌客也趋于年轻化，在青少年人生观、价值观形成的关键时期，如果持续受到贪婪、侥幸等赌博心理的影响，对他们的成长甚至一生都会造成不利的影响。

可以预见，国家未来打击赌博类犯罪，尤其是开设赌场犯罪以及组织参与涉外赌博犯罪行为的必要性和紧迫性。同时，广大人民群众在生活富足的基础上开展娱乐活动本无可厚非，但应树立正确的娱乐观，认清赌博违法犯罪活动与正常文娱活动的界限，拒绝参与以营利为目的，带有高额财物输赢的赌博活动。毕竟企图依靠赌博发家致富的都是妄想，古今中外因痴迷赌博导致倾家荡产、家破人亡、害人害己的例子反而多如牛毛。

五、开设赌场罪的审判要点

关于赌博类的犯罪自古有之，我国刑法对于赌博类犯罪设立的罪名有赌

---

① 这 5 组数据告诉你，世界杯不为人知的一面 [EB/OL]. (2022 - 12 - 14) [2023 - 12 - 25]. "360 数字安全" 微信公众号，https://mp.weixin.qq.com/s/cqihrrnfHyCh49fYvAZkKA.

博罪、开设赌场罪、组织参与国（境）外赌博罪，从上述统计数据来看，不难发现，其中开设赌场罪系赌博类犯罪中的高频犯罪，开设赌场原作为赌博罪的一种表现形式，由于开设赌场可吸引他人前去赌博，涉及参赌人数多、赌资数额大，因此产生的社会危害性较一般的聚众赌博更大，故2006年《刑法修正案（六）》将开设赌场从赌博罪中分立，单设开设赌场罪。

1. 开设赌场罪的构成要件

开设赌场罪属于妨害社会管理秩序类的犯罪，该罪侵害的客体为正常的社会管理秩序，客观表现为有开设赌场的行为，主观方面表现为故意。随着网络信息技术的发展，其表现形式也逐步多样化。故对于该罪中"开设"的含义，应当做广义理解，除现实中的开设赌场（营业性地为赌博者提供场所，设定赌博方式、提供赌具和筹码，接受赌客投注，以供他人赌博）外，在计算机网络上建立赌博网站或者为赌博网站担任代理，接受投注的，或以电话投注等方式进行赌博，参与者并不集中在一起的，也属于开设赌场。且提供赌场之后，无论本人是否参与，是否抽取渔利，均不影响该罪成立。

2. 开设赌场罪的立案标准

现实中，开设赌场的形式多种多样，尤其是网络赌博，因赌博场景模式虚拟化，使得赌博种类更加不胜枚举，如何对参与人的行为定罪量刑，有无相关明确规定，一直是大家比较关注的问题。关于该罪的立案标准，最高人民检察院、公安部《关于公安机关管辖的刑事案件立案追诉标准的规定（一）》中有详细规定："开设赌场的，应予立案追诉。在计算机网络上建立赌博网站，或者为赌博网站担任代理，接受投注的，属于本条规定的'开设赌场'。"从中可以看出只要实施了开设赌场的相应行为，即构成开设赌场罪。

3. 网上开设赌场的定罪量刑

因网络赌博已成为开设赌场罪的主要犯罪形式，故针对网络赌博，2010年8月31日最高人民法院、最高人民检察院、公安部联合发布《关于办理网络赌博犯罪案件适用法律若干问题的意见》（以下简称"《网络赌博意见》"）其中明确规定了网上开设赌场犯罪的定罪量刑问题，关于定罪问题，《网络赌博意见》指出以下行为属于开设赌场：（1）建立赌博网站并接受投注的；

（2）建立赌博网站并提供给他人组织赌博的；（3）为赌博网站担任代理并接受投注的；（4）参与赌博网站利润分成的。在量刑上，明确规定以下了八种"情节严重"的情形：（1）抽头渔利数额累计达到3万元以上的；（2）赌资数额累计达到30万元以上的；（3）参赌人数累计达到120人以上的；（4）建立赌博网站后通过提供给他人组织赌博，违法所得数额在3万元以上的；（5）参与赌博网站利润分成，违法所得数额在3万元以上的；（6）为赌博网站招募下级代理，由下级代理接受投注的；（7）招揽未成年人参与网络赌博的；（8）其他情节严重的情形。

4. 利用赌博机开设赌场的定罪量刑

除网上开设赌场外，利用赌博机开设赌场也是一种常见的犯罪形式，赌博机本质就是具有赌博功能的游戏机，最初发展的时候大多用于娱乐，发展到20世纪后期因其具有社会危害性而被禁止，同时制定了相关法规限制赌博机的发展。2014年3月26日，最高人民法院、最高人民检察院、公安部联合发布《关于办理利用赌博机开设赌场案件适用法律若干问题的意见》，其中明确规定了利用赌博机开设赌场的定罪性质认定、处罚标准，不难看出，设置具有退币、退分、退钢珠等赌博功能的电子游戏设施设备，并以现金、有价证券等贵重款物作为奖品，或者以回购奖品方式给予他人现金、有价证券等贵重款物组织赌博活动的是为开设赌场的行为，其处罚力度取决于设置赌博机台数、设置赌博机位置、吸引赌客范围、违法所得数额、赌资数额、参赌人数、设置赌博机次数等。

5. 开设赌场罪的共犯认定

开设赌场大多系团伙犯罪，内部分工明确，该如何认定主犯、从犯？组织、领导犯罪集团进行犯罪活动的或者在共同犯罪中起主要作用的，是主犯；在共同犯罪中起次要作用或者辅助作用的，是从犯。

关于网上开设赌场共同犯罪的认定和处罚，《网络赌博意见》中有明确规定："明知是赌博网站，而为其提供下列服务或者帮助的，属于开设赌场罪的共同犯罪，依照刑法第三百零三条第二款的规定处罚：（一）为赌博网站提供互联网接入、服务器托管、网络存储空间、通讯传输通道、投放广告、发展会员、软件开发、技术支持等服务，收取服务费数额在2万元以上的；

（二）为赌博网站提供资金支付结算服务，收取服务费数额在1万元以上或者帮助收取赌资20万元以上的；（三）为10个以上赌博网站投放与网址、赔率等信息有关的广告或者为赌博网站投放广告累计100条以上的。"

关于利用赌博机开设赌场罪的共犯认定，在《关于办理利用赌博机开设赌场案件适用法律若干问题的意见》中亦有明确规定："明知他人利用赌博机开设赌场，具有下列情形之一的，以开设赌场罪的共犯论处：（一）提供赌博机、资金、场地、技术支持、资金结算服务的；（二）受雇参与赌场经营管理并分成的；（三）为开设赌场者组织客源，收取回扣、手续费的；（四）参与赌场管理并领取高额固定工资的；（五）提供其他直接帮助的。"

网上开设赌场罪、利用赌博机开设赌场罪的相关案件区分主从犯需以上述规定为标准。对于从犯，综合考虑其在共同犯罪中的地位、作用等情况，应当予以从宽处罚，量刑时可减少基准刑的20%～50%；犯罪较轻的，可减少基准刑的50%以上或者依法免除处罚。需注意的是，偶尔几次为赌博犯罪分子提供帮助的人员等对开设赌场犯罪无足轻重的人员，情节显著轻微的，一般不追究其刑事责任。

6. 赌资的认定

《网络赌博意见》中对赌资认定的规定为："赌资数额可以按照在网络上投注或者赢取的点数乘以每一点实际代表的金额认定。对于将资金直接或间接兑换为虚拟货币、游戏道具等虚拟物品，并用其作为筹码投注的，赌资数额按照购买该虚拟物品所需资金数额或者实际支付资金数额认定。"

提到赌资，不得不说实务中经常出现的一种情形：行为人为吸引他人参赌而自己投入开设赌场的资金是否认定为赌资？笔者认为，凡是为赌博目的而投入的资金，皆可认定为赌资，如果能查明哪些是行为人自己投入的，可以在情节上适当考虑。但实际上，哪些是行为人自己投入的资金，在实践中往往很难查清、区分，故《网络赌博意见》对此种情况也给出了明确规定，即"对于开设赌场犯罪中用于接收、流转赌资的银行账户内的资金，犯罪嫌疑人、被告人不能说明合法来源的，可以认定为赌资"。

7. 开设赌场罪的审理方向

审判机关对个案的审理仍坚持罪责刑相适应原则，以事实为依据，以法律为准绳，根据每个被告人的犯罪情节，综合考量后出具判决结果。

　　从近几年国家对开设赌场罪相关法律规定的调整方向来看，足可见国家层面对赌博犯罪的打击从未懈怠。对如何认定开设赌场罪及定罪量刑问题做了详细规定，有助于审判机关严格依法办案、正确适用法律，更好地发挥审判职能。在实践中，司法机关审理开设赌场类案件，坚持从严从快惩处，对于犯罪团伙，重点惩治赌场经营人、实际控制人、投资人、管理人员或者从赌场获利人员、赌厅及赌台的实际控制人员，赌博网站、应用程序的建立者、提供者、使用者、参与利润分成的出资者、管理人、代理人等。同时，为最大限度剥夺犯罪分子的再犯能力，注重适用财产刑和追缴、没收等财产手段。

第 二 章

纸牌类开设赌场典型案例解析

　　纸牌方便携带，规则多样，深受人们喜爱。有了规则，在输赢概率的左右下，本来仅是用于消遣娱乐的纸牌，从游戏而演变为赌博似乎也是顺理成章。古今中外，人们利用纸牌进行赌博的方式也在不断地演变和进化，现在比较流行的有斗地主、炸金花、百家乐与德州扑克，相较于斗地主、炸金花规则简单，且多发生于线下，百家乐与德州扑克规则相对复杂，且多发生于线上，参与的人员更多更广，涉及的赌资也更大。

　　百家乐与德州扑克是从国外传来，利用纸牌进行赌博的两种主要形式。依据我国法律规定，无论是参与赌博还是开设赌场均是违法，甚至犯罪行为，都应当受到法律的惩处。

　　本章共收录8个真实案例：

　　案例1，王某某通过朋友处获得"亚星"赌博网站的账号和密码，在酒店租赁两间场地用于招揽赌客，开设线上"百家乐"赌场，从中牟利2万余元，赌博总码量200余万元。

　　案例2，陈某某在公寓内开设"百家乐"赌场，并由刘某某为赌场提供账号、密码、配钞等，雇用刘某协助操盘、收取赌资，该"百家乐"赌博账号投注156万余元。

案例3，周某某在"百家乐"赌场内负责看场、望风，并参与赌场分成。

案例4，胡某某与他人合伙开设棋牌室，使用"亚星网站"增开"百家乐"赌场，供他人赌博，并按照百家乐码量抽头渔利，平均每人年利7000元。

案例5，邱某某利用赌博平台"HHPoker" App 组织线上"德州扑克"赌博，陈某与其相识并成为恋人后，协助邱某某记录、整理赌博账目等。

案例6，叶某某在杨某某、顾某某开设的"德州扑克""百家乐"赌场内担任荷官，非法获利20 300元。

案例7，梁某等人通过网络"WePoker" App 软件组织"德州扑克"赌博活动，王某某为其招揽赌客，并按照一定比例参与赌场利润分成。

案例8，李某某开设"百家乐"现场赌博盘，使用他人提供的电脑和赌博账号为参赌人员投注，并为参赌人员结算赌资，其中收取赌资达97万余元。

案例1　王某某"亚星网百家乐"开设赌场案[*]

一、公诉机关指控

2022年3—9月，被告人王某某先后租赁上海市徐汇区肇嘉浜路×弄某酒店×号×××室和×××室两间房屋，利用线上"百家乐"赌博的方式相继在上述地址开设赌场，从中牟利。

被告人王某某独自负责招揽赌客、操盘、赌资结算等工作，其在该赌场内利用赌客下注总码量的1.2%进行抽头盈利，并在现场使用现金进行配钞。经查，被告人王某某在开设线上"百家乐"赌场期间，网站内赌博总码量200余万元，被告人王某某非法获利约2万元。

2022年9月23日，被告人王某某在其租赁的上海市徐汇区肇嘉浜路房间内被民警抓获，到案后如实供述了开设赌场的犯罪事实。案发后，被告人王某某退缴违法所得2万元。案件审理期间，被告人王某某的家属预缴罚金1万元。

二、案情拓展

被告人王某某是一个患有二级听力障碍的残疾人，且曾经因为一场交通事故导致髋关节障碍构成十级伤残。王某某平时没有固定工作和收入。2022年3月，其在上海市徐汇区肇嘉浜路×路某酒店租赁×××室房屋一间，用于开棋牌室，主要是打麻将。

2022年6月中旬，王某某听朋友说开设"百家乐"赌场能够挣到钱，于是就在原来租赁的房间内开始利用线上"百家乐"赌博的方式开设赌场，从

---

[*]（2023）沪0104刑初82号案件。

中牟利。后因为担心被发现，于 2022 年 9 月 17 日，其在该租赁房间的楼下又新租赁一间房，租金按日结算，将该房间用作线上"百家乐"赌场。

王某某通过高某得到一个登录"亚星赌博网站"的账号和密码。平时通过叫一些朋友来玩的方式招揽赌客到其租赁的房间里玩"百家乐"。王某某首先使用该账号和密码登录赌博网站，登录后就可以看到荷官发放扑克牌的页面。接下来，赌客就下注押"庄"、押"闲"、买"对子"等。视频内的荷官会给庄家和闲家分别发放两张牌，通过两张牌的点数相加，进行比大小。王某某在房间内使用现金和赌客们进行配钞，有时候也会和赌客一起参与赌博。这些赌客均来自王某某的固定朋友圈，都是相熟的朋友。整个招揽赌客、操盘、赌资结算等工作均由王某某一人独自负责。王某某利用赌客下注的总码量的 1.2% 进行抽头盈利，每周与高某结算一次。

2022 年 9 月 23 日，公安机关接到举报称：上海市徐汇区肇嘉浜路×弄某酒店×号×××室内有人开设"百家乐"进行赌博。随即公安机关立即前往上述举报地址开展侦查，现场抓获王某某、田某、蒋某等人，并将其传唤至派出所接受询问。王某某因涉嫌开设赌场罪被刑事拘留，田某、蒋某等人因实施以网上"百家乐"的形式进行赌博的违法行为予以行政拘留 15 日并处罚款 500 元。

经公安机关侦查发现，王某某在开设线上"百家乐"赌场期间，网站内赌博总码量 200 余万元，王某某非法获利约 2 万元。

在案件审理期间，王某某自愿认罪认罚，并退缴违法所得 2 万元，且家属预缴罚金 1 万元。

三、量刑情节

（1）被告人王某某被抓获归案，到案后如实供述自己的罪行，系坦白，依法可以从轻处罚。

（2）被告人王某某自愿认罪认罚，可以依法从宽处理。

（3）被告人王某某退缴全部的违法所得 2 万元，依法可以从轻处罚。

（4）被告人王某某的家属已预缴罚金 1 万元，可以酌情从轻处罚。

四、证据认定

本案中,公诉机关提交了如下证据:

(1)证人刘某某、田某、林某某、蒋某某、陆某某、励某某的证言及辨认笔录;搜查笔录、扣押清单、现场照片、调取笔录、调取证据清单、租赁凭证、行政处罚决定书等书证、物证;中浦鉴云(上海)信息技术有限公司司法鉴定所司法鉴定意见书,证明被告人王某某开设赌场并从中牟利的事实。

(2)受案登记表、抓获经过,证明案发经过和被告人王某某的到案情况。

(3)被告人王某某的供述。

法院经审理认为上述证据收集程序合法,内容客观真实,足以认定指控事实。

五、争议焦点

被告人王某某对指控的犯罪事实及定性均无异议,并自愿认罪认罚,该案事实清楚,控辩双方没有明显争议。

六、辩护意见

(1)被告人王某某到案后对于侦查机关、检察机关的讯问均如实供述自己的罪行,系坦白,依法可以从轻处罚。

(2)被告人王某某到案后自愿认罪认罚,对相关犯罪事实供认不讳,庭审认罪态度良好,按照《中华人民共和国刑事诉讼法》第15条的规定,可以依法从宽处理。

(3)涉案的赌场只是通过固定的朋友圈,并未以广而告之发各种广告的方式招揽赌博人员,参与人员也是相熟之人,社会危害性较小,可挽救程度高。

(4)在侦查期间,王某某退缴全部违法所得2万元,可见其有强烈的悔罪表现,且王某某一直积极配合办案机关侦查,依法可以从轻处罚。

(5)案件审理过程中,被告人王某某在家属的帮助下预缴罚金1万元,充分体现了其认罪悔罪的态度，可酌情从轻处罚。

（6）王某某因身上患有两处残疾，其髋关节障碍使其无法正常行走，听力障碍让其无法正常交流，且身体患有心脏病、高血压、糖尿病、胆囊结石等疾病，因其生活窘迫才走上犯罪道路。

王某某开设赌场的时间较短，情节较轻微，希望法院能给其一个改过自新的机会，对其从轻处罚，使其能够尽快回归家庭和社会。

七、法院判决

法院认为，公诉机关指控被告人王某某犯开设赌场罪的事实清楚，证据确实、充分，指控罪名成立，量刑建议适当，应予采纳。根据被告人犯罪的事实、性质、情节和对于社会的危害程度，依照《中华人民共和国刑法》第三百零三条第二款、第六十七条第三款、第五十二条、第五十三条、第六十四条及《中华人民共和国刑事诉讼法》第十五条之规定，判决如下：

一、被告人王某某犯开设赌场罪，判处有期徒刑九个月，并处罚金人民币一万元。

二、违法所得予以追缴；缴获的赌资、赌具等予以没收。

八、律师感悟

在代理被告人王某某开设赌场案件的过程中，笔者作为主办律师，对于法律的尊崇和人性的理解均有了更加深刻的体会。作为一名辩护律师，我们的职责不仅仅是代理和辩护，更重要的是关注被告人的人权和尊严，为他们在法律框架内争取最大限度的权利和利益。

本案中，被告人王某某是一位患有二级听力障碍的残疾人，其听力障碍让其无法正常交流。同时因一场交通事故导致其髋关节障碍，构成十级伤残，使其无法正常行走，日常生活受到极大影响。笔者第一次在看守所见到被告人王某某时，从他的身上看到的不仅是岁月的沧桑，还有生活在他身上留下的缺失。笔者虽然深知，无论其自身情况如何悲惨，法律的底线是不可逾越的，被告人王某某的行为已经触犯法律，必须接受相应的惩罚，但是，在辩护中，笔者还是提到了王某某的身体条件和生活困境，也是出于无奈才选择了非法路径，希望得到检察官和法官的同情。

另外，笔者在每一次会见中，被告人王某某均表现出悔改之意，以及自愿认罪认罚的态度，并且在案件审查起诉时，王某某签署了认罪认罚具结书，并实施了积极退缴全部违法所得的行为。在案件审理过程中，王某某在其家属的帮助下预缴了罚金。这一系列行为均表明他有改过自新的愿望，这一点对于法院判决刑期的考量至关重要，为法院的量刑提供了从轻处罚的依据。最终法院在综合各方面的考量下，判决被告人王某某有期徒刑 9 个月。

作为办案律师，笔者在代理全案过程中体会到了法律的严峻性和人性的复杂性。一方面，笔者认为，法律的正义是不容置疑的，它是维护社会秩序、保障公民权利的基石。王某某开设赌场的行为，无论其背后有何种原因，都是对法律底线的践踏。在这一点上，法律的判断是明确且坚定的。在王某某开设赌场案中，法律的公正得到了贯彻，其错误的选择导致了应当受到的惩罚。

另一方面，法院的判决结果，也反映了法院对于人性化的考量。在量刑时，法院考虑到了被告人王某某的身体条件、认罪认罚的态度和积极实施退缴行为以及预缴罚金等，在刑罚的确定上给予了从轻处罚，显示出法律的慈悲与人文的关怀，这是法律人性化的体现。然而，法律的宽容绝非放任，它旨在激励被告人改过自新，而非纵容犯罪行为。面对王某某这样一位残疾人士，步履维艰地走进法庭的那一幕，笔者不禁深感悲哀。法律是冷静而理性的，但其背后流淌的是炽热的人文关怀。笔者在代理王某某案件的过程中，经历了从法律的绝对性到情感的相对性的转变，这一过程充满了理性与感性交织。

在此案中，笔者既是执行者也是思考者，既是辩护者也是观察者。每一次会见，每一次与公检法的沟通，不仅是一场法律的较量，更是一次心灵的洗礼。它让笔者再次确认了法律职业的真正价值：不仅在于维护法律的尊严，更在于促进人与人之间的理解和支持，让法律的冷静与人文的温情在这个复杂的世界中找到平衡点。王某某的案例提醒我们法律从业者，我们的工作不应止步于法庭，而应当延伸至社会，帮助每一个人理解和尊重法律，同时也关心每一个生命的尊严和价值。在法治社会框架下，法律的公正与人文的关怀是相辅相成的。

通过此案，笔者深感作为一名律师，我们不仅是履行代理辩护职责，更应当积极参与社会法制的改革中，为促进法律的完善和社会的进步贡献自己的力量，让每一个处于困境中的人都能感受到社会的温暖和法律的正义。

案例 2　陈某某"百家乐"开设赌场案*

一、公诉机关指控

2020年6月9日至案发,被告人陈某某在上海市杨浦区控江路×××号某某公寓15××室开设"百家乐"赌场,并招揽赌客至该场所进行"百家乐"赌博,从中牟利。被告人刘某某为该赌博场所提供账号、密码、配钞并负责操盘、收取赌资、"接和",按照洗码量的一定比例获取报酬。被告人刘某于同年6月10日至该赌场,协助操盘、收取赌资。

2020年6月11日,上海市公安局杨浦分局民警至该场所检查,当场抓获被告人陈某某、刘某某、刘某及参赌人员杨某某、苗某某等人,查获电视机1台、机箱1台、硬盘1个、赌资9260元等;从被告人陈某某、刘某某、刘某处查获手机共3部;从参赌人员杨某某处查获赌资390元。

经查,2020年6月9日至案发,该"百家乐"赌博账号的投注金额为176万余元,洗码量为162万余元。同年6月10日至案发,该"百家乐"赌博账号的投注金额为156万余元,洗码量为143万余元。

被告人刘某某、刘某到案后,均如实供述了上述犯罪事实。被告人陈某某对部分犯罪事实做了供述。

二、案情拓展

根据被告人陈某某的供述:"百家乐"赌场的老板是葛某某,杨浦区控江路×××号某某公寓15××室的房子是葛某某通过手机程序租借的。陈某某也是葛某某叫过来帮忙烧饭和管理卫生,顺带招揽赌客。葛某某许诺:

---

* (2020)沪0110刑初1150号案件。

如果赌场生意好，就按照总码量的 2% 当作工资结算给陈某某，如果赌场生意不好，就按照一周 1000 元的工资结算给陈某某。赌场里负责操盘的刘某某也是由葛某某雇用的。2020 年 6 月 9 日，陈某某在征询烧菜等具体事宜时才认识了负责操盘的刘某某，并与其互留电话，在此之前从不认识刘某某。案发当天下午，陈某某在家中打电话给朋友林某某，催促林某某还钱。林某某表示需要用 POS 机刷一点钱。于是陈某某就让林某某到赌场来刷 POS 机套现。接着，陈某某又让朋友苗某某骑电动车载她到赌场。案发当晚，民警进入赌场检查时，陈某某正在外面客厅睡觉，并没有参与赌博。

然而，根据被告人刘某某的供述：他的"百家乐"账号是一个绰号叫"阿飞"的朋友给的，开设赌场的房间是由陈某某租赁的。刘某某在被抓获的一个星期前才认识陈某某，是由陈某某雇用其来做操盘手的。每天都是陈某某通知其去赌场操盘，刘某某负责提供赌博账号、密码、配钞、进行操盘、"接和"等工作，而陈某某负责在赌场烧饭、打扫卫生。陈某某许诺：按照洗码量的一定比例给予刘某某报酬。刘某某对指控的犯罪事实无异议，表示愿意认罪认罚。

另一名被告人刘某供述：他是刘某某的表哥，被刘某某叫来帮忙操盘、"接和"等。在案发前不知道谁是赌场的老板，进派出所后听其他赌客议论，才知道陈某某是老板。刘某对指控的犯罪事实无异议，表示愿意认罪认罚。

参赌人员苗某某陈述：被告人陈某某在案发当天电话邀约苗某某到控江路×××号 15××室赌博。苗某某到赌场以后看到刘某某、刘某二人正在轮流做操盘、收取赌资、"接和"等事情。

参赌人员林某陈述：2020 年 6 月 11 日 21 时许，被告人陈某某发微信让其去控江路×××号 15××室，其到该赌场后就开始玩"百家乐"赌博。该赌场的老板是被告人陈某某，并且陈某某住在赌场里。当天晚上是刘某某、刘某二人轮流操作赌场的电脑进行操盘、"接和"等事情。

参赌人员丁某陈述：被告人陈某某告诉他，其与朋友在控江路××××号 15××室开了一家赌场，让丁某过来玩。丁某到后才发现该处还有"百家乐"赌博。

三、量刑情节

被告人陈某某在共同犯罪中起主要作用,系主犯,依法应当按照其所参与的全部犯罪处罚。

四、证据认定

本案中,公诉机关提交了相应证据,法院审理后作出如下认定:

(1) 证人杨某某的证言及辨认笔录,证明 2020 年 6 月 11 日 22 时许,其至控江路×××号 15××室,在该处参与了"百家乐"赌博,刘某某、刘某是赌博操盘手且同其结算过赌资等情况。

(2) 证人苗某某的证言及辨认笔录,证明 2020 年 6 月 11 日 11 时 30 分许,其经陈某某电话邀约至控江路×××号 15××室,当晚,很多人来此进行"百家乐"赌博,其看到刘某负责操盘及收钱等情况。

(3) 证人葛某某的证言及辨认笔录,证明 2020 年 6 月 11 日 19 时许,其至控江路×××号 15××室,该处系"百家乐"赌博场所,刘某某、刘某轮流操盘、"接和"等情况。

(4) 证人郑某的证言及辨认笔录,证明 2020 年 6 月 11 日 21 时许,其至控江路×××号 15××室,并进行"百家乐"赌博,当时刘某某负责收钱、"接和",刘某负责操盘等情况。

(5) 证人林某的证言及辨认笔录,证明 2020 年 6 月 11 日 21 时许,陈某某发微信让其去控江路×××号 15××室,其到该处后参与了"百家乐"赌博,陈某某系该赌场老板且住在赌场,刘某某、刘某轮流操作赌场电脑进行操盘并"接和"等情况。

(6) 证人李某某的证言及辨认笔录,证明 2020 年 6 月 11 日 21 时许,其到控江路×××号 15××室,多人在该处进行"百家乐"赌博,刘某某、刘某在赌场轮流操盘,一人操盘一人数钱,交替进行,其中刘某某还进行"接和"等情况。

(7) 证人谢某某的证言及辨认笔录,证明 2020 年 6 月 11 日 22 时许,其至控江路×××号 15××室,该处系"百家乐"赌博场所,多人在此进行

"百家乐"赌博，其看到刘某操盘，刘某某收钱点钱且"接和"等情况。

（8）证人方某某的证言及辨认笔录，证明2020年6月11日21时许，其与他人相约至控江路×××号15××室参与"百家乐"赌博，刘某某是赌场操盘手且负责结算赌资，刘某进行"接和"等情况。

（9）证人丁某的证言，证明2020年6月11日19时许，陈某某邀请其至控江路×××号15××室，其到后发现该处进行"百家乐"赌博等情况。

（10）证人张某某的证言及辨认笔录、证人王某某的证言、房屋租赁合同、手机截图，证明2020年6月8日，张某某以自己的名义为葛某某租赁了控江路×××号15××室，后得知该处被用作开设"百家乐"赌博场所等情况。

（11）照片，证明案发现场情况。

（12）上海市公安局杨浦分局检查笔录、扣押清单、扣押笔录、证据保全清单，证明2020年6月11日23时许，民警至控江路×××号15××室检查，查获、扣押涉案物品、赌资等情况。

（13）上海弘连网络科技有限公司计算机司法鉴定所司法鉴定意见书，证明从陈某某、刘某某、刘某等人手机中提取相关通讯录、通话记录、短信息、即时通信等数据。

（14）微信聊天记录截图、视频及洗码量截图等，证明陈某某通过微信向他人发送"百家乐"赌博现场图像，且对外声称赌场是其与他人一起开设，陈某某、刘某某在2020年6月9—11日每天多次电话联系，以及涉案"百家乐"赌博账号的投注金额及洗码量等情况。

（15）行政处罚决定书，证明公安机关已对林某等参赌人员作出行政处罚。

（16）公安机关出具的办案说明，证明案发及被告人陈某某、刘某某、刘某的到案经过等情况。

（17）被告人陈某某的供述，称葛某某让其到赌场帮忙做饭及招呼朋友来玩，房子也是葛某某租借，其未开设"百家乐"赌场，刘某某也是由葛某某找来的。

（18）被告人刘某某的供述，称其受陈某某纠集到赌场操盘，场子是陈某某、葛某某所开,每天都是由陈某某通知其去赌场操盘,刘某某提供赌博账号、密码、配钞,进行操盘且进行"接和",刘某也会代其操盘,陈某某与其约定按照洗码量的一定比例给予其报酬。

(19)被告人刘某的供述,称其被刘某某叫到涉案"百家乐"赌场,刘某某负责操盘、接和,其也替刘某某操盘、收取赌资,其听赌客说赌场是由陈某某开设。

上述证据收集程序合法,内容客观真实,足以认定指控事实。

五、争议焦点

(1)本案被告人刘某某、刘某对指控的犯罪事实及定性均无异议,并自愿认罪认罚,该案事实清楚,控辩双方没有明显争议。

(2)本案被告人陈某某在共同犯罪中是否为从犯。

六、辩护意见

1. 关于被告人陈某某在开设赌场中的地位、作用

辩护人于庭前递呈法庭"十位证人讯问笔录综合表"。拟证实涉案赌场进进出出有十余人之多,有七个参赌人员均供认是他人招揽进案涉赌博场所的。当日案发时,参赌人员证言证实陈某某正在睡觉,并未参赌。

检方向法庭提供了陈某某多份聊天记录,以印证赌场是其开设的,其依据不足。首先,根据现场查获的赌资9260元和杨某某处的赌资390元,没有分文是陈某某提供的。其次,提供赌场、赌具、筹码、配钞、账号、用于赌博的计算机主机电脑等物品,都并非陈某某所为。更重要的是,在案的18张码量图截图,刘某某承认是在其操作的"百家乐"机箱提取的。2020年6月9日,在葛某某介绍下,陈某某才认识刘某某,互留联系方式。证明开设赌场前,互不联系的双方是不可能有雇用和被雇用关系的。

关于陈某某手机内与本案有关联的载体内容,只反映了其根据葛某某的安排,拟招揽赌客,以抵扣葛某某的债务。最后陈某某也只招揽到两个赌客,其余参赌人员均非陈某某招揽的,而陈某某称赌场是其开的,只是为了让赌客过来参赌的虚言和诱惑。根据在本案开设赌场中,陈某某既没有为赌博提

供场所,又没有提供赌具、筹码、赌资等多种服务行为,其在共同犯罪中没有起到主要作用,应当以从犯处罚。

2. 关于证人张某某证言的意见

在案租赁合同,以及张某某的证言,证实涉案赌博的场所是参赌人员葛某某租借的,租金也是其支付的。然而,检方在审查上述证据后,遗漏了应当追诉的犯罪嫌疑人葛某某,导致检方的证明体系不完整,存在诸多漏洞。

3. 关于葛某某在本案中的地位、作用

经证人张某某供述和辨认,本案的参赌人员葛某某为赌博提供场所,签订租赁合同,支付租金,招揽多名赌客,并在赌场参赌。且和参赌人员苗某某是朋友关系。陈某某供认的"葛某某让其来烧饭,打扫卫生,叫人来赌场玩"有一定可信度。葛某某可能在本案中,起到主要作用。只有其到案后才能查明涉案的证人证言的真实性。

七、法院判决

法院认为,被告人陈某某、刘某某、刘某以营利为目的,开设赌场,情节严重,其行为均已构成开设赌场罪,且系共同犯罪,公诉机关指控罪名成立,对被告人陈某某、刘某某、刘某依法应予处罚。被告人陈某某开设、经营赌场的事实,有被告人刘某某的供述、证人张某某的证言所证明,且得到陈某某微信聊天记录等证据印证,被告人陈某某关于自己未参与开设赌场、辩护人关于陈某某系从犯的意见,本院不予采纳。被告人刘某某提供账号、密码、配钞并负责操盘、收取赌资、"接和"等,积极参与开设赌场犯罪,所起作用并非次要、辅助,故对辩护人关于刘某某是从犯的意见,本院不予支持。洗码量数据系公安机关依法取得且客观真实,公诉机关据此计算赌资数额于法有据,并无不当,对于辩护人关于赌资数额方面的意见,本院不予采纳。被告人陈某某、刘某某在共同犯罪中起主要作用,系主犯,依法应当按照其所参与的全部犯罪处罚。被告人刘某在共同犯罪中起次要作用,系从犯,依法应当减轻处罚。被告人刘某某、刘某如实供述自己的罪行,依法可以从轻处罚,且二人自愿认罪认罚,依法可以从宽处理。公诉机关量刑建议并无不当，本院予以采纳。公诉人对于被告人刘某某、刘某所提量刑建议已充分体现从宽，被告人刘某某、刘某在辩护人见证下自愿签署认罪认罚具结书，当庭表示同意量刑建议，辩护人在量刑建议基础上要求再予轻判，本院不予支持。为严肃国法，维护社会管理秩序，依照《中华人民共和国刑法》第三百零三条第二款，第二十五条第一款，第二十六条第一、四款，第二十七条，第六十七条第三款，第五十二条，第五十三条，第六十四条及《中华人民共和国刑事诉讼法》第十五条之规定，判决如下：

一、被告人陈某某犯开设赌场罪，判处有期徒刑三年六个月，罚金人民币四万元；

二、被告人刘某某犯开设赌场罪，判处有期徒刑三年，罚金人民币三万元；

三、被告人刘某犯开设赌场罪，判处有期徒刑一年，罚金人民币一万元；

四、涉案赌资及犯罪工具应予没收，违法所得应予追缴。

八、律师感悟

在代理陈某某涉嫌开设赌场一案时，笔者作为其辩护律师，深刻体会到了法律实践的复杂性和辩护律师的责任重大。以下是笔者对此案的两个核心感悟：

1. 关于法律程序的重要性和律师的责任

笔者作为被告人陈某某的辩护律师，在代理本案时，曾经多次向公诉机关提交书面意见，要求对涉案场地的实际承租人进行补充侦查，这一行为的目的在于确保对案件的全面了解，以及保障对被告人陈某某的公正审理。此过程凸显了法律程序的严谨性和作为律师的责任——不仅要为被告人争取权利，更要确保法律程序的完整和公正。笔者的坚持最终导致案件在法院阶段退回补充侦查，这一结果体现了法律程序的重要性和法院对案件真相的重视。作为律师，笔者在这一过程中不仅仅代表了个别被告人，更代表了法律的公平正义和程序的严密性。这种经历加深了笔者对法律职业的理解和尊重。

关于被告人陈某某的实际角色和责任，案件中出现了两种不同的供述，使得真相扑朔迷离。根据陈某某的供述,她并非赌场的主要负责人,而是由赌场真正的老板葛某某雇用来做杂务和招揽客人。然而,根据其他被告人和证人的供述,陈某某在赌场中实际是主导的角色。这种矛盾性和模糊性,给案件的辩护带来极大的挑战。笔者在此过程中尽力为陈某某辩护,力图揭示案件背后的真相,同时也注意到了陈某某没有如实供述所有相关事实的问题。

本案中,涉及的罪名是"开设赌场罪",根据《中华人民共和国刑法》第303条的规定,此罪对于犯罪行为的定性十分严格。法院最终判决陈某某、刘某某和刘某因以营利为目的开设赌场,情节严重,构成开设赌场罪,且系共同犯罪。在量刑上,法院考虑到了其他被告人的认罪态度和在案件的具体情况,作出了严肃的判决,以体现法律的威严和正义。

通过这个案例,笔者深感作为辩护律师的责任重大。我们不仅要在法庭上为被告人辩护,更应该深入理解每个案件背后的复杂性,包括被告人的个人背景、动机和社会环境。在法律的框架下,我们应当努力保障被告人的合法权益,同时也要引导被告人正视自身行为所带来的后果和责任。

2. 关于被告人陈某某的角色认定和法律责任

在本案中,陈某某在案件中的角色和其所应承担的法律责任,是此案的另一个重要方面。陈某某虽然声称自己仅是被雇用而来帮忙的小角色,但案件经过公诉机关审查,查明她在赌场运营中实际担任着更为重要的角色。因此陈某某虽然没有如实供述相关的案件事实,但并不影响其在法律上被定性为主犯。作为陈某某的辩护律师,笔者在法庭上力争为陈某某争取公正的审判,同时也深知作为律师的责任是揭示事实真相,保障被告人接受公正审判。陈某某作为主犯,其法律责任自然重于其他共犯。但作为辩护律师,笔者也应尽力为陈某某辩护。

在辩护过程中,笔者深刻体会到作为一名律师,我们在法律面前既要坚持原则,也要尽力挖掘案件的每个细节,为被告人提供全面、合理的辩护。法律的严谨性和程序的重要性,以及对被告人人权的尊重和保护,是我们作为法律从业者必须坚守的核心价值。每一次的辩护和每一个案件的处理,都是对我们专业能力和职业道德的考验,也是我们贡献于法律正义和社会公平的机会。我们不仅要深刻理解法律原则,还要精准掌握案件的每一个细节。

在法律的世界里，每一个小细节都可能决定案件的走向。在未来的法律实践中，笔者将继续以这样的理念和态度，为实现法律的公正和维护社会的和谐稳定不懈努力。

通过这个案例，笔者更加坚信，在法律实践中，我们必须始终坚持以事实为依据，以法律为准绳，才能确保法律的公正和权威。

案例3　周某某"申博网百家乐"开设赌场案[*]

一、公诉机关指控

2019年4月中旬起，被告人倪某某、周某某伙同他人，在上海市虹口区同丰路×××弄×号××××室内开设网络"百家乐"赌博场所，并接受赌客投注。其中，被告人倪某某负责操盘、配钞和结算赌资，被告人周某某负责看场、望风，其二人参与该赌场的码量按照一定的比例分成。

2019年5月8日，公安人员至上述地址检查，当场抓获被告人倪某某、周某某及张某某等参赌人员，缴获相关犯罪工具及赌资300元。

二、案情拓展

周某某自1995年初中毕业后，即来沪打工。2019年4月15日，周某某通过老乡（外号"三哥"）的介绍，到"百家乐"线上赌场，负责看场、楼下望风的工作。

倪某某，初中毕业，自2009年以来一直在沪打工。2018年3月，倪某某在上海市浦东新区南浦大桥附近的一个赌场认识"三哥"。2019年4月17日，"三哥"找到倪某某，并邀请其到"百家乐"线上赌场做操盘手，主要负责操盘、配钞和结算赌资的工作。

"三哥"负责租房开销和提供赌博网址。周某某、倪某某和"三哥"分工合作共同经营"百家乐"线上赌场。三人商议："三哥"按照洗码量的1%结算总提成，在总提成中分别提取20%分给周某某、倪某某，剩下的60%归"三哥"，每周结算一次。4月17日晚正式开始接待赌客，每天从19

---

[*] （2019）沪0109刑初435号案件。

时许开始营业至次日凌晨1时30分许。

该"百家乐"网络在线赌博主要使用的网站是"申博网",输入账号和密码登录后,赌客就可以在电视机屏幕上看到"庄""闲""和"三个下注选项。"庄""闲"的赔付比例是一赔一,"和"的赔付比例是一赔八,最小押注的金额为100元,最大限额为1万元,可以现金押注,也可以记账的形式押注。赌客下注时,告知倪某某要押"庄""闲"还是"和",以及要押多少钱。然后倪某某负责在电脑上帮赌客下注,赌客把下注的赌资放在中间的桌子上。等"百家乐"网上赌博的结果出来后,赌客押中了哪个,倪某某就按照下注金额的赔付比例结算和赔付给赌客。如果赌客没有押中,赌资由倪某某负责收取。

2019年5月8日22时许,公安机关至上述地址检查。现场抓获倪某某、周某某及赌客张某某、徐某某、赵某某等参赌人员,并将其传唤至派出所接受讯问,当场缴获赌博犯罪工具计算机1台及赌资300元。周某某、倪某某因涉嫌开设赌场罪被刑事拘留,张某某、徐某某、赵某某等人因实施了以网上"百家乐"的形式进行赌博的违法行为予以行政处罚。

经公安机关侦查发现,周某某、倪某某伙同他人开设线上"百家乐"赌场期间,"申博网"账户内投注金额为744 270元,洗码量为736 365元,输68 755元。

三、量刑情节

(1) 被告人周某某被抓获归案,到案后如实供述自己的罪行,系坦白,可以从轻处罚。

(2) 被告人周某某在共同犯罪中所起的作用较小,系从犯,应当从轻、减轻处罚。

四、证据认定

本案中,公诉机关提交了如下证据:

(1) 证人徐某某、张某某、赵某某的证言及辨认笔录,证明其于案发当日,在被告人倪某某、周某某开设的虹口区同丰路×××弄×号××××室内进行网络"百家乐"赌博的事实。

（2）上海市公安局虹口分局出具的《搜查证》《搜查笔录》《扣押清单》《扣押决定书》等，证明公安人员于2019年5月8日22时许，对虹口区同丰路×××弄×号××××室进行搜查，当场查获涉嫌开设赌场的嫌疑人二名、赌博人员数名，缴获犯罪工具若干及赌资300元，并依法将上述犯罪工具及被缴获的赌资予以扣押的事实。

（3）上海市公安局虹口分局广中路派出所出具的《受案登记表》《工作情况》等，证明本案的案发及两名被告人的到案经过。

（4）上海市公安局虹口分局出具的《行政处罚决定书》，证明涉案参赌人员均已被行政处罚的事实。

（5）被告人倪某某、周某某的供述，证明其对上述事实均供认不讳。

法院经审理认为，上述证据收集程序合法，内容客观真实，足以认定指控事实。

五、争议焦点

被告人周某某对指控的犯罪事实及定性均无异议，该案事实清楚，控辩双方没有明显争议。

六、辩护意见

（1）被告人周某某系初犯、涉案赌资较少，犯罪时间不长，其到案后自觉认罪、悔罪，且如实供述自己的罪行，前后口供稳定，系坦白，依法可以从轻处罚。

（2）被告人周某某在涉案过程中不经手配钞、结算赌资，不接触涉案钱款，仅负责看场、望风的辅助性工作，其与倪某某虽然系共同犯罪，但是周某某在共同犯罪中起的作用较小，系从犯，依法应当从轻、减轻处罚。

（3）被告人周某某犯罪主观恶性不深，根据刑法谦抑性与惩罚和教育相结合的原则，恳请法庭给予周某某从轻处罚。

七、法院判决

本院认为,被告人倪某某、周某某伙同他人,为赌博网站担任代理并接受投注,其行为已构成开设赌场罪。上海市虹口区人民检察院指控被告人倪某某、周某某犯开设赌场罪罪名成立。到案后,被告人倪某某、周某某均能如实供述罪行,可分别情节予以从轻处罚。为维护社会管理秩序,依照《中华人民共和国刑法》第三百零三条第二款、第二十五条第一款、第六十七条第三款及第六十四条之规定,判决如下:

一、被告人倪某某犯开设赌场罪,判处拘役四个月,并处罚金人民币五千元。

二、被告人周某某犯开设赌场罪,判处拘役三个月,并处罚金人民币五千元。

三、缴获的犯罪工具及赌资一并予以没收。

八、律师感悟

虽然本案从家属委托律师承办案件至一审判决结束只有短短半个月时间,但是笔者对于这个案件的印象非常深刻。本案的被告人周某某于2019年5月9日因涉嫌开设赌场罪由上海市公安局虹口分局刑事拘留。家属在收到拘留通知书后,认为被告人周某某参与开设赌场的周期较短,只有半个多月的时间,且获利金额不高,行为较轻,所以家属自信地认为被告人周某某很快就会被公安机关释放,因此当时并没有委托律师办理此案。一个月后,家属等来的不是周某某的取保候审结果,而是逮捕通知书。此时,周某某的家属才发觉事情的严重性,开始寻求律师的帮助。

2019年6月中下旬,被告人周某某的家属通过朋友介绍,辗转找到笔者。笔者与家属会面,了解情况以后,对于家属错过被告人的最佳取保候审时间而深感遗憾和惋惜。即使这样,笔者也希望通过有限的时间能够为被告人周某某争取到最好的判决结果。此时案件已经移送检察院审查起诉十多天,留给律师阅卷和会见被告人的时间不多了。笔者在接受周某某家属委托后,当天即预约了上海市虹口区看守所会见被告人,并且按照法律规定的流程向上海市虹口区人民检察院申请阅卷。

通过会见周某某和翻阅本案的卷宗，笔者了解到本案的案情并不复杂，且涉案人数和金额均不多。本案主要涉及两名被告人，一名被告人倪某某负责操盘、配钞和结算赌资，而笔者代理的被告人周某某在开设赌场中负责看场、望风的工作。因此，笔者认为被告人周某某在涉案过程中不经手配钞、结算赌资，不接触涉案钱款，其犯罪行为较另一名被告人倪某某而言，属于比较轻的。于是笔者立即找到负责承办本案的检察官，沟通了律师的意见。然而，检察官不认同笔者的意见，认为应当给予两名被告人相同的刑期处罚。

2019年6月28日，本案在上海市虹口区人民法院开庭审理，笔者坚持自己的观点，在法庭上发表了辩护意见，围绕"两名被告人在共同犯罪中的区别和作用"据理力争，最终法院采纳了笔者的辩护意见，判决笔者代理的被告人周某某比另一名被告人倪某某少一个月的拘役刑罚。

对于本案，笔者感触最深的就是家属因为自信而错过了被告人取保候审的黄金时间。在此，笔者给大家分享一下刑事案件可以申请取保候审的三次机会。第一次即在拘留的20天左右。在大多数的刑事案件中，刑事拘留的最长时间为30天，之后案件将会移送到检察院进入7天的审查逮捕期限。如果过早地申请取保候审，则可能因为案件的证据和事实不够清晰导致取保候审失败。在20天左右提出取保候审申请，此时的初步侦查工作即将接近尾声，侦查机关可以依据清晰的犯罪事实和证据，作出取保候审决定。第二次是在审查逮捕阶段。在审查逮捕的前两天提出取保候审很容易被驳回，因为此时检察机关的办案人员可能还没来得及了解相关案情。因此，在审查逮捕阶段的第三四天提交不予批捕申请比较恰当。第三次是在逮捕后的一个月左右。这时不仅可以提交取保候审申请书，还可以向检察院申请羁押必要性审查。

通过此案，笔者深刻认识到作为一名辩护律师的责任和使命，即在遵守法律的前提下，全面理解案件的多方面因素，尽力挖掘案件的每个细节，努力实现法律的公正与人性的和谐统一。在未来的法律实践中，笔者将继续秉持这种理念，为维护法律的尊严和促进社会的公正作出贡献。

案例4 胡某某"亚星网百家乐"开设赌场案[*]

一、公诉机关指控

2021年10月中旬,被告人郭某某、胡某某、黄某某经共谋,由被告人胡某某租赁上海市长宁区仙霞西路×××弄××号×××室,三人合伙开设棋牌室。至同年11月初,三人又共谋开设网络百家乐,遂伙同被告人傅某某,由傅某某提供网络百家乐账号、密码,在上述地址开设网络百家乐供他人赌博,被告人郭某某、胡某某、黄某某按照百家乐码量的1.2%抽头渔利并平分。

2021年11月15日,公安机关将被告人郭某某、胡某某、黄某某、傅某某抓获,并抓获百家乐参赌人员周某某、余某。

经查,被告人郭某某、胡某某、黄某某平均每人从百家乐抽水中牟利7000余元。被告人郭某某、胡某某、黄某某、傅某某到案后如实供述了开设赌场的犯罪事实。

二、案情拓展

郭某某和黄某某系情侣关系,黄某某和胡某某系老乡,三人事先预谋决定开设一家棋牌室,供他人进行赌博,从中牟利,获利后三人平分。三人商议:由胡某某出资1.5万元,黄某某和郭某某出资1.5万元,作为开设棋牌室(赌场)的资金。因郭某某平时经常在长宁区仙霞西路×××弄附近的棋牌室打牌,所以在此附近认识了不少赌客,且均有赌客的联系方式。三人决定就在此处附近开设棋牌室,方便郭某某招揽赌客。2021年10月16日,胡

---

[*] (2022)沪0105刑初5号案件。

某某以每月 7500 元的价格租下仙霞西路×××弄××号×××室开设棋牌室,并采购了自动麻将机、几副麻将牌、一张桌子和几副扑克牌,供他人进行搓麻将、斗地主,从中牟利。

2021 年 10 月 19 日,棋牌室开张营业,郭某某负责招揽赌客。经营一段时间后,三人觉得这样并没有赚到钱,并且已经亏损不少钱。为了赚到更多的钱,郭某某提出在棋牌室增开网上"百家乐"赌博的建议,胡某某和黄某某听后表示同意,于是胡某某又出资 6 万元,作为开设"百家乐"赌场的资金和采购设备的费用。三人一致同意:从"百家乐"中挣到的钱也是三人平分。

郭某某告知胡某某和黄某某:傅某某有进入"亚星"网站玩"百家乐"赌博的账号和密码,于是三人又从投资款中提取 2.2 万元从傅某某手中购买到内含 3 万分(每一分等值人民币 1 元)的账号和密码,账号里的分可供赌客玩网上"百家乐"赌博使用。三人与傅某某约定:按照"百家乐"赌博平台的 1.2% 返利,每周结算一次。另外,为了方便向傅某某购买账号的分,黄某某用自己的身份证办理了一张银行卡,从三人筹集到的资金中提取 5 万元存入该银行卡中,由黄某某负责向傅某某购买网上"百家乐"赌博用的分。三人同意:平时赌客玩"百家乐"时用现金买"分"的钱,也交由黄某某收取,然后将钱存入该银行卡用于买"分"和日常开销。接着三人又从筹集到的资金中提取 3000 多元,添置电脑主机、鼠标等玩"百家乐"赌博的设备。

2021 年 11 月,三人合伙的棋牌室增开网上"百家乐"的赌场,赌客由郭某某召集,平时在"百家乐"赌场上由胡某某、郭某某分别做操盘手,通过电脑浏览器搜索"亚星"网址,进入"百家乐"赌博平台,输入账号和密码后即出现玩"百家乐"桌面,接着赌客从郭某某或者胡某某手中换取现金购买赌分,规定一局最低 100 分(100 元),最高的限度是 1 万分(1 万元),赌客根据电脑页面出现的"百家乐"桌面押"闲""庄""和"。全程由胡某某和郭某某负责收取赌客的赌资、帮赌客配分、押注(赔率),供赌客在网上进行"百家乐"赌博。如果赌客押赢了,胡某某、郭某某就从资金中取出钱（备用金）来赔付，如果赌客押输了，赌客押注的赌资归胡某某、郭某某，以此种方式来从中牟利。

2021年11月15日17时许，派出所民警至仙霞西路×××弄××号×××室检查，现场抓获胡某某、郭某某、黄某某、傅某某及参赌人员周某某、余某，并将其全部传唤至派出所接受讯问。当场缴获电脑主机1台（含U盘1个）、手机4部，从郭某某、傅某某、周某某、余某身上共计查获赌资20 020元。从胡某某、黄某某处分别查获从赌场分得的牟利共计32 200元。郭某某、胡某某、黄某某、傅某某因涉嫌开设赌场罪被刑事拘留。周某某、余某因实施了以网上"百家乐"的形式进行赌博的违法行为予以行政拘留10日，并处罚款500元的行政处罚。

三、量刑情节

（1）被告人胡某某被抓获归案，到案后如实供述自己的罪行，系坦白，可以从轻处罚。

（2）被告人胡某某自愿认罪认罚，可以依法从宽处理。

四、证据认定

本案中，公诉机关提交了如下证据：

（1）被告人郭某某、胡某某、黄某某、傅某某的供述，证人周某某、余某的证言及辨认笔录、租赁合同，证实：被告人郭某某、胡某某、黄某某共同开设赌场，由被告人傅某某提供网络"百家乐"账号、密码供他人赌博，被告人郭某某、胡某某、黄某某平均每人从中抽头渔利7000余元。

（2）搜查笔录、扣押清单、扣押物品照片，证实：被告人郭某某、胡某某、黄某某、傅某某被扣押财物的情况。

（3）行政处罚决定书，证实：周某某、余某因参与赌博被行政处罚的情况，以及被告人郭某某、黄某某、傅某某的劣迹情况。

（4）户籍资料及案发经过表格，证实：四名被告人的身份及到案情况。

五、争议焦点

被告人胡某某对指控的犯罪事实及定性均无异议，并自愿认罪认罚，该案事实清楚，控辩双方没有明显争议。

六、辩护意见

（1）被告人胡某某到案后如实供述自己的罪行，且前后口供稳定，系坦白，依法可以从轻处罚。

（2）在侦查阶段，被告人胡某某即表示自愿认罪认罚，庭审认罪态度良好，按照《中华人民共和国刑事诉讼法》第15条的规定，可以依法从宽处理。

（3）被告人胡某某系初犯、偶犯，没有任何的前科劣迹，一直是合格守法的好公民，可改造程度高，可对其酌情从轻处罚。

（4）被告人胡某某文化水平很低，法律意识淡薄，其参与犯罪的主观恶性和社会危害性较小。

七、法院判决

法院认为，公诉机关指控被告人郭某某、胡某某、黄某某、傅某某犯开设赌场罪的事实清楚，证据确实、充分，指控罪名成立，量刑建议适当，应予采纳。根据被告人黄某某的犯罪事实、性质和情节，不符合法律关于宣告缓刑的规定，辩护人建议对被告人黄某某宣告缓刑的辩护意见，本院不予采纳。被告人郭某某、胡某某、黄某某、傅某某到案后均如实供述自己的罪行，且自愿认罪认罚，依法予以从轻处罚。各辩护人与此相关的辩护意见，本院予以采纳。依照《中华人民共和国刑法》第三百零三条第二款、第二十五条第一款、第六十七条第三款、第五十二条、第五十三条、第六十四条以及《中华人民共和国刑事诉讼法》第十五条之规定，判决如下：

一、被告人郭某某犯开设赌场罪，判处有期徒刑八个月，并处罚金人民币三千元。

二、被告人胡某某犯开设赌场罪，判处有期徒刑八个月，并处罚金人民币三千元。

三、被告人黄某某犯开设赌场罪，判处有期徒刑八个月，并处罚金人民币三千元。

四、被告人傅某某犯开设赌场罪，判处有期徒刑八个月，并处罚金人民币三千元。

五、扣押在案的电脑主机一台（含U盘一个）、手机四部、人民币四万九千三百二十元予以没收；违法所得予以追缴。

八、律师感悟

本案反映出赌博现象时时出现在社会中，它是一个社会问题。它不仅导致个人和家庭的经济问题，还可能引发犯罪行为。在本案中，四名被告人郭某某、胡某某、黄某某、傅某某明知赌博是非法的行为，不仅对法律规定视而不见，还一起合谋开设赌场，试图从中牟利。这表明社会需要更多的法治教育和宣传，以提高人们对赌博危害的认识，从而减少赌博现象的发生。

本案中，三名被告人共同策划并运营一个赌博场所。最初作为一个普通的棋牌室运营，目的是通过提供赌博服务来牟利，其中被告人郭某某由于熟悉赌博环境，负责招揽赌客。在初期运营一段时间后，由于盈利不佳，他们决定扩展业务，增设网上"百家乐"赌博，并从被告人傅某某处购买了"亚星"网站的"百家乐"赌博账号和密码，用于运营网上赌博活动。赌博的操作方式是赌客使用现金购买游戏分数，而被告人郭某某和胡某某担任着关键的操作角色。他们不仅负责收取赌资，还帮助赌客进行下注。这一赌博活动呈现出高度的组织性和计划性，每一个环节都被精心设计，以确保他们的非法活动能够顺利进行。然而，这种非法活动并不能长久。2021年11月15日，警方在一次突击检查中抓获了包括郭某某、胡某某、黄某某和傅某某在内的所有涉案人员。他们因涉嫌开设赌场罪被刑事拘留，这一案件表明，法律的长臂是可及的，任何违法行为最终都将面临法律的审判。

通过翻阅卷宗可以看到四名被告人到案后，均如实供述了合谋开设赌场的犯罪事实，且四名被告人的口供一致，并对指控的犯罪事实及定性均无异议，自愿认罪认罚。因此，本案是一起事实清楚、证据确凿的案件。笔者作为被告人胡某某的辩护律师，其辩护策略受限于事实和法律的双重约束，在罪名和犯罪行为上并无辩护空间。即使这样，辩护律师并非无用武之地。在法律实践中，当犯罪事实清楚，证据确实、充分时，辩护律师的职责将转变为在量刑阶段为被告人争取罪轻的辩护。这需要律师深入了解法律规定，同时把握司法实践中的各种因素，比如被告人的认罪态度、退赃退赔情况以及其个人和家庭的具体情况等。在这一案例中，被告人最终被判决的刑期就是来自这些量刑因素综合考量的结果。

法院最终判决四名被告人犯开设赌场罪，每人判处八个月有期徒刑，并处以3000元人民币的罚金。这一判决传递出一个明确的信息：法律不会对任何违法行为视而不见。这个案例的法律后果并不仅限于判刑和罚款，扣押在案的物品被没收，违法所得也全部追缴，进一步体现了法律对于非法行为的严厉打击和对社会正义的维护。通过这一案件，可以清楚地看到，不论犯罪者的策略多么高明，计划多么缜密，法律都会找到打击犯罪、保护公民权益的方式。赌博活动的短暂利益远远抵不上其带来的法律后果和对个人生活的破坏。这是一个强有力的警示，提醒人们遵守法律，远离犯罪。

此外，虽然四名被告人到案后均如实供述了自己的罪行，并有认罪认罚的表现，但法院依然给予了相应的刑罚。这体现了法律的威严和正义，任何人触犯法律都必须承担相应的法律后果。法律不是难以触及的神秘面纱，而是每一个公民行为的明确指南。法律有时如同一个无形的防火墙，具有其独特的庄严神圣性。那些轻视法律、违背规则、漠视约束的行为，最终都将受到应有的惩罚。其中自然包括那些看似平庸无奇、实则危害社会的赌博行为。四名被告人希望通过开设赌场快速获得丰厚的利益。但这份快速的财富如同破碎的镜子，丑陋而又难以捡起。在法律面前，没有人能够逍遥法外，无论你是大人物，还是小角色，法律都将以公正无私的态度持之以恒地裁决一切。

本案还涉及了虚拟的赌博平台。随着互联网的普及，对虚拟赌博平台的打击已经成为一个新的挑战。在这个案件中，被告人从一个虚拟赌博平台购买了账号和密码，然后在实际赌场中使用。这说明社会需要更多的监管和法规政策来应对这一现象，以保护社会大众免受虚拟赌博的侵害。

通过这个案例，笔者意识到，作为一名辩护律师，我们的工作不仅要基于书本上的法律知识，更要基于对社会现实的深刻理解。我们不仅要为被告人在法庭上争取权益，还要教育他们尊重法律，理解法律规则背后的社会意义。同时，我们也需要致力于提升公众的法律意识，从而减少因无知或者贪婪而造成的犯罪。

案例5　陈某"HHPoker" App 德州扑克开设赌场案*

一、公诉机关指控

2022年6月起，被告人邱某某为牟取非法利益，招揽余某某、宇某、蔡某（均已行政处罚）等11名赌客组建微信群用于组织"德州扑克"形式的赌博，被告人邱某某在微信群内发布赌博平台"HHPoker" App的下载链接，指导群内成员下载安装，注册登录，在"HHPoker" App内设立"群英会"俱乐部，持续利用网络组织上述参赌人员在上海市宝山、奉贤等区通过线上"德州扑克"的形式进行赌博。其间，邱某某还负责以1∶1的比例为参赌人员充值赌资积分、通过微信转账方式结算输赢，以每局投注总额的2%收取"水钱"获利。

2022年12月始，被告人陈某与被告人邱某某相识并发展成恋人关系，后被告人陈某在微信群内发布赌博平台下载链接，协助被告人邱某某以记录、整理赌博账目输赢的方式为邱某某开设赌场提供帮助。

经审计，2022年6月3日至2023年1月16日期间，被告人邱某某共接收余某某等11名参赌人员投注金额共计人民币156 923元。

2023年2月21日，被告人邱某某、陈某被民警抓获。两名被告人到案后均对指控的犯罪事实供认不讳。

二、案情拓展

2022年6月，被告人陈某参与邱某某组织的赌博活动，双方因此结识，

---

* （2023）沪0113刑初724号案件。

之后经常一起参与德州扑克赌局，并于同年 11 月起开始约会，双方逐渐熟悉并发展为恋人关系。其间，邱某某意图利用其之前在另一平台组织德州扑克赌博游戏积累的赌客资源（将这些喜欢玩德州扑克赌博的人组建在一个微信群中），组织等级更高、盈利更多的赌博活动，便于 2022 年 12 月，通过下载"HHPoker" App，在该 App 内注册了一个名为"群英汇"的俱乐部（成员共 52 个，但部分成员有多个账号，所以实际 30 余人）。

每局德州扑克需要邱某某在 App 上开房间，每个房间一般 7~9 人，所以邱某某会在组局前到微信群中喊话让人来玩，凑够人数就可以开局。每人的筹码是邱某某在 App 上给他们加的分数（赌客以人民币 1 元兑换 1 分的比例通过微信或者支付宝转账给邱某某），底分基本为 1000 分，即 1000 元。邱某某在后台给每人上分以后，赌局便开始。

陈某经常在微信群中推广"HHPoker" App 的下载链接，或者教微信群中的好友安装注册。此外，因 App 系统计算不全，只有每局的结算，而通常赌客每天会玩好几局，所以需要汇总每个赌客的结果。因此每次赌局结束的次日，邱某某会让陈某帮他从 App 后台将前一日的流水数据导出，并通过 Excel 表格计算每个玩家的输赢情况，计算好后将结果截图发送邱某某。邱某某根据陈某计算的结果将收取的玩家上分的钱款通过微信或支付宝转给赢钱的人。邱某某对每一笔盈利抽取 2% 的手续费作为报酬，此外，系统会自动结算整局投注量的 2% 积分作为水钱汇入邱某某的账号内。因陈某有时亦参与赌局，在经过邱某某同意后，陈某会将自己的赌资直接与其相识的赌客结算。陈某未因帮助邱某某汇总赌局结果而获利。

2022 年 6 月至案发，邱某某累计从系统抽水获利约 10 万元，被其用于日常生活开销及参与赌局下注。陈某共参与邱某某组织的德州扑克赌博七八十把，每局押注 300~500 元不等，最终都输掉了。

2023 年 2 月中旬，公安机关接到线索发现邱某某组建的微信群中通过下载赌博 App 开展线上德州扑克形式的赌博活动，并从结算的赌资中抽头渔利。经过侦查发现，邱某某、陈某有重大作案嫌疑。同年 2 月 21 日，公安机关将邱某某、陈某抓获。

案件审理过程中，被告人陈某退出违法所得 1000 元，并预缴罚金 1 万元。

三、量刑情节

（1）被告人陈某被抓获到案后，如实供述自己的罪行，系坦白，可以从轻处罚。

（2）被告人陈某在共同犯罪中起次要、辅助作用，系从犯，应当从轻、减轻处罚。

（3）被告人陈某自愿认罪认罚，可以依法从宽处理。

（4）审理中，被告人陈某退出违法所得1000元，并预缴罚金1万元，可以酌情从轻处罚。

四、证据认定

本案中，公诉机关提交了相应证据，法院审理后作出如下认定：

（1）上海市公安局宝山分局出具的《工作情况》《常住人口信息》，证实本案的案发、被告人邱某某、陈某的身份信息及到案经过。

（2）上海市公安局宝山分局出具的《扣押决定书》《扣押清单》及相关物品照片，证实民警从被告人邱某某处扣押手机2部，从陈某处扣押手机1部。

（3）上海市公安局宝山分局《行政处罚决定书》，证实涉案赌客余某某、蔡某、苗某某、章某某、陈某1、宇某、桂某、尹某、陈某2均已因参赌行为被行政处罚。

（4）上海大同会计师事务所《关于邱某某、陈某涉嫌开设赌场案的审计报告》、涉案赌客的微信转账记录，证实2022年6月至案发，邱某某微信账户收到余某某、宇某、蔡某等11名赌客微信账户汇入金额156 923元。

（5）涉案"HHPoker" App内截图，证实被告人邱某某设置的俱乐部名为"群英会"，内有会员46名，邱某某使用"今晚"的账户于2023年1月4—13日开设多场德州扑克赌博赌场。

（6）涉案"羊了个羊"微信群微信聊天记录，证实2022年12月起，被告人邱某某、陈某在"羊了个羊"微信群内发布"HHPoker" App的推广、下载链接，组织赌客加入德州扑克赌博的情况。

（7）证人宇某、余某某、蔡某、桂某、苗某某、朱某、尹某、陈某1、李某、章某某、陈某2的证言，证实2022年3月起，其等陆续通过朋友介绍等途径结识被告人邱某某，后通过邱某某加入微信群后下载"HHPoker" App并加入"群英会"俱乐部，由邱某某为赌客上分、退分，并通过微信转账结算赌资。

（8）被告人邱某某、陈某的供述，证实该二人实施犯罪行为的经过及其对犯罪事实供认不讳。

上述证据收集程序合法，内容客观真实，足以认定指控事实。

五、争议焦点

陈某到案后如实供述，且自愿认罪认罚，控辩双方无重大分歧，无明显争议焦点。

六、辩护意见

（1）被告人陈某被抓获到案后，如实供述自己的罪行，系坦白，可从轻处罚。

（2）被告人陈某在共同犯罪中起次要、辅助作用，系从犯，依法应当从轻、减轻处罚。

（3）被告人陈某认罪态度良好，自愿认罪认罚，可依法从宽处理。

（4）被告人陈某此前无任何前科劣迹，系初犯、偶犯，此次犯罪系因法律意识淡薄，犯罪主观恶性小。

（5）案件审理过程中，被告人陈某在家属的帮助下，提前预缴了1万元的罚金，并退出违法所得1000元，依法可以酌情从轻、减轻处罚。

（6）被告人陈某尚有未成年子女需要抚养，且自身患有疾病，需定期复查吃药防止病情复发，长期羁押对其身体有重大伤害。

综上，恳请法院依法对被告人陈某定罪量刑时以教育为主，惩罚为辅，从轻处罚，让其早日回归社会，妥善照顾家庭。

七、法院判决

法院认为，被告人邱某某、陈某结伙，以营利为目的开设赌场，从中渔利，构成开设赌场罪。被告人邱某某、陈某均自愿认罪认罚，可以从宽处理。邱某某在共同犯罪中起主要作用；陈某起次要、辅助作用，系从犯，应当从轻处罚。邱某某、陈某到案后均如实供述自己的罪行，系坦白，可以从轻处罚。公诉机关指控被告人邱某某、陈某的犯罪事实清楚，证据确实、充分，指控罪名成立，量刑建议适当，应予采纳。辩护人的相关辩护意见，亦予以采纳。根据《中华人民共和国刑法》第三百零三条第二款、第二十五条第一款、第二十六条第一款、第四条、第二十七条、第六十七条第三款、第五十二条、第五十三条第一款、第六十四条以及《中华人民共和国刑事诉讼法》第十五条之规定，判决如下：

一、被告人邱某某犯开设赌场罪，判处有期徒刑一年六个月，并处罚金人民币四万元。

二、被告人陈某犯开设赌场罪，判处有期徒刑六个月，并处罚金人民币一万元。

三、追缴被告人违法所得依法没收。

八、律师感悟

本案所涉"HHPoker" App 是一款专门用于参与德州牛仔（百家乐）和德州扑克的赌博软件，其服务器在境外，在中国被禁止使用。该赌博软件针对组织者、赌客有一整套成熟的操作流程，以及充值、结算的比例标准。简便的操作方式广泛吸引赌客参与，可观的抽水盈利也让邱某某萌生了组织他人赌博的想法，并付诸实施。邱某某通过微信群结识并拉拢赌客，邀请赌客下载"HHPoker" App，并在 App 内设立"群英会"俱乐部方便赌客进入其在 App 上开设的网络赌博房间，并为赌客上分，至此该赌场的规模基本固定。

被告人陈某起初只是参与邱某某组织的线上赌局而与其相识，之后双方发展成为恋人关系，陈某便开始协助邱某某开设赌场的工作。包括向新入群的赌客推送 App，以及每日赌局结束后的统计结算。陈某的行为客观上起到了帮助作用，构成开设赌场罪是没有争议的。但其在共同犯罪中起次要作用，系从犯，依法可从轻处罚。不过有别于其他开设赌场的共同犯罪中，主从犯多为雇佣关系，陈某为邱某某的犯罪行为提供帮助的动机更多建立在双方是情侣，为了维护恋爱关系而自愿辅助邱某某，且没有收取相应报酬，可见其犯罪动机并非为了牟取利益，相对来说，社会危害性较小。且陈某自愿认罪认罚，退出违法所得，预缴罚金，也为其最终获得从轻处罚的结果起到助力作用。

此外，本案所涉赌场为线上的网络赌场，相较于线下的实体赌场而言，网络赌场具有隐蔽性强、成本低廉、操作简单等特点。以本案为例，"HHPoker" App 的服务器在境外，邱某某招揽赌客、上分、抽水返利、统计输赢、结算钱款等均通过在线操作，且邱某某与大部分赌客之间，以及赌客与赌客之间均不知晓真实身份信息；邱某某与各参赌人员只需手机、电脑即可参与赌博行为，基本脱离了时间和空间的限制，打击难度也就相应增加。而且一般情况下，赌客对网络赌博平台往往存在误区，认为相比传统实体赌局，网络赌局均由软件系统运行，人为操纵的可能性较小。实际上，网络赌博平台的运营者会利用这种认知偏差，在设计赌博平台之初就特别制定规则，利用赌客以小博大的心理，通过小额的盈利，诱使赌客逐渐加大下注额，投入更多的钱款参与赌博，最终深陷其中，输大赢小。就如同本案中的赌客一样，根据他们在公安机关所做的陈述，他们基本都是输多赢少，且每次基本以输掉当天兑换的积分结束。

本案中大部分的赌客可能将德州扑克当作一种打发时间的"爱好"，基于这样的"爱好"聚集在虚拟空间内，看似是自己主动选择，但其中更多的可能是邱某某的"推波助澜"。邱某某实施本案犯罪行为的一个初衷就是想将自己掌握的赌客资源最大化地转化为实际利益，因此在整个开设赌场的过程中，其对于赌客下注流水的抽成比例也从1.2%调整为2%。可见，邱某某这样的赌博组织者考虑的从来不是满足赌客的"爱好"，而是为了达到自己牟取非法利益的目的。希望了解赌博组织者的犯罪目的可以帮助部分赌客避免过分沉迷这一"爱好"，同时免于受制于人。

案例6 叶某某"德州扑克""百家乐"开设赌场案*

一、公诉机关指控

2018年6—7月,被告人杨某某、顾某某租用太仓市××大厦××室开设赌场,招揽参赌人员单某某、威某、唐某某、杨某某、薛某、苏某、吴某某、石某某、龚某某等人以德州扑克、百家乐的形式进行赌博,共计十余场,涉及赌资共计1 032 700元。

被告人杨某某、顾某某雇用被告人叶某某、李某在该赌场担任荷官,雇用潘某某、刘某某(另案处理)从事分发筹码和日常服务。其中,被告人叶某某非法获利20 300元,被告人李某非法获利18 200元。

被告人杨某某、叶某某、李某到案后如实供述了开设赌场的犯罪事实。

二、案情拓展

2019年8月27日,被告人顾某某至公安机关报案称:2018年7月11日左右,自己在太仓市××大厦××室的赌场内被杨某某等人非法拘禁,并被逼给杨某某写了一张21万元的欠条后才被放走。2019年6月10日,杨某某等人在柬埔寨找到他,对其实施了殴打,造成左手手臂粉碎性骨折,后被转走30.5万元。

2019年9月19日,公安机关接到线索称:2018年8—9月,杨某某伙同他人以借款放贷、组织境外赌博的方式对陈某某实施诈骗50余万元。

2019年9月26日,公安机关将涉嫌诈骗罪的杨某某抓获。到案后,杨

---

* (2020)苏0585刑初246号案件。

某某否认非法拘禁顾某某、否认诈骗陈某某的事实，但交代曾于2018年6—7月伙同顾某某在太仓市××大厦××室开设赌场组织人员以德州扑克的方式进行赌博，从中抽头渔利，非法获利四五万元。当日，杨某某被刑事拘留。

2019年9月27日，公安机关电话联系顾某某前来接受讯问，顾某某承认曾于2018年6月在××大厦××室杨某某开设的赌场内参与赌博，但否认与杨某某合伙开设赌场。次日，顾某某被刑事拘留。

案件查办过程中，公安机关发现李某涉嫌于2018年6月在××大厦××室的赌场内从事荷官工作，并从中获利。2019年9月30日，公安机关电话通知李某前来接受讯问。据李某交代，2018年6月，顾某某将其叫去做德州扑克赌局的荷官，其从中非法获利18 200元。因李某尚处于怀孕妊娠期间，公安机关对其采取取保候审。

案件查办过程中，公安机关发现叶某某涉嫌于2018年6月在××大厦××室的赌场内从事荷官工作，并从中获利。2019年9月30日，公安机关在上海市静安区将叶某某抓获。在第一次讯问时，叶某某承认2018年6月在太仓市杨某某和顾某某开设的赌场内多次从事荷官工作，从中非法获利20 300元。10月1日，叶某某被刑事拘留。

该赌场内每局百家乐，如果赌客押庄家，以6点赢钱的话就会抽掉50%的盈利，其余的点数只抽赢来的筹码5%的水钱。每局德州扑克，赌场都会从赢来的筹码里抽取5%，作为水钱。

荷官每次来赌场的吃饭、住宿均由杨某某和顾某某报销，然后每次给报酬至少500元，有的时候发牌时间长的话就给1000~2000元，再加上有的时候赌客赢钱了会给荷官小费。

被告人杨某某曾因赌博，于2015年5月5日被太仓市公安局行政拘留10日并处罚款1000元；曾因寻衅滋事，于2019年6月14日被太仓市公安局行政拘留3日。被告人顾某某曾因赌博，于2015年5月28日被太仓市公安局行政拘留14日并处罚款500元。被告人叶某某曾因扰乱公共秩序，于2002年7月5日被上海市公安局闸北分局行政拘留15日。被告人李某因犯开设赌场罪，于2019年9月10日被张家港市人民法院判处有期徒刑一年五个月，并处罚金1万元。2019年11月18日、2020年4月18日分别被张家港市人民法院决定暂予监外执行 5 个月、10 个月 20 天。

在案件审理期间，被告人叶某某退出 20 300 元。被告人顾某某当庭表示自愿认罪认罚。

三、量刑情节

（1）被告人叶某某被抓获归案，到案后如实供述自己的罪行，系坦白，可以从轻处罚。

（2）被告人叶某某在共同犯罪中起次要作用，系从犯，应当从轻、减轻处罚。

（3）被告人叶某某退出全部的违法所得 20 300 元，可以从轻处罚。

（4）被告人叶某某自愿认罪认罚，依法可以从宽处理。

（5）被告人叶某某曾被行政处罚，酌情从重从罚。

四、证据认定

本案中，公诉机关提交了如下证据：

（1）证人潘某某、刘某某、冯某某、石某某、吴某某、苏某、沈某某、单某某、戚某、龚某某、薛某、贾某某、杨某某、唐某某、王某某、陈某某的证言及辨认笔录。

（2）公安机关出具和调取的发破案经过、抓获经过、提取笔录、接受证据清单、房屋租赁合同、收条、协助查询财产通知书、银行账户交易明细、客户交易详细信息、扣押笔录、扣押决定书、扣押清单、支付宝交易记录、微信支付交易账单、微信支付交易明细证明、调取证据清单、行政处罚决定书、刑事判决书、暂予监外执行决定书、暂予监外执行通知书、暂扣款专用收据及情况说明。

（3）被告人杨某某、顾某某、叶某某、李某的供述，辨认笔录及身份材料。

法院经审理认为上述证据收集程序合法，内容客观真实，足以认定指控事实。

五、争议焦点

被告人叶某某对指控的犯罪事实及定性均无异议,并自愿认罪认罚,该案事实清楚,控辩双方没有明显争议。

六、辩护意见

(1)被告人叶某某到案后如实供述自己的罪行,且前后口供稳定,系坦白,依法可以从轻处罚。

(2)被告人叶某某未参与赌博组织的策划工作,仅是中途加入作为荷官,为赌场的运营提供辅助作用,在共同犯罪中起次要作用,系从犯,应当从轻、减轻处罚。

(3)在侦查阶段,被告人叶某某即表示自愿认罪认罚,庭审认罪态度良好,按照《中华人民共和国刑事诉讼法》第15条的规定,可以依法从宽处理。

(4)案件审理过程中,被告人叶某某在家属的帮助下积极退缴全部违法所得20 300元,充分体现了其认罪悔罪的态度,可酌情从轻处罚。

七、法院判决

法院认为,被告人杨某某、顾某某、叶某某、李某开设赌场,情节严重,其行为均已构成开设赌场罪,且系共同犯罪。在共同犯罪中,被告人杨某某、顾某某起主要作用,系主犯,被告人顾某某在共同犯罪中所起作用相对小于被告人杨某某;被告人叶某某、李某起次要作用,系从犯。被告人杨某某、叶某某、李某到案后如实供述自己罪行;四被告人均认罪认罚;本院采纳控辩双方相应意见,对被告人杨某某、顾某某予以从轻处罚和从宽处理,对被告人叶某某、李某予以减轻处罚和从宽处理。被告人杨某某、顾某某、叶某某曾被行政处罚,予以酌情从重处罚。被告人李某在判决宣告以后,刑罚执行完毕以前,发现在判决宣告以前还有其他罪没有判决的,应当对新发现的罪作出判决,把前后两个判决所判处的刑罚予以数罪并罚。

据此,对被告人杨某某依照《中华人民共和国刑法》第三百零三条第二款，第二十五条第一款，第二十六条第一款、第四款，第六十七条第三款，第五十二条，第五十三条，第六十四条及《中华人民共和国刑事诉讼法》第十五条；对被告人顾某某依照《中华人民共和国刑法》第三百零三条第二款，第二十五条第一款，第二十六条第一款、第四款，第五十二条，第五十三条，第六十四条及《中华人民共和国刑事诉讼法》第十五条；对被告人叶某某依照《中华人民共和国刑法》第三百零三条第二款，第二十五条第一款，第二十七条，第六十七条第三款，第五十二条，第五十三条，第六十四条及《中华人民共和国刑事诉讼法》第十五条；对被告人李某依照《中华人民共和国刑法》第三百零三条第二款，第二十五条第一款，第二十七条，第七十条，第六十九条，第六十七条第三款，第五十二条，第五十三条，第六十四条及《中华人民共和国刑事诉讼法》第十五条之规定，判决如下：

一、被告人杨某某犯开设赌场罪，判处有期徒刑三年二个月，并处罚金人民币三万元。

二、被告人顾某某犯开设赌场罪，判处有期徒刑三年二个月，并处罚金人民币三万元。

三、被告人叶某某犯开设赌场罪，判处有期徒刑一年，并处罚金人民币一万元。

四、被告人李某犯开设赌场罪，判处有期徒刑一年，并处罚金人民币一万元，与前罪所判刑罚有期徒刑一年五个月，并处罚金人民币一万元（已缴纳）并罚，决定执行有期徒刑二年，并处罚金人民币二万元。

五、暂扣于本院的人民币20 300元，予以没收；继续追缴被告人违法所得，予以没收。

六、暂扣款物由公安机关依法处理。

八、律师感悟

本案为笔者团队律师代理的一个真实案件。从案情拓展来看，本案的案发充满戏剧性，顾某某先以被害人的身份前往公安机关报案称遭受杨某某的非法拘禁，仅承认自己参与赌博，但拒不承认开设赌场。杨某某因涉嫌非法拘禁和诈骗被传唤，但被查证涉嫌开设赌场。令四名被告人没想到的是，一年前组织开设赌场的事实，竟于一年多以后案发而被抓获，可见法网恢恢，疏而不漏，人们切不可存有侥幸心理而做违法犯罪之事。

这是一起典型的线下开设赌场案，在赌场中有百家乐和德州扑克两种纸牌玩法，组织场次达十余场，涉及赌资100余万元，参与人数众多，有比较恶劣的社会影响，情节已达到严重的地步，主犯杨某某、顾某某应判处三年以上十年以下有期徒刑，并处罚金。此案发生在《刑法修正案（十一）》施行之前，该量刑幅度还未增加，如案发于当下，主犯杨某某、顾某某应判处五年以上十年以下有期徒刑，并处罚金。法律对于开设赌场罪的处罚在加重，也体现了国家打击开设赌场犯罪的决心和必要性。

被告人叶某某到案后如实供述，在侦查过程中口供稳定，自始至终均表示愿意认罪认罚，尤其是在庭审前全额退缴了自己的违法所得，争取到了减轻处罚和从宽处理的机会。

笔者注意到各被告人均有前科劣迹，或被行政处罚，或被两次行政处罚，被酌情从重处罚；或如李某在判决宣告以后，刑罚执行完毕以前，发现在判决宣告以前还有其他罪没有判决，应前后两罪并罚。相信本案的处理，能让四名被告人深深悔过，今后能改过自新，不再走上犯罪的道路，杜绝违法行为的发生。

【类案摘录】

案例7 王某某"WePoker"德州扑克开设赌场案[*]

被告人王某某通过朋友了解到在网上有一款叫"WePoker"的软件，里面包含德州扑克、大菠萝、21点、奥马哈等棋牌项目。于是王某某在闲暇时间，组织不固定的八九个人通过这个软件一起玩德州扑克。

2022年3—7月，梁某（另案处理）等人利用网络"WePoker"App软件，使用微信组建名为"不上头"的赌博俱乐部群，组织人员进入俱乐部以"德州扑克"的形式进行赌博活动，从中抽头渔利。被告人王某某经他人介绍，加入该俱乐部群，与群里的其他赌客一起玩德州扑克，并为该俱乐部招揽数名赌客，其按照一定比例参与赌场利润分成。

至案发，王某某非法获利1万余元。2022年7月18日，王某某在暂住地被民警抓获，到案后均如实供述了自己的犯罪事实。在审查起诉阶段，王某某自愿认罪认罚，并签署具结书。案件审理过程中，王某某退赔了全部违法所得，并预缴罚金。

法院认定被告人王某某与他人结伙开设赌场，其行为已构成开设赌场罪，判处拘役五个月，并处罚金1万元。

---

[*] （2023）沪0104刑初418号案件。

案例8　李某某网上"百家乐"开设赌场案*

2018年5—9月，被告人李某某通过"胖子"提供的赌博账号在长兴镇鹭岛华庭东苑××号××室、鹭岛华庭西苑××号××室开设网上"百家乐"现场赌博盘。其间，参赌人员顾某某、袁某某、魏某、施某某等人多次至上址进行赌博。被告人李某某使用"胖子"提供的电脑和赌博账号为参赌人员投注，并通过现金或使用其和朋友刘某的微信、支付宝账号与参赌人员结算赌资，从中非法获利3500元。

上述赌客共计支付给李某某的赌资为97万余元，李某某共计向赌客支付的赌资为50万余元。

2021年10月29日，被告人李某某被公安机关抓获到案，后如实供述了犯罪事实。

法院认定被告人李某某以营利为目的，参与利用网络开设赌场，其行为已构成开设赌场罪，依法应予惩处。公诉机关指控的罪名成立。被告人李某某系坦白，且自愿认罪认罚，依法可以从宽处理。辩护人建议对被告人李某某从轻处罚的相关辩护意见，予以采纳。为严肃国家法制，维护社会管理秩序，结合被告人犯罪的事实、性质、情节、对社会的危害程度等因素，依照《中华人民共和国刑法》第303条第2款、第25条第1款、第67条第3款、第52条、第53条、第64条及《中华人民共和国刑事诉讼法》第15条之规定，判处被告人李某某有期徒刑二年六个月，并处罚金3万元。

---

*（2022）沪0151刑初74号案件。

第 三 章

麻将类开设赌场典型案例解析

麻将是中国古人发明的一种博弈游戏，基本打法简单，但其中的变化又极多，在全国各地均有不同的打法，如果要统计所有玩法估计有几百种之多。麻将作为一种博弈游戏，成为赌博的工具往往只是时间问题，一旦作为赌博工具便一发而不可收拾，人们口中的"打麻将"便多数会成为生活恶习的代表。相较于纸牌类游戏，麻将通常会有参与人数的限制，比如常说的"三缺一"，也不像纸牌游戏那样可以更多人同时参与在一场赌局中。正是有了这些诸多限制，网络上的游戏软件中便会聚集大量的麻将爱好者参与其中，大家互不相识，但可通过网络汇聚于一个房间，一张牌桌之上，或者消磨时间，或者聚众赌博。

"哈灵麻将"是沪上比较流行的一款麻将游戏 App，其本身并不涉及赌博，但赌徒们利用该 App 的玩法及规则，设计出了一套开设赌场的方式，将合法游戏 App 用于违法犯罪。

"二八杠"就是利用中国麻将中，单一色筒子牌，一筒到九筒，每一种花色4张牌，一共36张牌，外加白板4张牌，共有40张牌。一般一个庄家，三个闲家，总共四方。赌博开始前，需将40张牌洗干净，然后投出两个骰子所得数字依次庄家是1、上门是2、中门是3、下门是4，依此类推。开始发牌，每家发两张牌来比点数大小，两张牌的点数相加后，取其个位数字，每家单独跟庄家比输赢，然后直接比大小。先比对子大小，再比数字大小。如果是和局，即庄家与闲家所持牌的组合完全相同时，退还本金。

本章收录笔者团队办理的4个真实案例：

案例9，李某通过微信群组织不特定人员在"哈灵麻将"亲友圈内赌博，并安排孔某负责收取台费，并向其许诺按月对分收益。孔某通过微信向李某转账台费共计1.3万余元。

案例10，闵某某伙同他人开设网上百家乐及"二八杠"赌场，讨要赌债过程中还构成故意伤害罪。

案例11，蒲某某为非法牟利，开设"二八杠"赌博场所，供他人进行赌博活动。李某某为赌博场所寻找场地，并从中获利。

案例12，董某某、黄某通过微信群纠集人员，利用"哈灵麻将"App进行赌博活动，收取台费非法牟利。黄某某加入并一起经营、管理。案发后，黄某某在看守所羁押期间，又将监室人员打伤，构成故意伤害罪。

案例9　孔某利用"哈灵麻将"开设赌场案*

一、公诉机关指控

被告人茅某某、徐某（另案处理）明知被告人李某欲开设赌场，仍帮助其找到朱某某（另案处理），并由茅某某联系朱某某提供"哈灵麻将"亲友圈并充值房卡。2023年2月18日至3月12日，李某通过微信群组织不特定人员在"哈灵麻将"亲友圈内赌博、安排被告人孔某负责收取台费，并向其许诺按月对分收益。孔某通过微信向李某转账台费共计1.3万余元，后经李某分配，其中，茅某某获利714元、徐某获利914元、朱某某获利1414元。

2023年3月14日，被告人李某、孔某被公安机关抓获，4月23日，被告人茅某某自动投案，到案后三人均如实供述上述犯罪事实。

二、案情拓展

被告人李某供述：2023年2月中旬，其在家无所事事，想着玩玩"哈灵麻将"，于是就想到朋友茅某某，因为茅某某有"哈灵麻将"的亲友圈，可以赌"哈灵麻将"。于是其就打电话给茅某某，商量利用他的亲友圈拉群进行"哈灵麻将"的赌博。李某以每张1.5元的价格每次向茅某某买200张房卡，同时等茅某某充完"房卡"后再给一次性转账300元。之后，李某就通过微信联系其员工孔某建微信群，把愿意来"哈灵麻将"的人拉进来，这个群都是由孔某管理的。"哈灵麻将"每张房卡可以玩一局，每局5元台费，赢得最多的人通过微信支付台费给孔某，孔某再通过微信全部转给李某，收

---

* （2023）沪0151刑初385号案件。

上来的台费李某与孔某五五分成。后面这个群里的人都是人拉人，陆续拉进来的有七八十个人，每次拉进来的人都会发给他们"哈灵麻将"亲友圈的 ID 号，之后那些微信群里的人可以进入"哈灵麻将"进行赌博，这个群一直经营到 2023 年 3 月 12 日。

赌客袁某某陈述：其被一个微信好友拉入"哈灵麻将"群内，在微信群内有人发一个亲友圈的码，所有人就可以凭这个码进入"哈灵麻将"的亲友圈房间，就可以打麻将赌博了。每局台费是由大赢家支付给群主，一天一结账。赌客们都是玩好一局根据战绩图上的分数结算赌资，通过将微信收款码发在群里或直接微信转账结算。

2023 年 9 月 14 日，被告人李某退出违法所得 10 770 元、茅某某退出违法所得 714 元。

三、量刑情节

（1）被告人孔某到案后如实供述自己的罪行，系坦白，可以从轻处罚。

（2）被告人孔某自愿认罪认罚，可以依法从宽处理。

四、证据认定

本案中，公诉机关提交了如下证据：

（1）案件接报回执、受案登记表、案发经过、抓获经过、三名被告人的供述，证实李某、孔某被公安机关抓获，茅某某自动投案，其三人到案后均如实供述犯罪事实。

（2）常住人口信息登记表、工作情况、刑事判决书、行政处罚决定书，证实被告人李某、孔某、茅某某作案时已达法定完全刑事责任年龄等身份信息及茅某某的前科劣迹情况。

（3）上海市公安局崇明分局行政处罚决定书，证实袁某某等 3 名赌博人员均已被行政处罚。

（4）扣押清单、扣押笔录、扣押财物、文件清单，证实公安机关扣押涉案作案工具及财物情况。

（5）证人汤某、杨某、袁某某的证言、微信转账记录、"哈灵麻将"战绩截图、微信账户及微信转账记录截图、被告人孔某的供述,证实三人分别进入群主为孔某的用于"哈灵麻将"的微信群,并根据群主发送的亲友圈码进入亲友圈房间,与群内成员随机组合进行麻将赌博,并在群内进行赌资结算、支付台费等相关情况。

(6)同案犯徐某的供述、微信账户及微信转账截图,证实2023年2月中旬某日,徐某明知他人开设赌场后,仍帮前来询问是否有"哈灵麻将"亲友圈的茅某某联系朱某某,确认对方有亲友圈,后茅某某与朱某某自行联系,徐某通过微信转账和现金一共获利好处费914元。

(7)被告人茅某某的供述、辨认笔录,证实2023年2月中旬某日,其明知李某要开设赌场,通过徐某得知朱某某有"哈灵麻将"亲友圈后,联系朱某某购买房卡提供给李某,并从中获利等相关事实。

(8)被告人孔某的供述、微信转账记录,证实2023年2月18日,李某建立微信群用于"哈灵麻将"赌博,安排其负责在群内收取台费,并向其许诺按月分成,其向李某转账台费共计1.3万余元等相关事实。

(9)被告人李某的供述、辨认笔录、微信群截图,证实2023年2月中下旬开始,其为营利,通过茅某某购买"哈灵麻将"房卡,组织微信群内人员进入"哈灵麻将"亲友圈赌博,并安排孔某负责收取台费、许诺分成等相关事实。

法院经审理认为上述证据收集程序合法,经庭审举证、质证,内容客观真实,足以认定指控事实。

五、争议焦点

被告人孔某对指控的犯罪事实及定性均无异议,并自愿认罪认罚,该案事实清楚,控辩双方没有明显争议。

六、辩护意见

(1)被告人孔某到案后如实供述自己的罪行,且前后口供稳定,系坦白,依法可以从轻处罚。

(2)被告人孔某开设赌场的时间较短,社会危害性较小,在开设赌场的过程中孔某并未实际获利，属情节比较轻微的开设赌场案件，不应对其处以较高的刑罚。

（3）在侦查阶段，孔某即表示自愿认罪认罚，在审查起诉阶段签署《具结书》，庭审认罪态度良好，按照《中华人民共和国刑事诉讼法》第15条的规定，可以依法从宽处理。

七、法院判决

法院认为，被告人李某、孔某、茅某某开设赌场，其行为已构成开设赌场罪，依法应予惩处。公诉机关的指控事实清楚，证据确实充分，指控的罪名成立，本院依法予以支持。被告人李某、孔某、茅某某系与他人共同犯罪。被告人茅某某有前科，酌情从重处罚。被告人李某、孔某系坦白，被告人茅某某系自首，且均自愿认罪认罚，可以从轻处罚。被告人李某、茅某某退出违法所得，可以酌情从轻处罚。公诉机关的量刑建议适当，各辩护人建议对各被告人从轻处罚的辩护意见于法有据，本院均予以采纳。为严肃国家法治，维护社会管理秩序，依照《中华人民共和国刑法》第三百零三条第二款，第二十五条第一款，第六十七条第一款、第三款，第七十二条第一款、第三款，第七十三条，第五十二条，第五十三条，第六十四条及《中华人民共和国刑事诉讼法》第十五条之规定，判决如下：

一、被告人李某犯开设赌场罪，判处有期徒刑六个月，缓刑一年，并处罚金人民币三千元。

二、被告人孔某犯开设赌场罪，判处拘役五个月，缓刑六个月，并处罚金人民币三千元。

三、被告人茅某某犯开设赌场罪，判处拘役四个月，缓刑六个月，并处罚金人民币三千元。

四、被告人李某退出的违法所得人民币一万零七百七十元、被告人茅某某退出的违法所得人民币七百一十四元均予以没收；从被告人李某处扣押的 iPhone12 手机一部、从被告人孔某处扣押的 iPhone12 手机一部、从被告人茅某某处扣押的 Redmi 手机一部均予以没收。

八、律师感悟

手机麻将早已不是新鲜事物,市面上有多款手机麻将游戏供人们消遣,如本案的赌客们所述,之前玩手机麻将都是用欢乐豆或积分,并不涉及金钱,当麻将游戏的输赢与金钱挂钩,那就构成赌博违法行为或开设赌场犯罪行为了。

"哈灵麻将"是近几年来在上海非常流行的一款线上麻将软件,融合了上海本地麻将的玩法,用户众多,要在软件上打麻将就需要付费购买房卡方能匹配玩家开始游戏。李某看到了"商机"便通过朋友的"资源"利用"哈灵麻将"亲友圈来拉拢赌客,同时大量购入房卡使得开设赌场有了相应的场地空间,并将自己公司的员工孔某安排为群主,负责台费的结算与收取工作,短短20余天就累计收取1.3万余元的台费。在开设赌场的过程中,被告人孔某实际并未获得任何利益,其仅是听从李某的安排便"入局"而犯下罪行,在法院判决前被刑事拘留28天取保候审,失去了28天的自由,对自己的行为陷入深深的悔恨之中,决定痛改前非、认罪认罚。

利用麻将软件房卡作为开设赌场的一种手段,已多次见诸媒体,对社会秩序是一种极大的挑战,随着国家打击网络赌博力度的不断加大,以及人们法律意识的逐步提升,网络赌博的组织者及参与者将失去罪恶滋生的"沃土"。

案例10　闵某某"二八杠"开设赌场案[*]

一、公诉机关指控

2014—2015年，被告人闵某某在上海市浦东新区惠南镇等地开设网上百家乐及"二八杠"，其中同案关系人刘某福（另案处理）在上述赌场内放水、望风等，有王某、严某、李某、陆某某、方某某、季某、黄某某等多人参与赌博。

2015年，被告人闵某某伙同杨某某等人在上海市浦东新区惠南镇××酒店开设网上百家乐，其中同案关系人何某亮（另案处理）、闵某贵等人在上述赌场内记账、上分等，有王某、周某等多人参与赌博。

2020年8月25日15时许，被告人杨某某在江西省乐安县被民警抓获，被告人杨某某拒不供述。

2020年8月25日10时30分许，被告人闵某某在浙江省杭州市被民警抓获。到案后，被告人闵某某如实供述上述犯罪事实。

二、案情拓展

2011年9月，闵某某因犯故意伤害罪被贵州省毕节地区中级人民法院终审判处有期徒刑二年六个月。

2012年4月，闵某某刑满释放，7—8月来上海找事情做，经常到老乡涂某开的棋牌室玩，该棋牌室内主要赌博"二八杠"，闵某某没事做就经常看其他人玩。2014年夏天，闵某某看涂某某开设赌场很好赚钱，就找了一个场

---

[*]（2021）沪0115刑初3143号案件。

地，在房子里放了一张斗地主的发牌机，还有一台连了电视机的电脑，主要赌博百家乐。有时 1~2 个人同时在赌，有时 3~4 个人同时在赌。网上百家乐网址是从别人处获得的，用电脑连接澳门的赌博网站，电脑里有一个女的在实时发牌，赌客们押庄或押闲，以点数大小定输赢，赌客最小时每局押 100 元，最大时每局押 2 万元。赌客如果押闲赢了，闵某某抽 5% 作为水钱，如果押庄赢了，闵某某抽 10% 作为水钱。

2016 年 9 月 12 日 6 时许，被告人闵某某指使人员至上海市浦东新区惠南镇××小区内，寻找赌博人员方某成及家人讨要赌债。其间，双方发生争执及肢体冲突，造成被害人方某和富某某不同程度受伤。经法医学鉴定，被害人方某因外伤导致的头部血肿损伤程度构成轻微伤、面部（眼部）损伤程度构成轻微伤、右小指骨折损伤程度构成轻微伤、右肩胛骨肩峰骨折损伤程度构成轻伤二级；被害人富某某因外伤导致的面部损伤程度构成轻微伤。

2013 年 2 月，杨某某因赌博行为被处罚款 300 元。

2017 年 9 月，杨某某因赌博行为被处行政拘留 10 日并处罚款 500 元。

2018 年 1 月，杨某某因犯抢劫罪被浦东新区人民法院判处有期徒刑三年，缓刑三年，罚金 9000 元。

在审查起诉阶段，被告人自愿认罪认罚，检察机关指控闵某某犯开设赌场罪、故意伤害罪，建议判处有期徒刑二年六个月，并处罚金。

在案件审理期间，被告人闵某某在家属的帮助下预缴部分罚金款 5000 元。

三、量刑情节

（1）被告人闵某某被抓获归案，到案后如实供述自己的罪行，系坦白，可以从轻处罚。

（2）被告人闵某某预缴了 5000 元罚金，可以从轻处罚。

（3）被告人闵某某自愿认罪认罚，可以依法从宽处理。

（4）被告人闵某某系累犯，依法从重从罚。

四、证据认定

本案中,公诉机关提交了如下证据:

(1)同案关系人刘某福、何某亮的供述证实,在被告人闵某某、杨某某开设的赌场内从事日常经营管理的相关情况。

(2)王某、严某、李某、陆某某、方某某、季某、黄某某、周某等人的证言及辨认笔录证实,被告人闵某某单独或伙同杨某某等人开设赌场,刘某福、何某亮等人在赌场内从事日常经营管理,其在赌场内参与网络百家乐投注或"二八杠"形式的赌场活动并欠下赌债,后有人上门讨要赌债的事实。

(3)证人方某、富某某、张某仪、蔡某萍的证言及辨认笔录、接受证据清单、相关照片截图证实,被人上门讨要赌债,其中方某、富某某被人殴打致伤、家中被泼油漆的事实。

(4)证人方某成的证言、相关借条、银行转账记录、公安机关调取被告人闵某某诉方某成欠款案的相关诉讼材料证实,方某成参与网络百家乐赌博,后多人至家中讨债,且闵某某与方某成之间经济往来、欠款案起诉及撤诉的情况。

(5)上海市公安局浦东分局出具的验伤通知书、上海鋆道健康管理咨询有限公司司法鉴定所法医临床司法鉴定意见书证实,方某、富某某的伤势情况。

(6)刑事附带民事判决书、裁定书、刑满释放证明书、行政处罚决定书、刑事判决书证实,被告人闵某某、杨某某的前科劣迹情况。

(7)案件接报回执单、案发及抓获经过证实,本案案发及两名被告人的到案情况。

(8)相关户籍资料,证实两名被告人的身份信息情况。

(9)被告人闵某某的供述。

法院经审理认为上述证据收集程序合法,经庭审举证、质证,内容客观真实,足以认定指控事实。

五、争议焦点

被告人闵某某对指控的犯罪事实及定性均无异议,并自愿认罪认罚,该案事实清楚,控辩双方没有明显争议。

六、辩护意见

(1)被告人闵某某到案后如实供述自己的罪行,且前后口供稳定,系坦白,依法可以从轻处罚。

(2)被告人闵某某开设赌场的时间均较短,且参与人员固定且有限,社会危害性较小,在开设赌场的过程中闵某某并未获利,属情节比较轻微的开设赌场案件,不应对其处以较高的刑罚。

(3)被告人闵某某指使他人至方某成家索要赌债,但于现场双方发生肢体冲突并非闵某某所追求的结果,系偶然发生,闵某某并未要求人员将方某及富某某打伤,主观方面没有严重的加害故意,在认定其犯故意伤害罪时应减轻处罚。

(4)在侦查阶段,被告人闵某某即表示自愿认罪认罚,在审查起诉阶段签署《具结书》,庭审认罪态度良好,按照《中华人民共和国刑事诉讼法》第15条的规定,可以依法从宽处理。

(5)案件审理过程中,被告人闵某某在家属的帮助下积极预缴了部分罚金,充分体现了其认罪悔罪的态度,可酌情从轻处罚。

七、法院判决

法院认为,被告人闵某某单独或伙同杨某某以营利为目的开设网络百家乐及二八杠赌场,其行为均已构成开设赌场罪。被告人闵某某故意伤害他人,致人轻伤及轻微伤,其行为构成故意伤害罪。公诉机关指控的事实清楚,证据确实充分,罪名成立,予以支持。闵某某在判决宣告前一人犯两罪,应当数罪并罚。杨某某在缓刑考验期内发现判决宣告以前还有其他罪没有判决,就当撤销缓刑,予以数罪并罚。闵某某系累犯,依法从重处罚。闵某某有坦白情节,自愿认罪认罚,预缴部分罚金款,依法从轻处罚。对于闵某某、杨某某及辩护人提出的相关意见，经查实与本案相关事实及证据情况均不相符合，故不予采纳。闵某某辩护人的部分意见予以采纳。依据《中华人民共和国刑法》第十二条、第二百三十四条第一款、第二十五条、第六十五条、第六十九条、第七十七条、第六十七条第三款、第五十二条、第五十三条、经2006年《中华人民共和国刑法修正案（六）》修正的《中华人民共和国刑法》第三百零三条第二款之规定，判决如下：

一、被告人闵某某犯开设赌场罪，判处有期徒刑一年四个月，罚金人民币一万元；犯故意伤害罪，判处有期徒刑一年六个月，决定执行有期徒刑二年四个月，罚金人民币一万元。

二、被告人杨某某犯开设赌场罪，判处有期徒刑一年，罚金人民币八千元；连同（2017）沪0115刑初3934号以抢劫罪对杨某某判处的有期徒刑三年，罚金人民币九千元（已经缴纳），撤销其缓刑部分，决定执行有期徒刑三年六个月，罚金人民币一万七千元。

八、律师感悟

本案是笔者于2020年9月承接的一起案件，案涉开设赌场罪及故意伤害罪两个罪名，且被告人闵某某犯故意伤害罪被判处有期徒刑二年六个月，刑罚执行完毕后五年内又犯该两罪，构成累犯，有从重处罚情节，这一事实对其辩护非常不利。闵某某到案后如实供述两起开设赌场的事实，以及一起故意伤害的事实，认定有坦白情节，争取到了从轻处罚的机会。

"二八杠"又称"疯狂牌九"，是利用中国传统游戏麻将中单一色筒子牌，外加白板4张牌共计40张牌，所发展出的一种博弈游戏。正是由于此游戏存在一定的或然性，才有了作为赌博工具的基础，平时玩法非常简单，对场地和设备的要求很低，参加者们可以随时开展，同时也演化出了用纸牌玩"二八杠"的方法。本案中"二八杠"只是闵某某等开设赌场的一种方式，除了"二八杠"以外，赌场内更有百家乐纸牌游戏供赌客参与，不论是"二八杠"还是百家乐，作为赌场的开设方，从每局的结果中抽头渔利就从普通的娱乐行为上升至开设赌场罪的高度，应予惩处。

闵某某与杨某某均有前科劣迹，在受到法律的制裁后未能改过自新、遵纪守法，再次触犯法律应当受到从重的处罚，这也是刑法警示教育功能的体现。杨某某在缓刑考验期内，被发现漏罪，应当撤销缓刑，数罪并罚，失去了人身自由，应该更加能够深切地体会到犯罪的严重后果。

关于本案，笔者也想顺便谈一下对于缴纳罚金的看法，从法律规定的本质来讲，缴纳罚金是一种财产刑，可单处也可并处，并处的情形最为多见，缴纳罚金是一种义务，并不是所有案件的主审法官均同意被告人于判决宣告前缴纳罚金，比如有的案件中，被告人有违法所得或赃款未能全部退缴的，尚不具备缴纳罚金的条件，有的案件中即使被告人无违法所得或赃款，或者均已退缴完毕的，主审法官也未同意提前预缴罚金。本案中，被告人闵某某能征得法官的同意，预缴罚金，也是通过其自身的认罪态度使得法官相信其会改过自新，决定给其一个酌情从轻处罚的机会，在公诉机关原有量刑建议的基础上又减少了两个月的刑期。

案例11　李某某"二八杠"开设赌场案[*]

一、公诉机关指控

2021年1月底至2月初，被告人蒲某某为非法牟利，在上海市浦东新区××路××地下室内开设"二八杠"形式的赌博场所，供他人进行赌博活动。其间，被告人李某某为该赌博场所寻找场地并从中获利。2021年2月2日0时40分许，该赌场在上述地址再次开设时被公安民警当场查获，并查获参赌人员十余名、赌资7万余元以及赌具若干。

2021年2月2日，被告人蒲某某、李某某被抓获，先后对上述犯罪事实作了供述。

二、案情拓展

被告人李某某因经常在浦东新区××饭店吃饭，结识其老板台某，2021年1月31日联系台某，预定其饭店地下一楼设有麻将桌的包房，供被告人蒲某某等人进行"二八杠"赌博，赌客20余人，李某某从中收取场地费现金1500元一次。而台某因与被告人李某某关系较好，未向被告人李某某收取费用。

2021年2月2日，被告人李某某再次通过上述方式，预定在浦东新区××饭店地下一层，供被告人蒲某某等人赌博并提供一些添置茶水的工作。

被告人蒲某某，涉案赌场场所的"老板"，负责找赌博场所、召集赌客、从赌客里"抽水"、放水借钱给赌客等；温某负责管理赌场秩序；崔某某在

---

[*]（2021）沪0115刑初2160号案件。

场内销售香烟以及给涉案赌场望风。"抽水"方式主要为赌客下注赢钱接近 2000 元，被告人蒲某某或温某便会向赌客抽取 100 元；或是接近 2000 元时提前抽取 100 元。赌客坐庄的，一般情况下台面上要押七八千元，视下注赌客人数而定，人数多时，台面上能有几万元现金。赌场通常在晚上 10 点左右开始，次日凌晨 3 点左右结束。

2011 年 4 月，被告人蒲某某因犯盗窃罪被浦东新区人民法院判决有期徒刑八个月。

2013 年 8 月，被告人蒲某某因犯盗窃罪被甘肃省天水市泰州区人民法院判处有期徒刑二年十个月。

2020 年 5 月，被告人蒲某某因犯寻衅滋事罪被浦东新区人民法院判决有期徒刑十个月。

三、量刑情节

（1）被告人李某某被抓获到案后，如实供述自己的罪行，系坦白，可以从轻处罚。

（2）被告人李某某自愿认罪认罚，可以依法从宽处理。

四、证据认定

本案中，公诉机关提交了相应证据，法院审理后作出如下认定：

（1）被告人蒲某某、李某某的供述、辨认笔录及相关微信聊天记录等，证实两名被告人对上述犯罪事实均供认不讳。

（2）证人温某、李某某、赵某某等人的证言及辨认笔录，证实在被告人蒲某某的召集下至涉案赌场参与赌博的经过事实。

（3）证人崔某某、段某某、杨某某等人的证言及辨认笔录，证实多名参赌人员在涉案赌场进行赌博的事实。

（4）证人马某某的证言及辨认笔录，证实被告人蒲某某系涉案赌场老板的事实。

（5）证人张某的证言及辨认笔录，证实在被告人蒲某某的安排下为涉案赌场望风的经过事实。

（6）证人台某的证言、房屋租赁合同、营业执照等，证实其两次将饭店地下一楼包间提供给被告人李某某等人进行赌博活动的事实。

（7）证人翟某某的证言、扣押清单、清点记录等，证实查获涉案赌场参赌人员、赌资、赌具等的经过事实。

（8）行政处罚决定书、证据保全清单、收缴物品清单，证实涉案参赌人员均已被行政处罚，涉案赌资均已被依法收缴的事实。

（9）上海市公安局浦东分局出具案发及抓获经过等，证实本案案发经过及两名被告人的到案情况。

（10）上海市公安局浦东分局出具的户籍资料、刑事判决书等证实两名被告人的身份信息及前科情况。

上述证据收集程序合法，内容客观真实，足以认定指控事实。

五、争议焦点

本案各被告人对指控的犯罪事实及定性均无异议，并自愿认罪认罚，该案事实清楚，控辩双方没有明显争议。

六、辩护意见

（1）被告人李某某在客观上虽然实施了提供场地供他人参与赌博的行为，但其主观恶性不大，开设赌场参与赌博的人数较少、获利金额较小。又结合被告人李某某实施的行为来看，不涉及团伙等重大犯罪，其本人也没有参与赌博的行为，故从其行为性质及危害后果等情形来看，其在本案中，犯罪情节相较轻微、危害不大，依法可以从轻处罚。

（2）被告人李某某到案后能如实交代自己的罪行，具有坦白情节，系坦白，依法可以从轻处罚。

（3）被告人李某某认罪态度一直平稳良好，也自愿认罪认罚，在审查起诉阶段签署了《认罪认罚具结书》，可依法从宽处理。

（4）被告人李某某此前一贯表现良好，没有任何违法犯罪前科，此次犯罪系初犯、偶犯，可给其一次改过自新的机会，对其从轻处罚。

（5）被告人李某某本人及家属都十分愿意将违法所得退出，争取从轻、从宽处罚，在羁押期间，其也经过了深刻的反思和悔过，对其羁押期间已达到教育的作用。

七、法院判决

法院认为，被告人蒲某某伙同被告人李某某开设赌场供他人进行赌博活动，依照《中华人民共和国刑法》第十二条、第三百零三条第二款、第二十五条第一款的规定，均已构成开设赌场罪，分别应处三年以下有期徒刑、拘役，并处罚金。公诉机关指控被告人蒲某某、李某某犯开设赌场罪的事实清楚，证据确实、充分，罪名成立。被告人蒲某某曾因故意犯罪被判刑，在刑罚执行完毕后五年内再犯应处有期徒刑以上刑罚之本罪，依照《中华人民共和国刑法》第六十五条第一款的规定，是累犯，应当从重处罚。被告人蒲某某、李某某具有坦白情节，依照《中华人民共和国刑法》第六十七条第三款的规定，可以从轻处罚。辩护人的相关辩护意见本院予以采纳。被告人蒲某某、李某某的罚金依照《中华人民共和国刑法》第五十二条、第五十三条的规定缴纳。依照《中华人民共和国刑法》第六十四条的规定，扣押在案的赌资赌具予以没收（已收缴）；责令被告人蒲某某、李某某退缴犯罪所得予以没收。本院为维护社会管理秩序，崇扬良好的社会风气，判决如下：

一、被告人蒲某某犯开设赌场罪，判处有期徒刑九个月，罚金人民币八千元。

二、被告人李某某犯开设赌场罪，判处拘役六个月，罚金人民币三千元。

三、扣押在案的赌资赌具予以没收（已收缴）；责令被告人蒲某某、李某某退缴犯罪所得予以没收。

八、律师感悟

本案笔者代理的当事人是典型的为他人开设赌场提供场地并收取好处费的案例。笔者代理本案后阅读卷宗得知，同案被告人蒲某某以赌博为业，多次在多个地方开展赌博活动，拉拢赌客，主要赌博形式就是用麻将"二八杠"的赌博方式，从中收取"抽水"从而获利。从其多次寻找场地都以隐蔽性作为前提条件，并安排手下进行放风，可以知道，蒲某某主观上是有明知而为之的意识的，意识到了自身行为是违反法律规定但抱着侥幸心理进行牟利；客观上也实施了组织招揽众多赌客赌博的行为，因此对符合开设赌场罪没有异议。而笔者代理的被告人李某某，平时是有固定工作的，且工作地点就在涉案赌场的楼上，所以在这一点上可以知道，李某某在本案中，对帮助被告人蒲某某寻找赌场地址的行为，是短暂的、偶尔的，不存在以赌博为业的情形。

又通过会见李某某本人及阅读卷宗上的口供笔录可得知，其在跟蒲某某结识后，从始至终对蒲某某的行为涉嫌违法是知情的，所以前后两次跟涉案赌博场所的饭店老板强调要地下一层的隐蔽包房；其本人在口供笔录中也提到，因为知道是违反法律规定的，所以不希望被发现。李某某为蒲某某提供上述帮助的目的就想要赚取每天1500元的服务费。整体来说，李某某从主观方面、客观方面上符合开设赌场罪的帮助犯，其本人及控辩双方对此都没有异议。

从同案被告人蒲某某的犯罪情节上看，以其开展的赌博活动，平时参与进来的赌客较为固定，从开始至案发在影响范围上没有继续扩大到不可控的地步，每次的参赌人数都在十人左右，涉案金额在案发抓获时达7万余元，已完全达到开设赌场罪的立案追诉条件，只是在情节严重性上、社会影响程度上，没有达到不可挽救的地步。而蒲某某在此之前，有多次违法犯罪的行为，构成累犯，有加重处罚的情节存在，所以法院对蒲某某判决有期徒刑九个月。

笔者代理的被告人李某某，其在本案的犯罪情节上，首先是其有稳定的工作，没有以为他人介绍提供赌博场所为业；其次是违法获利的金额，收取的好处费是1500元，虽然第二次也实施了介绍提供赌博场所的帮助，但是截至案发，被告人蒲某某给其的仅有第一次的1500元，而其行为给社会带来的影响不可忽视。因为获得1500元的好处，而获刑拘役六个月的处罚，相信这对她是一个严重的打击，也使其永远铭记这个教训，深刻认识到来之容易的钱往往背后是需要付出很大代价的。

案例12　黄某某利用"哈灵麻将"开设赌场案*

一、公诉机关指控

2020年5月起,被告人董某某、黄某等人通过建立微信群纠集人员,利用"哈灵麻将"App进行"斗地主""打麻将"等形式的赌博活动,并收取台费非法牟利。2020年11月起,被告人黄某某加入并一起经营、管理、纠集人员进行赌博活动等。经查证,共纠集参赌人员赵某、张某、朱某某、吴某某、吴某、王某等200余人。自2020年9月6日至2021年2月4日,涉案赌资达人民币153.86万余元,共收取台费8.98万余元。自2020年12月1日至2021年2月4日,涉案赌资达121.44万余元,共收取台费6.98万余元。

2021年3月4日,被告人董某某、黄某某、黄某被抓获到案,到案后如实供述了上述犯罪事实。

二、案情拓展

2018年年中,被告人黄某因为身边有人玩"哈灵麻将",其起意组建群聊,方便联系。后因玩的频率高,黄某申请成为"哈灵麻将"代理,这样购买房卡的时候可以获得优惠,购买房卡可从3元一张优惠到1元一张。

2020年4月,黄某将其亲友圈转给董某某,董某某又通过黄某购买房卡,一张以1.2元的价格购买,被告人黄某从中赚取0.2元的差价。董某某每月购买四五千张或七八千张不等。黄某的犯罪行为延续至2021年3月4日

---

* (2021)沪0115刑初2759号案件。

案发被公安机关抓获，其供述获利 8000 元左右。

被告人董某某在"哈灵麻将"App 亲友圈里赌博，主要赌博形式为"上海百搭麻将""上海敲麻""上海斗地主"。2020 年 4 月，微信名为"永恒不变"的人与其商讨，利用亲友圈收取台费赚钱，后二人用被告人黄某转让的亲友圈进行管理；由"永恒不变"负责介绍人至亲友圈打麻将赌博，每月收取 1760 元及两条烟。该模式实施几个月后，董某某发现这样的分成，其自己赚不到钱，便将"永恒不变"拉黑，后在亲友圈内结识了被告人黄某某，二人又商讨，由黄某某介绍赌客，管理亲友圈，亲友圈人数在一百人左右。

起初，被告人黄某某只是在"哈灵麻将"App 进行赌博，2020 年 11 月开始在"哈灵麻将"App 帮助被告人董某某管理亲友圈、收取台费，除去成本，收益二人对半分。直至案发，被告人黄某某获利 2 万余元。

董某某与黄某某的收费模式为，一局玩家 4 个人，消耗一张房卡，收取台费 4 元，一局玩家是 2 人、3 人的，消耗一张房卡收 3 元，根据消耗的房卡累计增加。被告人董某某与黄某某二人对获利金额五五分。

被告人黄某某 2008 年因盗窃被嘉定公安机关处行政拘留 10 日。

2021 年 3 月 12 日，被告人黄某某在上海市浦东新区看守所内与被害人张某柏发生争执，其间，被告人黄某某用脚踢被害人张某柏并致其受伤。经鉴定，张某柏遭受外力作用致右侧第 7—10 肋骨骨折，构成轻伤二级。

开设赌场罪部分，在案件审理过程中，被告人黄某某、黄某分别在家属的帮助下退缴了自述的违法所得。故意伤害罪部分，在案件审理过程中，被告人黄某某在家属的帮助下对被害人张某柏进行了经济补偿。

三、量刑情节

（1）被告人黄某某在判决前一人犯数罪，应当数罪并罚。

（2）被告人黄某某被公安机关抓获到案后，如实供述，构成坦白，可以从轻处罚。

（3）被告人黄某某自愿认罪认罚，可以依法从宽处理。

（4）被告人黄某某在家属帮助下退赔自述的违法所得，在量刑时可以酌情考虑。

（5）被告人黄某某在家属帮助下对被害人进行经济补偿，酌情从轻处罚。

四、证据认定

本案中，公诉机关提交了相应证据，法院审理后作出如下认定：

（1）证人赵某、张某、朱某某、吴某某等人的证言等，证实上述犯罪事实。

（2）调取证据通知书、调取证据清单、××网络科技（上海）有限公司调取的电子数据、情况说明等，证实被告人董某某、黄某某、黄某在"哈灵麻将"App上部分开设的房间号记录及房卡清单、亲友圈战绩等情况。

（3）扣押笔录、扣押决定书、扣押清单，接受证据清单、微信账号、微信转账、哈灵麻将账号截图等，证实涉案移动电话的扣押及相关的微信账号、昵称、参与赌博、部分赌资来往情况等事实。

（4）行政处罚决定书，证实赵某、张某、朱某某、吴某某等参赌人员均因赌博行为被行政处罚等事实。

（5）公安机关出具的案发及抓获经过、常住人口基本信息、行政处罚决定书等，证实被告人董某某、黄某某、黄某的到案情况、身份信息、劣迹等事实。

（6）被告人董某某、黄某某、黄某的供述，证实上述犯罪事实，其中被告人董某某自述获利4万余元，被告人黄某某自述获利2万余元，被告人黄某自述获利8000余元。

上述证据收集程序合法，内容客观真实，足以认定指控事实。

五、争议焦点

本案各被告人对指控的犯罪事实及定性均无异议，但辩护人对被告人黄某某的犯罪行为构成开设赌场罪存在异议，是否以赌博罪认定更为合适？

除此之外，当事人自愿认罪认罚，该案事实清楚，控辩双方没有其他明显争议。

六、辩护意见

（1）辩护人对公诉机关指控黄某某的犯罪事实没有异议，但对指控的开设赌场罪罪名有异议。

①定罪方面，辩护人认为根据已查明的案件事实及相关法律规定，被告人黄某某的涉案行为更符合赌博罪的犯罪构成。

被告人黄某某不是网络服务器的提供者、制作者、规则制定者、不参与网络服务器的分红，根据被告人所实施行为的性质、特征，以及法院关于"哈灵麻将"同类案例的已生效判决，辩护人认为被告人黄某某以营利为目的，聚众赌博的行为，更符合赌博罪的相关规定。

②量刑方面，被告人黄某某主观恶性不深，情节较为轻微。第一，黄某某2020年12月之前，主要是和自己的亲戚朋友一起娱乐，参与哈灵麻将的人数和朋友较少，后来与被告人董某某结识后才一起经营涉案的亲友圈，但亲友圈中的购买房卡、收取台费等重要环节，黄某某本人很少参与，且其本人参与管理微信群的持续时间较短，所产生的影响较小，情节较为轻微。第二，涉案的亲友圈是固定的朋友圈，不会以广而告之的形式发广告招揽赌博人员参与赌博，参与人员也是相熟之人，不同于传统赌场的公开性、开放性，社会危害性较小，可挽救程度较高。

（2）辩护人对公诉机关指控的被告人黄某某涉嫌故意伤害一案的罪名无异议，但希望法院考虑以下情形对被告人黄某某处以较轻的刑罚。

被告人此次行为系由普通的民事争执行为而引发，相对于有针对性的、手段恶劣的其他暴力性犯罪而言，其主观恶性极小。具体到整个加害行为上，黄某某与被害人相向而卧，在被对方激怒后，应激性地向对方所在的方向踢了一脚，他远没想到这会造成的严重后果。事情发生后，其本人非常后悔给被害人造成的身体上的损害，亦主动向看守所管教多次表示，希望能与对方沟通，并积极赔偿对方的损失，取得被害人谅解。相信被告人黄某某经过此次教训已深刻意识到自己的莽撞与冲动，愿意接受法律的处罚。

（3）被告人黄某某在审查起诉阶段自愿认罪认罚，根据《中华人民共和国刑事诉讼法》第15条之规定，可以依法从宽处理。

（4）被告人黄某某家中全靠其一人工作来维持生活，实属不易。希望能给被告人一个改过自新的机会，本着惩罚与教育相结合原则，对其从轻处罚并能够适用缓刑，使其尽快回归家庭、回归社会。

七、法院判决

法院认为，被告人董某某、黄某某、黄某以营利为目的，开设赌场，其行为已构成开设赌场罪。公诉机关指控的事实及罪名成立，本院予以支持。被告人黄某某在判决宣告前一人犯数罪，应当数罪并罚。三名被告人均具有坦白情节，可以从轻处罚。三名被告人均认罪认罚，可以从宽处理。鉴于被告人黄某某、黄某均在家属帮助下退赔了自述的违法所得，量刑时可以酌情考虑。同时，鉴于被告人黄某某在家属的帮助下对被害人进行经济补偿，酌情从轻处罚。辩护人的相关从轻处罚的辩护意见，本院予以采纳。但根据被告人黄某某故意伤害罪的犯罪事实、情节、对于社会的危害程度，不宜对被告人适用缓刑，对该辩护意见，本院不予采纳。据此，依照《中华人民共和国刑法》第十二条、第三百零三条第二款、第二百三十四条、第六十七条第三款、第五十二条、第五十三条、第六十四条、《中华人民共和国刑事诉讼法》第十五条之规定，判决如下：

一、被告人董某某犯开设赌场罪，判处有期徒刑十个月，并处罚金人民币四万元。

二、被告人黄某某犯开设赌场罪，判处有期徒刑八个月，并处罚金人民币三万元；犯故意伤害罪，判处有期徒刑七个月，决定执行有期徒刑一年一个月，并处罚金人民币三万元。

三、被告人黄某犯开设赌场罪，判处有期徒刑七个月，并处罚金人民币一万元。

四、扣押在案的作案工具及退赔在案违法所得依法予以没收，不足部分继续追缴或责令退赔后没收。

八、律师感悟

日常生活中，出现有不少民众参与赌博活动的现象，不少人也因为意志薄弱，在赌博的泥潭中深陷，紧接着又在赌博的环境里找到了可以牟利、轻易赚钱的方法，从而走向违法犯罪的道路。赌博与开设赌场，近年来一直是我国严厉打击的犯罪行为。开设赌场行为又有线上与线下之分，两者又涉及多种类型，本案就是一个典型的线上开设赌场的类型。笔者注意到，涉案的三名被告人，在供述笔录中都有同样的一句话："起初，我只是在里面赌钱"，因参赌而设赌，不论是对于开设赌场老板们的获利是道听途说也好，还是深信自己发现了其中的"商机"也好，他们最终都以开设赌场的形式非法牟利，进而构成开设赌场罪。

被告人黄某，在2018年就开始接触网络赌博，也是从那时开始，黄某开始深陷网络赌博，便想从中获取更多的利益，就成了"哈灵麻将"App的代理，确实尝到了甜头，也踏上了违法犯罪的第一步。

如果说黄某在本案中是"阴差阳错"地在自己成为代理，组建群聊时成为本案的一个开端，那董某某就是本案中的核心人物，他确定了开设赌场的模式及方向，并从被告人黄某处受让亲友圈，以召集赌客，并向黄某购买"哈灵麻将"App的房卡，再向各个赌客收取台费进行牟利。起先，董某某与他人合作，但感觉获利太少，便果断更换搭档，与被告人黄某某开始合伙实施上述犯罪行为，两人分工明确、利润平分，在开设赌场的道路上越走越远。

本案的三名被告人都是从网上结识，至案发被抓前他们并没有见过面，三人因为赌博而相识，又因为开设赌场而入罪。在这网络盛行的时代，各种犯罪行为几乎都能通过网络来实现，因此线上开设赌场或网络赌博的行为也越来越多，这也是我国对网络赌博严厉打击的重要原因之一。

笔者认为，无论是网上还是线下，任何人如果想通过赌博来"发家致富"肯定是行不通的，无论谁深陷其中都极有可能血本无归，债台高筑，最后不仅收获不了真正的财富，反而会妨害正常的生活，更会涉嫌违法犯罪而失去自由。

第四章

电竞游戏类开设赌场典型案例解析

据《经济日报》2023 年 4 月 16 日报道：2022 年中国电子竞技产业收入达 1445.03 亿元，电竞用户规模约 4.88 亿人，在产值规模、用户人数、发展速度等方面稳居世界第一位，中国已成为全球最大的电竞市场。

从以上数据可以看出，电竞游戏在中国网民中有着极大的普及率，笔者认为不仅用户规模大，而且在逐步呈现年龄越来越小的趋势。从早期的单机游戏到后来的网络游戏，"80 后"、"90 后"和"00 后"都有各自的钟爱，甚至某款游戏会成为一代青春的印记。

电竞游戏在对战中会有战胜方与战败方之分，参与者享受游戏的过程，也获得战胜的荣誉。然而，利用电竞游戏赌博的方式起初并不常见，随着国家打击开设赌场行为力度的加大，赌徒们便将目光转向了电竞游戏，使得这种赌博方式逐步增多。赌徒们通过选择电竞选手，可猜测某局对战的输赢结果，按照每位选手的输赢赔率进行押注，使得电竞游戏成为一种工具，一种呈现赌博结果的工具，美其名曰"游戏、赌博两不误"，社会危害性极大。

本章收录 3 个案例：

案例 13，"凤凰电竞"App 可以通过电竞竞猜的形式进行赌博活动，陈某某入职担任销售职位，对"凤凰电竞"App 进行网络推广，辅助他人开设赌场。

案例14，陈某某、赵某某以非法牟利为目的，组建"星际争霸"游戏QQ群，组织赌客押注游戏选手的比赛直播，并向赌客收发赌资且进行抽头。唐某在团伙中担任财务人员，对押注情况进行统计、登记。

案例15，"凌科体育"App软件可通过竞猜电竞比赛各参赛队伍输赢的方式开展赌博活动。梁某某入职"凌科"公司担任客服，通过电话、网络等形式向赌客推广"凌科体育"App，并从赌客充值赌资中抽取提成。

案例13 陈某某"凤凰电竞"App开设赌场案*

一、公诉机关指控

2020年11月至2021年7月19日，同案关系人温某某、李某某（均起诉）通过办理海南旅游文化部门电竞赛事平台批复后，以三亚××网络科技有限公司名义创建凤凰电竞手机App软件，在上海市闵行区×××路×栋×××室指使同案关系人沙某、练某（均起诉）对凤凰电竞手机App软件进行测试、策划、技术链接，同时在海南省三亚市吉阳区×××广场×××室招募同案关系人魏某某、郭某某、徐某某（均起诉）担任运营负责人，招募被不起诉人陈某某等人在网络上进行推广，供赌客下载注册该软件并对电子竞技游戏比赛进行投注赌博，从中非法牟利，涉案赌资达14万余元。

被不起诉人陈某某于2021年7月20日被公安机关抓获，到案后能如实供述上述犯罪事实。

二、案情拓展

被不起诉人陈某某于2021年4月26日通过某招聘软件被招聘入职于涉案公司，担任销售职位，对涉案"凤凰电竞"App进行网络推广，主要工作是根据领导的要求以及所提供的电话号码，联系客户进行电话营销，若客户对游戏以及电竞竞猜感兴趣则向其推荐下载"凤凰电竞"App。

该App为三亚××网络科技有限公司创建开发，同案关系人温某某、李某某通过指使同案相关技术人员进行测试，招聘相关人员运营，同时招聘多

---

* 沪浦检刑不诉［2021］747号案件。

名客服营销,通过以上方式维护 App 稳定,开发客户进行电竞竞猜;客户通过在 App 内兑换椰果后兑换等值黄金,并通过黄金提现,涉案公司以此从中牟利。

被不起诉人陈某某平时工作基本薪资为每月 3500 元,从入职至案发,所获提成 120 元左右。

三、量刑情节

(1)陈某某被抓获到案后,如实供述自己的罪行,具有坦白情节,可以从轻处罚。

(2)陈某某自愿认罪认罚,系初犯,可以依法从宽处理。

(3)陈某某在此次共同犯罪中,系从犯,依法应当从轻、减轻处罚。

(4)陈某某在本案中犯罪情节轻微、悔罪态度较好,社会危害性不大。

四、证据认定

(1)常住人口基本信息,证实被不起诉人陈某某的身份情况。

(2)相关案发经过、抓获经过说明,证实被不起诉人陈某某的到案情况。

(3)公安机关在微信聊天记录截屏、WhatsApp 聊天记录的清点情况,证实被不起诉人陈某某对开设赌场的明知情况。

(4)扣押决定书,证实扣押的手机、电脑等作案工具的情况。

(5)相关工作人员的工资明细表,证实被不起诉人陈某某及同案关系人得到赃款的情况。

(6)相关银行查询记录,证实参赌人员支付赌博费的情况。

(7)鉴定结论,证实赌博充值的金额等情况。

(8)证人倪某、陈某某、余某某、洪某某、农某某、苗某、元某某、陈某、王某某、彭某等证人的证言,证实如何进行技术操作、人员招收、管理、赌博等情况。

(9)同案关系人温某某、李某某、魏某某、郭某某、徐某某、沙某、练某等人供述,证实进行开设赌场的情况。

（10）公安机关的相关工作材料及情况说明等，证实被不起诉人陈某某开设赌场的情况。

（11）被不起诉人陈某某对上述犯罪事实供认不讳。

上述证据收集程序合法，内容客观真实，足以认定指控事实。

五、争议焦点

本案陈某某对指控的犯罪事实及定性无异议，并自愿认罪认罚，该案事实清楚，控辩双方没有明显争议。

六、辩护意见

（1）从犯罪的主观方面来看，陈某某没有开设赌场的故意，也不知涉案公司在实施开设赌场的犯罪活动，故不构成开设赌场罪。

陈某某涉嫌开设赌场罪的原因是他是涉案公司的一名营销专员，在任职期间，他的工作内容为根据领导的要求以及所提供的电话号码，联系客户进行电话营销。根据《最高人民法院、最高人民检察院关于办理赌博刑事案件具体应用法律若干问题的解释》第4条，"明知他人实施赌博犯罪活动，而为其提供资金、计算机网络、通讯、费用结算等直接帮助的，以赌博罪的共犯论处"。本案中，若认定陈某某是开设赌场罪的共犯，则需陈某某事前"明知"他人实施的是赌博犯罪活动，可实际上，陈某某对此毫不知情。

首先，从入职渠道及认知能力来看，陈某某是通过正规招聘软件的渠道入职，且在正式入职前查询过涉案公司的经营范围，其中有涉嫌电竞和积分兑换的内容，也了解过海南相关的政策，是允许电竞竞猜的，看到过公司的相关批文。对于客户提现方面的黄金兑换，根据陈某某了解，涉案公司在上海有黄金交易所，在他的认知里，这些都是符合相关法律规定的。

其次，从陈某某在公司的职位来看，他是涉案公司的一名普通员工，入职时间较短，公司职位低，对公司整个运营模式背后是否涉嫌开设赌场不了解，不具备知晓是开设赌场的能力。故辩护人认为，从主观角度分析，陈某某不具备"明知"条件，更不存在帮助他人开设赌场的主观目的，不构成开设赌场罪。

（2）退一步说，主观推定陈某某知晓其涉案公司的行为涉嫌开设赌场而提供了帮助行为，构成开设赌场罪，从客观行为以及其在公司的职位来看，陈某某也属犯罪情节轻微，系从犯。从其入职时间来看，2021年4月底入职至案发，在公司仅做了两个多月，涉案时间短，参与程度浅，在整个犯罪过程中起次要作用，应当从轻或减轻处罚。

（3）陈某某积极主动配合公安机关，且本人到案后能如实交代自己的涉案相关情况，系坦白，依法可以从轻处罚。

（4）陈某某在取保候审期间一直配合调查，且深刻意识到自己错误行为给他人及社会带来的负面影响，其在本案中主观恶性较小，30多天的羁押亦是对其很大的教育和惩罚，其各方面犯罪情节都较轻微，可挽救性高，可对其作出不起诉决定。

七、检察院不起诉决定

检察院认为，被不起诉人陈某某以营利为目的辅助他人开设赌场，其行为已触犯《中华人民共和国刑法》第三百零三条第二款，涉嫌开设赌场罪。被不起诉人陈某某具有坦白情节，认罪认罚，系初犯，在共同犯罪中系从犯、犯罪情节轻微、悔罪态度较好、社会危害性不大，根据《中华人民共和国刑法》第十二条，第二十五条第一款，第二十七条第一款、第二款，第六十七条第三款，第三十七条之规定，不需要判处刑罚。

依据《中华人民共和国刑事诉讼法》第十五条，第一百七十七条第二款之规定，决定对陈某某不起诉。

八、律师感悟

《全国电子竞技竞赛管理办法》规定，举办电子竞技比赛实行审批制度，对于举办地方性电子竞技比赛的，依照当地体育竞赛管理办法和相关规定执行。本案的同案关系人温某某、李某某在取得海南旅游文化部门的电竞赛事平台批复后，应该合理合法合规开展相关赛事工作，而两名被告人利用相关文件批复，以合法的公司名义开发违法的App，再基于此招揽客户，通过客户在App内进行竞猜、兑换黄金的方式进行获利。

温某某、李某某有公司、要开发、得推广,就必然要相关人员就职投入"工作"。笔者代理的被告人陈某某就是这"投入工作"的其中一员,入职涉案公司两个月,虽在就职前自己也查询了公司的相关资料,在其认知内,该App基于的赛事竞猜是由相关部门审批的,App内可兑换的黄金为涉案公司在上海有专门的黄金交易所,这个公司的一切看起来都是合法合理的。陈某某经过事前审查,其对从事违法犯罪事实是完全没有认识的。但是,陈某某主观上没有意识,其客观上就职两个月,确实已给涉案公司提供了开发客户的帮助。笔者在接受家属委托后,多次到看守所会见陈某某,其本人开始坚持认为自己很无辜,笔者了解案情后为其解释关于开设赌场罪的法律规定,对于罪与非罪的界定,以及其在本案中罪名定性问题、为开设赌场提供帮助的共同犯罪等。

被羁押30多天后,陈某某被变更强制措施为取保候审,至案件移送检察院审查起诉后,笔者通过与检察官就陈某某在本案中的犯罪情节,以及在共同犯罪中的从犯地位、作用大小等方面进行了多次深入沟通,并提交了书面的辩护意见,最终为陈某某争取到了相对不起诉的处理结果。

对于陈某某来说,最终结果是个好结果,笔者愿意相信此事会给陈某某带来更深的思考,使其今后对工作做好更严谨的审查义务。

案例14　唐某利用"星际争霸"电竞游戏开设赌场案[*]

一、公诉机关指控

2018年至2022年2月16日,被告人陈某某、赵某某以非法牟利为目的,在组建的"星际争霸"游戏QQ群内,组织赌客押注群内游戏选手的比赛直播,并先后安排被告人唐某、许某等人作为财务人员,对群里的押注情况进行统计、登记,由被告人陈某某或赵某某向赌客收发赌资且进行抽头。

其间,证人李某某在上海市青浦区通过手机在上述群内多次参与赌博。

自2020年至案发,在被告人赵某某主要管理该游戏赌博群期间,共计抽头30余万元。

被告人赵某某、陈某某、许某到案后,被告人唐某主动到案后,均如实供述了上述事实。

二、案情拓展

赵某某曾经在亚洲星际争霸赛拿过名次,偶然的机会加入一个QQ群内,发现有人开盘口,设置赔率让大家押注,群内的老板不停更换。之后,赵某某拉了一个QQ群,之前的群友和粉丝也都加入进来,便在新的群内以押注星际争霸游戏比赛结果的形式进行赌博,其与陈某某合伙。在群里3个月以上的人都可以开盘,但是要有一起线下见过面的熟人担保,如果没有熟人担保就需要交5000元押金给赵某某,等到此人不想玩后退还。每场的赔率都是按照开盘口的"庄家"根据双方选手的实力进行设定的,在游戏开始前1分

---

[*]（2022）沪0118刑初298号案件。

钟停止押注，押注一次封顶555元，没有下限。赌博群内允许开盘口的"庄家"随时更改游戏的输赢赔率。

赌博的方式是赌博QQ群内成员申请成为"庄家"，在得到陈某某或赵某某同意后，"庄家"才能开设盘口。"庄家"指定群内的选手进行星际争霸游戏对战，并确定双方选手的赔率，群内的成员均可参与押注。陈某某与赵某某为比赛的顺利负责管理，唐某、许某等人负责算账、登记，群内另有其他工作人员提供实时转播比赛情况、解说。比赛结束后，陈某某或赵某某根据财务统计的输赢情况向输家索要赌资，从中抽头8%作为"水钱"后再向赢家发钱。工作人员按照事先约定从"水钱"中结算工资，剩余的钱由陈某某与赵某某平分。该群每天开设50~200场，每盘押注金额封顶555元，输赢情况一天一结算。

2022年2月16日，民警至唐某家中传唤，但当时唐某不在家，后唐某与民警联系约在某一地点，当场被民警抓获。

在案件审理中，被告人赵某某、陈某某分别退出违法所得8万元；被告人唐某退出违法所得5万元；被告人许某退出违法所得2万元。

三、量刑情节

（1）被告人唐某自动投案，并如实供述自己的罪行，系自首，可以从轻或者减轻处罚。

（2）被告人唐某在共同犯罪中起次要作用，系从犯，应当从轻、减轻处罚。

（3）被告人唐某退出违法所得5万元，可以从轻处罚。

（4）被告人唐某自愿认罪认罚，可以依法从宽处理。

四、证据认定

本案中，公诉机关提交了相应证据，法院审理后作出如下认定：

（1）被告人赵某某、陈某某、唐某、许某的供述及辨认笔录，证人李某某、刘某某、柴某某、陶某某、尹某、桂某、沈某某的证言及辨认笔录，QQ、支付宝及微信记录、照片、扣押决定书、扣押清单、扣押笔录、扣押物品照片、随案移送清单、司法鉴定意见书，证明被告人赵某某、陈某某、唐某、许某在 QQ 群内开设赌场并非法牟利的事实。

（2）案发经过及抓获经过，证明本案案发及四名被告人到案的情况。

（3）人口信息，证明四名被告人的身份情况。

上述证据收集程序合法，内容客观真实，足以认定指控事实。

五、争议焦点

本案各被告人对指控的犯罪事实及定性均无异议，并自愿认罪认罚，该案事实清楚，控辩双方没有明显争议。

六、辩护意见

（1）从参赌人员的范围来看，涉案参赌人员均是一定范围内的好友，并非面向社会不特定人员，相比较其他网络赌博案件造成的社会影响较小，并不具备严重的社会危害性。

（2）各被告人对于涉案赌资的控制力并不强，且单场赌资数额并不高，累计赌资数额高是经过反复投注造成，平均下来单场的抽头渔利也不高，并且各被告人并不是完全出于获利而开设赌场，不应将本案定性为开设赌场罪中"情节严重"的情形。

（3）被告人唐某系自动投案，到案后如实供述罪行，且多次的供述稳定一致，构成自首，依法可以从轻、减轻处罚。

（4）被告人唐某并不是负责人，也未参与赌博组织的策划工作，仅是中途加入作为财务人员，为赌场的开设和运营提供辅助作用，在共同犯罪中起次要作用，系从犯，应当从轻、减轻处罚。

（5）在侦查阶段，被告人唐某即表示自愿认罪认罚，在审查起诉阶段签署了《认罪认罚具结书》，按照《中华人民共和国刑事诉讼法》第 15 条的规定，可以依法从宽处理。

（6）案件审理过程中，被告人唐某在家属的帮助下积极退缴违法所得 5 万元，充分体现了其认罪悔罪的态度，可酌情从轻处罚。

七、法院判决

法院认为，被告人赵某某、陈某某、唐某、许某以营利为目的，开设赌场，情节严重，其行为均已构成开设赌场罪，依法均应予惩处。在共同犯罪中，被告人赵某某、陈某某起主要作用，系主犯；被告人唐某、许某起次要作用，系从犯，对于从犯依法予以减轻处罚。被告人赵某某、陈某某、许某到案后如实供述自己的罪行，依法予以从轻处罚；被告人唐某犯罪以后自动投案，到案后如实供述自己的罪行，系自首，依法可以从轻处罚；被人赵某某、陈某某、唐某、许某均退出违法所得，酌情予以从轻处罚。被告人赵某某、陈某某、唐某、许某均认罪认罚，依法均予以从宽处理。公诉机关指控被告人赵某某、陈某某、唐某、许某的犯罪罪名及区分主从犯、认定被告人赵某某、陈某某、许某系如实供述罪行，被告人唐某系自首的公诉意见正确，且量刑建议适当，本院予以确认。被告人赵某某、陈某某、唐某、许某的辩护人认为本案不属于开设赌场罪中"情节严重"的情形的辩护意见，综合开设赌场的时间跨度、开设频率、渔利金额等因素，本院对辩护人的上述意见，均不予采纳。为维护社会管理秩序和良好的社会风尚，依照《中华人民共和国刑法》第三百零三条第二款、第二十五条第一款、第二十六条第一款、第四款、第二十七条、第六十七条第一款、第三款、第五十二条、第五十三条、第六十四条及《中华人民共和国刑事诉讼法》第十五条之规定，判决如下：

一、被告人赵某某犯开设赌场罪，判处有期徒刑五年三个月，并处罚金人民币十万元。

二、被告人陈某某犯开设赌场罪，判处有期徒刑五年，并处罚金人民币十万元。

三、被告人唐某犯开设赌场罪，判处有期徒刑一年十个月，并处罚金人民币五万元。

四、被告人许某犯开设赌场罪，判处有期徒刑一年八个月，并处罚金人民币四万元。

五、被告人赵某某、陈某某、唐某、许某的违法所得继续追缴；扣押在案的赃款人民币二十三万元、作案工具硬盘3个、手机4部、电脑1部、电脑主机 2 台均予以没收。

八、律师感悟

星际争霸游戏发行已久，在中国境内仍有一大批玩家。本案的各被告人均是由于玩相同的游戏而结识，用唐某的话说是一种"情怀"，但这种"情怀"最终害人害己。如果因为"情怀"朋友相识，偶尔相约一起游戏消遣无可厚非，但相约一起开设赌场，冠以"情怀"之名便触犯了法律，应当受到严厉打击。

在查阅本案卷宗时，笔者注意到各被告人都提及从没有想到自己的行为会面临这么严重的处罚后果，可以说他们的法律意识淡薄，但这并不能成为免除刑责的理由，各被告人仍然要承担自己行为带来的法律后果，"悔之晚矣"四个字成了真实的写照。

从另一个角度来说，悔之未晚。各被告人在案发后通过自己的实际行动表达了悔过之意，如实供述自己的行为构成坦白，主动退缴自己的违法所得也是悔过的一种表现。唐某在得知民警传唤自己时，主动至约定地点接受处理，构成自首，抓住了这一可以减轻处罚的机会，从处罚结果来看对自己更为有利。

回归到本案中各被告人的实际行为，他们利用电竞游戏的输赢结果来设置输赢赔率供赌客们押注，并收取赌资，通过抽头渔利，这是一种典型的开设赌场行为。以赵某某、陈某某为首的负责人将组织内成员分成各个小组，大家分工协作，共同完成一场又一场赌局，最终落得失去自由的下场，每个人都应吸取教训。

2023 年 1 月，网易宣布星际争霸系列产品在中国市场的所有运营正式终止，星际争霸的时代宣告落幕，尚在服刑的四名被告人也在改过自新，等待重启新的人生。

案例 15　梁某某"凌科体育"App 开设赌场案*

一、公诉机关指控

2020年4月,李某(另案处理)为牟取非法利益,成立新疆凌科互联网竞技有限公司(以下简称"凌科公司"),安排许某(另案处理)搭建技术团队,由许某带领团队开发"凌科体育"App 软件。该软件提供电竞比赛各参赛队伍的输赢、赔率等相关数据,并设置竞猜赔率,以竞猜电竞比赛的方式开设赌场组织赌博活动。赌客在该软件内以1∶1的比例充值人民币兑换成科豆,采用对电竞赛事结果在软件内适用科豆进行押注的方式上分,博概率赢取豆芽分后,在 App 商城内兑换虚拟物品"金砂"及"金砖",并使用上述虚拟物品以黄金折现的方式提现至银行卡等个人账户。

李某利用位于上海的凌科公司、上海 JF 珠宝首饰有限公司浦东分公司(以下简称"JF 公司"),伙同李某某(另案处理)利用 YB 公司、安徽 YZ 网络科技有限公司(以下简称"YZ 公司")运营"凌科体育"App 开设赌场,由公司市场部业务员通过电话、网络的方式吸引赌客下载、注册"凌科体育"App,并在 App 内充值、投注、提现,进行赌博活动。

2020年4月下旬起,被告人陈某、夏某、宋某、徐某某、罗某、梁某某、江某、潘某等人先后受雇至 YB 公司工作。其中夏某担任 YB 公司财务,同时挂名 YB 公司法人,从事发放员工工资、汇总 YB 公司与 YZ 公司赌客提现信息、发布业务员业绩排行榜等工作。陈某、宋某、潘某等人分别担任 YB 公司市场部业务小组长。其中,陈某带领组员徐某某、罗某、梁某某等人;宋某带领组员江某等人;潘某带领组员毛某某(另案处理)等人。上述人员

---

* (2021)沪0114 刑初1152 号案件。

负责通过电话、网络等形式向赌客推广"凌科体育"App，并从赌客充值赌资中按5%~8%不等的比例提成。

经审计，2020年4月29日至6月23日，YB公司累计发展注册赌客1587人，收取赌客充值赌资合计54万余元；YZ公司累计发展注册赌客732人，收取赌客充值赌资合计79万余元。经查，陈某全组业绩39万余元，徐某某个人业绩18.4万余元、罗某10.8万余元、梁某某5.3万余元；宋某全组业绩9.8万余元，江某3.2万余元；潘某全组业绩2.8万余元。

公安机关经侦查，于2020年6月23日在YB公司抓获被告人陈某、夏某、宋某、徐某某、罗某、梁某某、江某、潘某等人。上述人员到案后，经多次讯问，均能如实供述上述犯罪事实。

二、案情拓展

被告人梁某某于2020年4月底通过某招聘软件看到涉案YB公司招聘客服，后入职该公司担任销售人员进行工作，组内直接领导为本案被告人陈某，工作主要内容为加客户微信，对涉案"凌科体育"App进行推广，并教客户如何使用App投注。

入职后，梁某某共谈下两名客户，其中"雪舞九天"充值3000元，"刘某"充值51 000元，其中，"刘某"充值1000元后，让其添加了直系领导陈某的微信，后"刘某"依次充值2万元、3万元。至案发，梁某某拿到两个月底薪共计6000元，从未拿到过提成。

2021年4月14日，梁某某被检察院取保候审。

三、量刑情节

（1）被告人梁某某到案后如实供述犯罪事实，具有坦白的情节，依法可以从轻处罚。

（2）被告人梁某某自愿认罪认罚，且属于初犯，可以依法从宽处理。

（3）梁某某在此次共同犯罪中，起次要作用，系从犯，依法应当从轻或减轻处罚。

四、证据认定

本案中，公诉机关提交了相应证据，法院审理后作出如下认定：

（1）同案关系人李某、李某某、许某等的供述及辨认笔录等证据，证实李某安排许某组建团队开发"凌科体育"App，赌客充值获得科豆后，可以通过该软件对电竞比赛进行投注竞猜，并根据赛事结果按赔率获取豆芽分，豆芽分可以在App商城通过兑换虚拟物品"金砂"等提现至银行卡，后李某某利用YZ公司、YB公司运营"凌科体育"App，吸引赌徒注册、充值、投注。

（2）同案关系人张某某、伍某某、邓某等的供述及辨认笔录等证据，证实李某某利用YB公司、YZ公司运营"凌科体育"App，以电竞比赛投注竞猜的方式开设赌场组织赌博活动，并雇用大量业务员对该App进行推广，业务员根据个人所拉赌资业绩按比例获取提成。

（3）证人冯某某、席某某、李某龙、宋某、夏某某的证言，相关充值截图等证据，证实上述人员经网络、电话推广下载注册"凌科体育"App，该软件系一款电竞投注类App，用户按照1：1的比例充值人民币获取科豆后，利用科豆对电竞赛事进行投注竞猜，猜中后可以按照赔率赢取豆芽分，豆芽分可以在App商城内通过黄金折现的方式提现至银行卡。

（4）公安机关出具的抓获经过、工作情况等证据，证实本案的案发及抓获各被告人的经过。

（5）公安机关出具的搜查笔录、扣押清单、随案移送清单等证据，证实本案涉案物品经由公安机关依法扣押并随案移送。

（6）公安机关出具的调取证据清单、协助冻结财产通知书、支付宝账户明细等证据，证实"凌科体育"App关联支付宝账户自2020年4月24日至6月24日，共计以"科豆获取"的名义，收取他人转账款265万余元，该账户被公安机关依法冻结。

（7）营业执照，证实YZ公司、YB公司的公司登记情况。

（8）手机截图，证实YB公司业务员业绩排名、业务员在公司群内发布的赌客充值记录及业务员进行"凌科体育"App推广时的沟通情况。

（9）上海弘连网络科技有限公司计算机司法鉴定所出具的司法鉴定意见书、上海司法会计中心有限公司出具的司法会计鉴定意见书，证实 YB 公司通过"凌科体育"App 平台推荐注册赌客共计 1587 人，收取赌资 54 万余元；YZ 公司通过"凌科体育"App 平台推荐注册赌客合计 732 人，收取赌资 79 万余元。

（10）户籍资料，证实各被告人的自然身份情况。

（11）各被告人到案后的有罪供述可以与上述证据相互印证，证实本案的相关犯罪事实。

以上证据，均经庭审质证，合法有效，依法予以确认。

五、争议焦点

本案被告人梁某某的犯罪事实清楚，证据确实充分，当事人自愿认罪认罚，控辩双方对于被告人梁某某在本案中的犯罪情节、作用地位定性为从犯的问题，以及被告人到案后如实供述构成坦白的问题，均达成一致，本案没有较大争议。

六、辩护意见

（1）被告人梁某某到案后如实供述自己的犯罪事实，系坦白，根据《刑法》第 67 条第 3 款之规定，可以从轻处罚。

（2）被告人梁某某在共同犯罪中处于服从地位，起次要作用，是从犯，根据《中华人民共和国刑法》第 27 条之规定，应当从轻、减轻处罚。

（3）被告人梁某某仅入职两个月，拿了 6000 元的固定工资，并未获得提成，现其真诚悔罪，并有意愿退出全部的违法所得，希望对其从轻处罚。

（4）被告人梁某某没有前科劣迹，属于初犯、偶犯。本次犯罪是因其文化水平和受教育程度较低，法律意识淡薄而引起，对其从轻处罚既可以起到惩罚的目的，也能起到教育的作用。

综上，长达近 10 个月的羁押，已经让梁某某深刻反省，受到了该有的教训，其以后定会遵纪守法，不再触碰法律的红线，希望法院能够充分考虑梁某某本人的犯罪情节、在团队中所发挥的作用、个人业绩等情况，结合本案其他人员的羁押情况、作用大小综合考量，对梁某某予以从轻处罚，并适用缓刑。

七、法院判决

法院认为，被告人陈某、夏某、徐某某、宋某、罗某、梁某某、江某、潘某结伙利用网络赌博应用软件开设赌场，其行为已构成开设赌场罪。公诉机关指控罪名成立。本案系共同犯罪。控辩双方关于陈某、夏某、徐某某、宋某、罗某、梁某某、江某、潘某系从犯，应当从轻处罚；能如实供述自己罪行，可以从轻处罚；当庭自愿认罪认罚，可从宽处理的意见，均合法有据，本院予以采纳。徐某某、宋某、罗某不具备适用缓刑的条件，故徐某某、宋某、罗某的辩护人提出对徐某某、宋某、罗某适用缓刑的辩护意见，本院不予支持。结合本案的犯罪事实、危害后果、各被告人在共同犯罪中的相对作用及同类案件的刑法适用情况等情节，本院在量刑时一并予以体现并对梁某某、江某、潘某适用缓刑。据此，依照经2006年《中华人民共和国刑法修正案（六）》修正的《中华人民共和国刑法》第三百零三条第二款，《中华人民共和国刑法》第二十五条第一款、第二十七条、第六十七条第三款、第七十二条第一款、第三款、第七十三条第二款、第三款、第五十二条、第五十三条、第六十四条及《中华人民共和国刑事诉讼法》第十五条之规定，判决如下：

一、被告人陈某犯开设赌场罪，判处有期徒刑一年三个月，罚金人民币一万五千元；

二、被告人夏某犯开设赌场罪，判处有期徒刑一年三个月，罚金人民币一万五千元；

三、被告人徐某某犯开设赌场罪，判处有期徒刑十个月，罚金人民币一万元。

四、被告人宋某犯开设赌场罪，判处有期徒刑八个月，罚金人民币八千元。

五、被告人罗某犯开设赌场罪，判处有期徒刑八个月，罚金人民币八千元。

六、被告人梁某某犯开设赌场罪，判处有期徒刑十个月，缓刑一年，罚金人民币一万元。

七、被告人江某犯开设赌场罪，判处有期徒刑七个月，缓刑一年，罚金人民币七千元。

八、被告人潘某犯开设赌场罪，判处有期徒刑七个月，缓刑一年，罚金人民币七千元。

九、向被告人陈某、夏某、徐某某、宋某、罗某、梁某某、江某、潘某追缴违法所得，连同在案犯罪工具一并予以没收。

八、律师感悟

设立互联网竞技公司，开发公司业务范畴内的软件，属于正常的经营范围，是国家支持的经营手段。但是为了达到非法目的而设立公司，用合法设立的公司来掩盖非法开发的业务，这便违背了初衷。正如本案李某所为，设立公司开发包含赌博形式的软件，涉嫌违法犯罪，这就是国家极力打击的违法行为。就线上的开设赌场的犯罪手段来说，往往涉及的犯罪人数较多，开发赌博软件需要开发维护人员，为吸引赌客招揽赌客需要相关推广人员；以赌博软件形式开展的网络赌博，面向的赌客在各地皆有，范围广，人数多，因此，对社会的影响力度较大，这也是我国对赌博罪、开设赌场犯罪一直着重打击的原因。笔者在阅读卷宗后得知，本案涉及公司有四个。相关公司有成熟的运营部门，犯罪过程的时间不长，但是影响不小。被告人李某从2020年4月开始开发涉案赌博软件，到2020年6月案发，成立到案发，短短两个月时间，相关涉案人员发展赌客2000余人，涉案赌资达到百万元。

本案笔者代理的被告人梁某某，其在本案中属于负责招揽赌客的角色，即市场部业务员，梁某某通过招聘软件的正规面试、录取进入公司，基于公司有正常的办公地点、有合理的规章考核制度，其入职时主观上对该工作是否涉嫌违法属于不知情状态，这也是大部分涉案公司员工的初始状态。但持续两个月的工作时间、对自己的工作内容多少也会在工作期间有所察觉，或者说在进入公司之前，公民对自己的工作内容承担有合理的审慎义务，梁某某在本案中，对其行为构成开设赌场罪亦没有疑问。只是在主观上，其对于主动寻求犯罪或已知是犯罪而故意实施有所区分，前期的不知情，包括公司是正常注册经营等外在因素可以证明其主观恶性还是较小的。梁某某在本案中作用地位按照从犯认定亦没有问题，最后法院也在一定程度上采纳了律师对梁某某从轻减轻、缓刑的辩护意见。

  笔者在办案期间也持续跟梁某某强调，以后对从事的工作内容一定要进行严格的审查，此次事件已然发生，积极解决、认真思考。其悔罪认罪态度也一直良好，最终被判处有期徒刑十个月，缓刑一年算是有一个较好的结果，此事也暂告一段落。此次事件对梁某某来说，是一个教训也是一个警醒，这也是今后工作道路上的前车之鉴，在未来的工作里，切忌以当前找工作不易为由，而得过且过。

第五章

赌球类开设赌场典型案例解析

赌球，人们对足球、篮球等比赛的结果进行押注，将比赛结果作为输赢的评判手段，是一种新型的赌博方式。球类运动本身在全世界范围内有大量的球迷为之疯狂，球迷们有各自支持的球队，是球队最忠实的粉丝，正是有了球迷的支持，该项球类运动才得以不断发展。人们出于热爱而成为球迷，也正是因为这份热爱，让不法分子看到了组织赌局的可能，赌球这种赌博类型便发展起来，并逐步完善其规则，令赌徒们趋之若鹜，或为之倾家荡产，或为之妻离子散，上演着一个个悲伤的故事。

有时，赌球往往与大型赛事有关，或是国内大型赛事，或是国际赛事，如亚洲杯、欧洲杯、世界杯等，均会成为赌徒们的节日，赌徒们开设各种盘口或平台，通过各种形式散布赌球的信息，吸引赌徒们参与，从中牟利。

本章收录三个真实案例：

案例16，饶某与他人合伙共同在"亚博体育"赌博平台上注册账户担任代理，并接受赌客的投注，从中抽头牟利。

案例17，世界杯期间，张某从他人处获得网络赌球账号及密码，伙同姚某某招揽赌客以赌球的方式参赌，并为赌客下注、结算赌资，以收取码量返水的方式牟利。

案例18，周某某招揽赌博违法人员，与秦某某合伙在赌球网站开设赌场，通过微信与赌客结算赌资，从中抽成获利。

案例 16　饶某"亚博体育"开设赌场案[*]

一、公诉机关指控

2018年起,被告人施某、何某某、李某某、饶某合伙在"亚博体育"赌博平台注册账户,为该赌博网站担任代理,接受赌客被告人何某民、李某、朱某等人投注金额100余万元,从中抽头牟利并发展下级代理。同年,被告人何某民注册该赌博网站账户,成为被告人施某等人的下级代理,接受赌客投注,以赚取赌博网站返水的方式非法牟利。

2019年起,被告人刘某通过"亚博体育"赌博平台注册账户,为该赌博网站担任代理,接受赌客投注,从中抽头牟利。经查,2020年11月,被告人刘某通过上述赌博平台非法获利3万余元。

2018年起,被告人张某东通过"亚博体育"赌博平台注册账户,为该赌博网站担任代理,接受赌客投注,从中抽头牟利。经查,2020年12月1—17日,被告人张某东接受赌客投注金额30余万元。

2018年起,被告人李某俊通过"亚博体育"赌博平台注册账户,为该赌博网站担任代理,接受赌客投注,从中抽头牟利。经查,2020年12月1—17日,被告人李某俊接受赌客投注金额40万元左右。

2020年12月17日,被告人施某、何某民、刘某、张某东、李某俊被公安机关抓获;21日,被告人何某某被公安机关抓获;22日,被告人李某某被公安机关抓获;24日,被告人饶某主动至公安机关接受调查。上述八名被告人到案后均如实供述上述犯罪事实。

---

[*]（2021）沪0107刑初426号案件。

二、案情拓展

施某供述：2017年，其在一个足球论坛上发布足球比赛分析的帖子，自觉分析得比较准确，有很多人前来咨询，逐渐与何某某、饶某和李某某认识。当时，李某某向他提出想开一个足球彩票的QQ群，这个群就可以让喜欢买球的人都在一起，互相参考分享购买足球彩票的经验，施某就同意了，此时何某某、饶某、李某某均加入该QQ群内。一开始大家都是正常购买中国体彩的彩票，后来发现购买的场次比较有局限性，群内很多人都有外围的平台购买需求。饶某提出注册一个外围平台去满足群里的需求，便找了一个平台，并且注册后发现该平台可以购买的场次比较丰富，果然符合群内成员的需求，便向群里的成员推荐该平台"亚博体育"。

2018年，正值世界杯期间，施某与何某某、饶某、李某某在江西南昌开了一家出售体育彩票的门店，同时提供外围盘口的购买。外围平台会根据投注量还有客户的盈亏情况给佣金，佣金会打到四人的平台账号内，可直接提现取出。

为统计客户的来源及结算佣金，施某注册的账号用于推广，只要赌客通过点击施某的账号推荐链接注册新的亚博平台账号，都会自动记录为施某等人发展的会员，不但有一次性推荐佣金，今后该会员在亚博平台的盈亏情况都将如实记录并直接按照约定分配佣金给施某的账号。

据饶某供述："亚博体育"赌博平台会将注册会员亏损金额的30%作为佣金返给代理商。

饶某在得知何某某被上海公安机关抓获后次日，在家人的陪同下从南昌来到上海市普陀区向笔者当面咨询自首事宜，与办案民警电话约定了投案的时间，依约至公安机关投案。

在审查起诉阶段，各被告人均自愿认罪认罚，并签署《具结书》。案件审理过程中，部分被告人退出了违法所得，其中饶某退出25万元。

三、量刑情节

（1）被告人饶某自动投案，并如实供述犯罪事实，系自首，可以从轻、减轻处罚。

（2）被告人饶某自愿认罪认罚，可以依法从宽处理。

（3）被告人饶某退出全部违法所得，可以从轻处罚。

四、证据认定

本案中，公诉机关提交了如下证据：

（1）证人朱某、李某、贺某某等人的证言、辨认笔录及辨认照片，"亚博体育"App 的手机截图，证明上述人员使用"亚博体育"App 参赌的事实。

（2）搜查证、搜查笔录、扣押决定书、扣押清单，证明公安机关依法搜查了被告人的住处，并依法扣押了涉案银行卡、手机及笔记本电脑的事实。

（3）被告人施某的"亚博体育"App 的手机截图，证明被告人施某等人担任"亚博体育"App 赌博平台代理，接受赌客投注并从中抽头牟利，其中何某民等人系其下线赌客的事实。

（4）被告人何某民、证人李某与朱某的"亚博体育"App 的手机截图，证明截至案发，何某民在上述赌博平台的流水为 1 466 798.37 元，李某在上述赌博平台的流水为 296 429.22 元，朱某在上述赌博平台的流水为 92 424.63 元的事实。

（5）被告人何某民的"亚博体育"App 的手机截图、微信聊天记录截图，证明被告人何某民使用"亚博体育"App 接受朱某等赌客投注，同时其自己也参与赌博的事实。

（6）被告人李某俊的"亚博体育"App 的手机截图，证明 2020 年 12 月 1—17 日，被告人李某俊接受赌客投注金额 40 万元左右，其中沈某等人系其下线赌客的事实。

（7）被告人张某东的"亚博体育"App 的手机截图，证明 2020 年 12 月 1—17 日，被告人张某东接受赌客投注金额 30 余万元，其中李某等人系其下线赌客的事实。

（8）被告人刘某的"亚博体育"App 的手机截图，证明被告人刘某为"亚博体育"App 担任代理接受孙某、袁某等赌客投注，2020 年 11 月通过该赌博平台非法获得 3 万余元的事实。

（9）行政处罚告知笔录、行政处罚决定书，证明上述赌客因赌博行为被公安机关行政处罚的事实。

（10）抓获经过，证明本案的案发情况及八名被告人的到案经过。

（11）户籍资料、刑事判决书，证明八名被告人的身份情况及被告人施某的前科情况。

（12）工作情况，证明检举揭发情况未查证属实。

（13）被告人施某、何某某、李某某、饶某、何某民的供述，辨认笔录及辨认照片，证明自 2018 年起，被告人施某、何某某、李某某、饶某共同商定以施某的名义担任"亚博体育"App 赌博平台的代理，接受赌客投注并抽头牟利，获利由四人均分，被告人何某民通过施某介绍成为其在该赌博平台的下级代理的事实。

（14）被告人刘某、张某东、李某俊的供述，证明上述三人担任"亚博体育"App 赌博平台的代理，接受赌客投注并抽头牟利的事实。其中被告人张某东供述在 2020 年 12 月 17 日中午公司徐总打电话让其回公司，他不在就找陈总。其回到公司发现徐总不在，陈总在会议室，透过会议室玻璃看到陈总和警察在一起，其想到自己的事情可能败露了，其正准备进去时，同事任某把其叫进去了。

法院经审理认为上述证据收集程序合法，内容客观真实，足以认定指控事实。

五、争议焦点

被告人饶某自动投案，对指控的犯罪事实及定性均无异议，并自愿认罪认罚，该案事实清楚，控辩双方没有明显争议。

六、辩护意见

辩护人认为被告人饶某的行为构成开设赌场罪的事实及罪名定性没有异议，认为其存在可以从轻或减轻处罚的量刑情节。

（1）被告人饶某在案发后，自动投案，并如实供述犯罪事实，根据《最高人民法院关于处理自首和立功具体应用法律若干问题的解释》第 1 条及《中华人民共和国刑法》第 67 条第 1 款之规定系自首，依法可以从轻或者减轻处罚。

（2）被告人饶某在公安侦查阶段就表示自愿认罪认罚，且口供稳定，至审查起诉阶段自愿签署了《认罪认罚具结书》，根据《中华人民共和国刑事诉讼法》第 15 条规定，可以依法从宽处理。

（3）被告人饶某在家属的帮助下，退出了全部的违法所得，其认罪悔罪态度明显，可以从轻处罚。

（4）被告人饶某此前一贯表现良好，没有任何违法犯罪前科，此次犯罪系初犯、偶犯，认罪深刻、悔罪明显，应当给其一次改过自新的机会。

综上所述，辩护人请求对被告人饶某以开设赌场罪减轻处罚。

七、法院判决

法院认为，被告人施某、何某某、李某某、饶某、何某民、刘某、张某东、李某俊利用互联网开设赌场，其行为均已构成开设赌场罪，依法均应予处罚。上海市普陀区人民检察院指控的犯罪事实和罪名成立。被告人施某、何某某、李某某、何某民、刘某、张某东、李某俊在到案后均如实供述犯罪事实，均予以从轻处罚。被告人饶某自动投案，并如实供述犯罪事实，系自首，依法予以从轻处罚。被告人施某、何某某、李某某、饶某、何某民、刘某、张某东、李某俊均自愿认罪认罚，依法予以从宽处理。被告人施某、何某某、李某某、饶某、何某民、刘某、张某东退出了一定数额的违法所得，予以酌情从轻处罚。辩护人基于上述情节请求对各自辩护的被告人从轻处罚的相关辩护意见，予以采纳。被告人张某东的辩护人提出张某东系自首，并要求适用缓刑的辩护意见，没有事实和法律依据，不予采纳。公诉机关的量刑建议适当，本院予以采纳。根据各被告人犯罪的事实、性质、情节以及对社会的危害程度等，依照经 2006 年《中华人民共和国刑法修正案（六）》修正的《中华人民共和国刑法》第三百零三条第二款，《中华人民共和国刑法》第十二条第一款、第二十五条第一款、第六十七条第一款、第三款、第五十二条、第五十三条、第六十四条，《最高人民法院关于处理自首和立功具体应用法律若干问题的解释》第一条及《中华人民共和国刑事诉讼法》第十五条之规定，判决如下：

一、被告人施某犯开设赌场罪，判处有期徒刑二年，并处罚金人民币二万元。

二、被告人何某某犯开设赌场罪，判处有期徒刑二年，并处罚金人民币二万元。

三、被告人李某某犯开设赌场罪，判处有期徒刑一年九个月，并处罚金人民币二万元。

四、被告人饶某犯开设赌场罪，判处有期徒刑一年七个月，并处罚金人民币二万元。

五、被告人何某民犯开设赌场罪，判处有期徒刑一年，并处罚金人民币五千元。

六、被告人刘某犯开设赌场罪，判处有期徒刑一年四个月，并处罚金人民币一万五千元。

七、被告人张某东犯开设赌场罪，判处有期徒刑一年四个月，并处罚金人民币五千元。

八、被告人李某俊犯开设赌场罪，判处有期徒刑一年四个月，并处罚金人民币一万五千元。

九、违法所得依法予以追缴，作案工具依法没收。

八、律师感悟

本案是笔者于2020年年底代理的一起有关赌球的开设赌场罪案件，被告人施某本是在论坛分析足球比赛的球迷，通过论坛结识了有相同爱好的何某某、饶某、李某某，四人一拍即合决定共同从事赌球平台的代理，为了配合线上业务的开展，还投资开设了线下门店，在担任代理期间接受多名赌客的投注，其行为构成开设赌场罪。

通过查阅本案的卷宗，笔者看到此平台当年风靡一时，世界杯期间在球迷赌客间有很高的知名度，参与该平台赌球的人数众多，本案饶某等应属于比较小的代理团队，代理投注金额也相对较小，但这种行为的社会危害性不容小觑，应当依法追究刑事责任。

案发前，被告人饶某等人并未意识到这种行为的严重后果，认为只要没有诈骗他人，按照平台的规则操作获取佣金并不构成开设赌场罪，这种认识是错误的。得知何某某等人被公安机关抓获后，饶某咨询律师，主动前往公安机关投案，到案后如实供述犯罪事实，这是典型的自首情节，争取到依法从轻或减轻处罚的机会。另外，在案件审理阶段，饶某的家属帮助其退出全部违法所得，也为对饶某从轻处罚提供了基础。在事实清楚、证据确凿的情况下，被告人饶某自首，并自愿认罪认罚，退出违法所得是明智的选择，也充分体现了其认罪悔罪的态度，相信其今后定会遵纪守法，不再做违法犯罪的事情。

案例17 姚某某网络赌球开设赌场案[*]

一、公诉机关指控

2022年11月起,被告人张某从左某(另案处理)处获得网络赌球的账号及密码后,伙同被告人姚某某,招揽赌客以赌球的方式参赌,并为赌客下注、结算赌资等,以收取码量返水的方式牟取非法利益。

2023年4月6日,被告人张某、姚某某分别于上海市宝山区淞南路×××弄××号×××室、新二路×××号被民警抓获。两名被告人到案后如实供述开设赌场的犯罪事实。截至案发,两名被告人获利9000余元。

二、案情拓展

张某和姚某某系情侣关系,2022年10月开始同居生活。张某与左某曾是同事,相识近20年。2022年12月,正值世界杯开幕,张某听说左某有赌球的网址,想着可以通过使用该账号和密码参与赌球,并且可以帮助其他朋友下注赌球,自己为此也可以挣一些佣金。于是便向左某要了赌球的网址以及账号和密码。左某告知张某:佣金按照有效码量的千分之八结算,每周另有返水将近千分之一,所以佣金差不多可以赚到千分之九。有效码量是指赌客和网站之间发生有输有赢的情况即为有效,如果赌客和网站之间是平局,不输不赢则属于无效码量。

2023年1月24日,张某的牌友李某开始在张某这里赌球。李某主要通过微信或者电话将自己想要买的球队、赌注以及参加赌博的模式告知张某,张某收到消息后将李某的需求输入网址下注。等到第二天,张某的女友姚某

---

[*] (2023)沪0113刑初1000号案件。

某和李某再结算前一天所有赌球的输赢情况。如果是李某赌赢了，由张某先行垫付给李某，如果李某赌输了，李某直接通过微信将赌资转账给张某或者姚某某。

姜某系姚某某通过打牌认识的朋友，2023年2月起，姜某通过姚某某在张某这里赌球。姜某平时将自己要买的球队、赌注以及参赌模式告知姚某某，接着姚某某将信息告知男友张某，由张某负责输入网址操作下注。如果张某在外面不方便操作下注时，则由姚某某使用账号和密码登录网址进行操作。隔天，姜某与姚某某通过微信进行结算赌资。

除了李某、姜某，还有一些零零散散的赌客偶尔通过张某或者姚某某操作下注，参与赌球。姚某某平时协助张某给赌客汇报赛事与赔率、计算输赢、结算赌资。张某负责操作下注及与上家左某结算佣金，按照一周内通过张某投注的所有赌客的码量和输赢情况进行结算，一周结算一次。结算完毕，左某把千分之八的佣金和千分之一返水金额通过微信转账支付给张某。

2023年4月6日，上海市公安局宝山分局祁连派出所民警根据线索，分别于上海市宝山区淞南路×××弄××号×××室、新二路××××号抓获张某、姚某某。从张某处扣押笔记本电脑1台、苹果手机1部。从姚某处扣押苹果手机1部。张某、姚某某到案后如实供述了开设赌场的犯罪事实。

经公安机关侦查发现，张某与姚某某一同招揽赌客李某、姜某、刘某某等人下注参与赌博，以收取码量返水的方式从中获利。截至案发，张某、姚某某涉案码量为100万余元，两名被告人获利9000余元。

在案件审理期间，姚某某自愿认罪认罚，并在其家属的帮助下退缴违法所得4797.9元，且预缴了罚金1万元。

三、量刑情节

（1）被告人姚某某被抓获归案，到案后如实供述自己的罪行，系坦白，依法可以从轻处罚。

（2）被告人姚某某自愿认罪认罚，可以依法从宽处理。

（3）被告人姚某某退出全部的违法所得4797.9元，依法可以从轻处罚。

（4）被告人姚某某提前预缴罚金1万元，依法可以从轻处罚。

四、证据认定

本案中,公诉机关提交了如下证据:

(1)证人姜某、李某、刘某某的证言及辨认笔录,证实:2023年2月起,其等通过微信联系的方式,通过被告人张某、姚某某投注参与网络赌球,并结算赌资的事实经过。

(2)同案犯左某的证言,证实:2022年11月被告人张某找其要赌球网站账号,后其每周和被告人张某通过微信结算赌资。

(3)上海市公安局宝山分局出具的《扣押决定书》《扣押清单》《扣押笔录》,证实:从被告人张某处扣押笔记本电脑1台、苹果手机1部;从被告人姚某某处扣押苹果手机1部。

(4)上海市公安局宝山分局出具赌博网站截图、码量截图,证实:2023年4月7日,查获涉案赌博网站2023年3月30日至2023年4月5日投注金额为44 700元;2022年12月5—10日投注金额为30 340元。

(5)上海市公安局宝山分局提供的微信聊天记录截图、财付通支付科技有限公司提供的《微信支付交易明细证明》及支付宝(中国)网络科技有限公司提供的《支付宝(中国)网络科技有限公司交易流水证明》,证实:两名被告人与赌客之间的微信聊天情况及转账情况;被告人张某与左某的聊天情况及转账情况。

(6)上海市公安局宝山分局出具的《工作情况》及户籍资料查询情况,证实:两名被告人的到案经过、身份信息及与赌客的微信转账情况说明。

(7)被告人张某、姚某某的供述及辨认笔录,证实:其二人均对指控犯罪事实供认不讳。

法院经审理认为上述证据收集程序合法,内容客观真实,足以认定指控事实。

五、争议焦点

被告人姚某某对指控的犯罪事实及定性均无异议,并自愿认罪认罚,该案事实清楚,控辩双方没有明显争议。

六、辩护意见

（1）被告人姚某某到案后如实供述自己的罪行，且前后口供稳定，系坦白，依法可以从轻处罚。

（2）被告人姚某某开设赌场时间较短，社会危害性较小，在开设赌场的过程中，姚某某仅是转告输赢情况和代收代付赌资，在整个犯罪中仅起到次要作用，系从犯，属于情节比较轻微的开设赌场案件，不应对其处以较高的刑罚。

（3）在侦查阶段，姚某某即表示自愿认罪认罚，在审查起诉阶段签署《具结书》，庭审认罪态度良好，按照《中华人民共和国刑事诉讼法》第15条的规定，可以依法从宽处理。

（4）案件审理过程中，被告人姚某某在家属的帮助下积极退缴全部违法所得4797.9元，充分体现了其认罪悔罪的态度，可酌情从轻处罚。

（5）案件审理过程中，被告人姚某某在家属的帮助下，提前预缴了罚金1万元，可以酌情从轻处罚。

（6）被告人姚某某系初犯、偶犯，此前一向表现良好，一直遵纪守法，无犯罪前科。此次完全是因自身无知，法律意识淡薄，才会导致涉嫌触犯法律。根据《最高人民法院关于贯彻宽严相济刑事政策的若干意见》，恳请法院综合考虑被告人姚某某的犯罪动机、手段、情节、后果和犯罪时的主观状态，酌情予以从宽处罚。

（7）被告人姚某某的家庭情况和身体状况比较特殊。姚某某尚有一未成年儿子需要抚养。自从姚某某被采取强制措施后，孩子思念母亲，父母日夜担心，且被告人姚某某身体情况不佳，在看守所羁押期间经常性地需要以吃药维持身体健康。辩护人恳请法院能考虑其特殊情况，对被告人姚某某予以从轻处罚，让其早日回归社会，妥善照顾家庭。

七、法院判决

法院认为，被告人张某、姚某某互相结伙，开设赌场聚众赌博，其行为均已构成开设赌场罪，依法应予分别惩处。公诉机关指控的犯罪事实清楚，证据确实充分，指控罪名成立。二名被告人具有坦白情节，依法均可从轻处罚；二名被告人自愿认罪认罚，依法均可从宽处理。二名被告人于审理中退缴违法所得，均可酌情从轻处罚。辩护人的相关辩护意见，本院予以采纳。据此，综合二名被告人的犯罪事实、情节、认罪态度和对社会的危害程度，依照《中华人民共和国刑法》第三百零三条第二款、第二十五条第一款、第六十七条第三款、第五十二条、第五十三条第一款、第六十四条及《中华人民共和国刑事诉讼法》第十五条之规定，判决如下：

一、被告人张某犯开设赌场罪，判处有期徒刑七个月，并处罚金人民币一万元。

二、被告人姚某某犯开设赌场罪，判处有期徒刑六个月，并处罚金人民币一万元。

三、在案作案工具、违法所得依法予以没收。

八、律师感悟

每四年举办一次的"世界杯"足球赛事，作为一项备受关注的体育盛事，它汇集了世界上最优秀的球员和球队，为球迷们呈现了一场场精彩绝伦的比赛。每届的"世界杯"都能吸引全球数亿人的关注，让人们感受到足球的魅力和狂热。同时，"世界杯"也带来了巨大的经济和商业机会，随着足球产业的不断发展和壮大，各种赞助商、广告商、媒体都纷纷涌入"世界杯"市场，希望能够从中获得商业利益，也因此让有些人萌生投机取巧的想法，试图利用"世界杯"从事不法活动而从中获利。

本案的被告人就是在"世界杯"期间因赌球而萌生为他人下注赌球，从中牟取利益的想法，从而走上了违法犯罪道路。被告人张某从朋友处得到赌球网址的账号和密码后，就伙同女友姚某某拉拢身边的一些牌友一起参与赌球，通过从其他人下注的赌资中抽取返点而牟利。这在笔者办理的众多开设赌场罪的案件中，属涉案人数较少，案情相对较为简单，办案难度并不高的一个案件。即使这样，笔者在接受家属委托后，历经整个案件侦查、审查起诉、审判过程的短短两个月内，会见被告人姚某某十余次。在这每一次会见中，被告人姚某某均向笔者表示其已经认识到自己的错误，希望有机会改过自新。笔者也不负家属和当事人的委托,在代理本案期间,积极与检察官、法官沟通,提出律师辩护意见。最终法院采纳了笔者的辩护意见,对被告人姚某某作出了从轻处罚的判决。

在代理被告人姚某某案件中,笔者尽力去理解她的行为背后的社会和心理因素。通过与姚某某的深入交流,笔者了解到她并非出于恶意参与赌球活动,而是在一定的社会环境和个人认知局限下作出的错误判断。她的参与更多的是出于对情侣张某的依赖和信任,而非主动策划和组织。这种认识帮助笔者在法庭上为姚某某构建了一个更为立体的形象,不仅是一个违法的行为者,还是一个有着复杂情感和认知的个体。

此外,笔者在法庭上的辩护还强调了姚某某的积极改过行为。她在被公安机关抓获后,不仅积极配合调查,如实供述自己的罪行,还主动退缴了全部违法所得,并预缴了罚金。这些行为展现了她的悔改诚意和对法律的尊重。笔者认为,法律的目的不仅是惩罚,更是教化,帮助他们重新融入社会,成为守法的公民。

张某和姚某某利用网络赌球的方式开设赌场的案件,揭示了网络赌球这一现象的严重性和复杂性,这是一个值得全社会关注的问题。网络赌球作为一种新型的赌博形式,它巧妙地利用了互联网的便利性和匿名性,使得赌博活动不仅更加隐蔽,而且触角伸展到了社会的每一个角落。通过网络平台,赌博信息迅速传播,轻易地吸引了包括许多年轻人在内的众多群体参与其中。这种趋势令人担忧,因为年轻人是国家的未来,他们的健康成长对社会至关重要。因此,我们必须从多方面入手,综合运用法律、技术、教育和社会治理等手段,来共同应对网络赌球这一社会问题。只有这样,我们才能有效地减少网络赌球的发生,保护公民的财产安全和心理健康,维护社会的和谐稳定。

【类案摘录】

案例 18　周某某网络赌球开设赌场案*

2018年下半年起,被告人秦某某为牟取非法利益,通过从他人处获取的赌球网站网址、账号、密码,提供给被告人周某某及周某某招揽的赌博违法人员张某某、范某某、余某、赵某等人进行网络赌球的方式开设赌场,周某某通过微信与张某某四人结算赌资后,定期与秦某某结算赌资,两被告人分别从中抽成获利。经审计,2018年10月至2021年7月,秦某某共计收取、支付赌资合计60万余元,周某某共计收取、支付赌资合计约40万元。

经侦查,公安机关分别于2021年7月14日、23日传唤被告人周某某、秦某某至派出所配合调查,两被告人到案后均主动交出手机并告知密码,如实供述了上述犯罪事实。

案件审理过程中,秦某某、周某某各退缴违法所得1万元。

法院认为,被告人秦某某、周某某为牟取非法利益,利用网络开设赌场,秦某某赌资数额约60万元,周某某赌资数额约40万元,其行为均已构成开设赌场罪。控、辩双方认为,被告人秦某某、周某某具有自首情节,自愿认罪认罚,可以从轻或者减轻处罚的意见,合法有据,法院予以采纳。结合各被告人在共同犯罪中的相对作用、退缴违法所得的情况等,法院在量刑时一并予以考虑,并采纳公诉机关的量刑建议。依照《中华人民共和国刑法》第303条第2款、第25条第1款、第67条第1款、第52条、第64条,《中华人民共和国刑事诉讼法》第15条及《最高人民法院关于处理自首和立功具体应用法律若干问题的解释》第1条之规定,判决如下:被告人周某某犯开设赌场罪,判处有期徒刑十个月,并处罚金2.4万元(已在案)。在案犯罪工具,予以没收。

---

* (2022)沪0114刑初900号案件。

第六章

赌博机类开设赌场典型案例解析

最高人民法院、最高人民检察院、公安部联合印发的《关于办理利用赌博机开设赌场案件适用法律若干问题的意见》中，对于利用赌博机组织赌博活动进行了认定，即设置具有退币、退分、退钢珠等赌博功能的电子游戏设施设备，并以现金、有价证券等贵重款物作为奖品，或者以回购奖品方式给予他人现金、有价证券等贵重款物的，即为赌博机类赌博活动。对于利用赌博机开设赌场而构成犯罪的，对于赌博机的数量、违法所得、赌资数额、参赌人数及设置地点均有详细的规定。对于是否属于赌博机难以确定的，司法机关可以委托地市级以上公安机关出具检验报告。

赌博机类的开设赌场案件比较常见，游戏规则简单，上手很快，参与者众多，使得开设者获利较多，在线下的赌场中，几乎与纸牌类赌博形式相当。赌博机与纸牌或麻将又有不同，输赢的概率可以由开设者进行设置，"十赌九输"成了"十赌十输"，赌客们不可能成为赢家。

本章收录了4个真实案例：

案例19，李某某在他人开设的线下钢珠机赌场内担任客服，从事上下分、结算赌资等工作。该赌场内的赌博机有20余台，并配备专人负责维修赌博机。

案例 20，纪某购入 47 台钢珠赌博机，并通过远程摄像头的方式进行网络赌博，雇用张某某作为客服人员，从事上下分、结算赌资等工作，涉案赌资超 800 万元，赌场获利 70 余万元。

案例 21，陈某某为钢珠机赌场招揽赌客、收款结账，指使他人帮助其与赌客联系、收取赌资，并从赌场的违法所得中收取 50% 的比例。

案例 22，罗某某设置 "三七" 赌博机，通过网络摄像头进行网上实时押注赌博，林某受雇负责赌场上下分工作，并提供名下微信、支付宝等账户用于收取和结算赌资。

案例19 李某某"钢珠赌博机"开设赌场案[*]

一、公诉机关指控

2020年12月至2021年3月,李某洲、张某强(均另案处理)等人经预谋,在河北省石家庄市××开设钢珠机赌场,并雇用被告人黄某某负责赌场的日常管理和财务,雇用被告人李某某、张某某、刘某、杨某等负责客服、上下分、结算赌资等工作,雇用被告人秘某某、李某波负责维修赌博机。

2021年3月2日,民警抓获上述被告人,并在上述赌场查获赌博机20余台及手机等物。

二、案情拓展

李某洲于2020年12月,在石家庄市与张某强、陈某合开一家电玩城,其中李某洲占40%股份;张某强、陈某二人占60%股份。上述股东未签订过任何正式协议,唯有一股东群,股东都在群内,对分成及股权占比在群内达成一致。该电玩城于2020年12月开张,2021年1月5日关门;同年1月25日重新经营,2月1日关门;又于同年2月11日重新开张,经营10日后在2021年2月21日关门;最后在2021年2月23日开门营业直至案发。

涉案赌场从2021年1月25日至2021年2月1日,第一次经营线上钢珠机赌博,其中有"北斗小将""北斗"等类型,也是此次线上开展钢珠机赌博开始,店内员工从十几人删减到三个人,即只留下了本案被告人杨某、李某某、张某某。

2021年2月1—11日,涉案赌场第二次经营钢珠机赌博,此次线上与线

---

[*] (2021)沪0105刑初672号案件。

下同时经营钢珠机赌博。

线上钢珠机赌博的模式主要是：店内有专门的一个手机微信当客服微信，用于联系赌客，并开设了名为"柒号室内体验中心"的公众号，赌客关注该公众号，就可在线充值，充值比例为1元钱5个钢珠，1个钢珠是1分；充钱后客服会通过微信发送一个360摄像头的链接，赌客下载360摄像的App后就可以通过链接看到钢珠机的屏幕，赌客通过微信让客服去机器上设置转动频次，钢珠机开始运转，分数显示在屏幕上。赌客可以在线充值及线下充值，每天在线充值上限为2000元，在线充值的钱隔天到账至被告人张某强的招商银行卡内；充值超过每日限额，赌客可以线下充值，将钱通过支付宝转账的方式转账给赌场客服，第一次经营钢珠机赌博，使用的支付宝账户为被告人杨某的账户，第二次使用的是被告人张某的支付宝账户；到账后由客服使用钥匙开启钢珠机给赌客上分。给赌客下分结算资金，第一次使用的是王某的银行卡通过网银转账给赌客，后用员工支付宝转账给赌客。

被告人黄某某，该电玩城经理，同时担任财务，负责管理员工与店内日常每天统计店内输赢情况，并报给李某洲。

被告人秘某某，涉案钢珠机的维修人员，负责维修钢珠机以及偶尔制作赌博机配件，获利按照维修次数收取费用，一次200~300元不等。

被告人李某某，涉案钢珠机赌博的客服。李某某自2020年12月左右通过线下招聘方式入职，担任电玩城服务员的职位，约定工资每天150元，一个月4500元，没有提成，主要负责帮客人开门、买烟、送水、上分；后涉案赌场新添置钢珠机，2021年1月始，李某某负责钢珠机区域，充当客服，给赌客发360摄像头链接，指导赌客充值等进行钢珠机赌博。

被告人张某某，涉案钢珠机赌博的客服。2020年12月中旬通过线下招聘进入涉案电玩城工作，担任服务员职位，负责售卖饮料、指导客人给机器"上分"以及打扫卫生等工作，约定薪资4000~4500元，入职至案发，实际收入2793元。

被告人李某波，涉案钢珠机赌博的维修人员，主要修理钢珠机电源主板等。修理费一次100~200元不等，换零配件另外收钱。

被告人刘某，最开始负责协助黄某某负责日常运营，后主要负责和涉案电玩城大楼物业联系维护场所稳定,通过查看监控用对讲机与店内服务员联系开门及通报是否有警察上门,月薪资约定4500元。

被告人杨某,涉案钢珠机赌博的客服人员,负责微信联系赌客,通过公众号给赌客充值,发360摄像头链接并指导赌客充值操作,月薪资约定4500元。

三、量刑情节

(1) 被告人李某某被抓获到案后,能如实供述自己的罪行,系坦白,依法可以从轻处罚。

(2) 被告人李某某在此次共同犯罪中起次要作用,系从犯,应当从轻、减轻处罚。

(3) 被告人李某某自愿认罪认罚,可依法从宽处理。

四、证据认定

本案中,公诉机关提交了相应证据,法院审理后作出如下认定:

(1) 同案关系证人李某洲、张某强的证言,证实被告人黄某某负责赌场的日常管理和财务,被告人李某某、张某、刘某、杨某、秘某某、李某波等负责客服、上下分、结算赌资、维修赌博机等工作。

(2) 证人毛某某、陈某某等赌客的证言、转账截图及行政处罚决定书,证实上述人员通过名为集中营的微信群联系客服,进行钢珠机赌博。现已因参与本案所涉赌博而被上海市公安局长宁分局行政处罚。

(3) 上海市公安局长宁分局搜查证、搜查笔录、扣押决定书、扣押清单、扣押物品照片证实,民警从被告人处扣押手机、硬盘等;从李某洲处扣押赌博机电脑主板21个。

(4) 张某强招商银行账户交易流水证实本案赌资情况。

(5) 上海市公安局长宁分局赌博机认定书,证实涉案的21台钢珠机具有赌博功能,可以认定为赌博机。

(6) 案发经过表格、刑事判决书证实被告人的到案情况及前科情况。

上述证据收集程序合法,内容客观真实,足以认定指控事实。

五、争议焦点

本案各被告人对指控的犯罪事实及定性均无异议,并自愿认罪认罚,该案事实清楚,控辩双方没有明显争议。

六、辩护意见

(1)被告人李某某到案后如实供述自己的罪行,且前后口供稳定,依法可以从轻处罚。

(2)被告人李某某在此次共同犯罪中,属于从犯,应按照从犯予以减轻处罚,李某某在案件中所起到的作用比其他从犯小,情节更为轻微,辩护人认为应与其他从犯进行区分,比照其他从犯予以从轻处罚。

(3)被告人李某某自愿认罪认罚,悔罪态度良好,积极配合侦查机关工作,并自愿退出违法所得、缴纳罚金,依法可以从轻处罚。

(4)被告人李某某本次犯罪属初犯、偶犯。被告人此前社会表现一贯良好,无任何犯罪前科,对于此次犯罪,其本人也表示对此悔恨不已,今后绝无再犯可能。

综上,被告人李某某并非赌场的出资者和经营者,希望法院能够充分考虑本案实际情况,对李某某减轻、从轻处罚。

七、法院判决

法院认为,被告人黄某某伙同秘某某、李某某、张某某、杨某、李某波、刘某等人开设赌场,其行为已构成开设赌场罪,依法应予惩处。公诉机关指控的事实清楚,证据确实充分,指控罪名成立。本案系共同犯罪,被告人黄某某、秘某某、李某某、张某某、杨某、李某波、刘某在共同犯罪中起次要作用,系从犯,应从轻处罚。被告人黄某某、秘某某、李某某、张某某、杨某、李某波、刘某到案后均能如实供述自己的罪行,自愿认罪认罚,依法从轻处罚。辩护人与此相关的辩护意见,本院予以采纳。结合本案的犯罪事实、情节,被告人杨某、刘某的辩护人提出对被告人杨某、刘某适用缓刑的辩护意见,本院不予采纳。为维护社会治安秩序,保护良好社会风尚,依照《中华人民共和国刑法》第三百零三条第二款、第二十五条第一款、第二十七条、第六十七条第三款、第五十二条、第五十三条、第六十四条及《中华人民共和国刑事诉讼法》第十五条之规定，判决如下：

一、被告人黄某某犯开设赌场罪，判处有期徒刑一年二个月，并处罚金人民币五千元。

二、被告人秘某某犯开设赌场罪，判处有期徒刑一年二个月，并处罚金人民币五千元。

三、被告人李某某犯开设赌场罪，判处有期徒刑九个月，并处罚金人民币三千元。

四、被告人张某某犯开设赌场罪，判处有期徒刑九个月，并处罚金人民币三千元。

五、被告人杨某犯开设赌场罪，判处有期徒刑九个月，并处罚金人民币三千元。

六、被告人李某波犯开设赌场罪，判处有期徒刑七个月，并处罚金人民币二千元。

七、被告人刘某犯开设赌场罪，判处有期徒刑七个月，并处罚金人民币二千元。

八、扣押在案的犯罪工具手机等予以没收；违法所得予以追缴。

八、律师感悟

本案是线下赌场转为线上赌场的一个开设赌场类案件。在我们平时所见中，几位老板投资设立电玩城店铺，店铺内配置相关的财务人员、服务员，都属正常现象，娱乐也属民生的一部分。但是本案投资设立电玩城店铺的"老板们"，即几位被告人，购买赌博机放置电玩城内，招聘专门服务于赌客的服务员，以名为娱乐的电玩城，实为赌场的作用，从中获利。本案是较为典型的开设赌场案例，从线下转为线上，被告人李某某在本案的角色也是开设赌场常见的客服角色，负责与赌客联系，为赌客提供上下分服务。

在主观方面，被告人李某某入职时是线下看到电玩城招聘入职，此时，电玩城是合法经营，其入职的职位也是为电玩城内的合法活动服务的工作，在主观上，没有以明知就职工作是为非法人员实施非法行为而提供帮助的故意。李某某属于老板雇用的劳动人员，一切工作也是由被告人李某洲安排，在这个过程中属于服从的地位，起的是次要作用，属于从犯，这也是可以从轻处罚的一个情节。又根据笔者阅读卷宗情况得知，没有相关证据显示被告人李某某使用自己的实名认证的微信和支付宝进行赌资结算，李某某收取的工资除了固定工资，没有收取过任何提成。从各方面来看，被告人李某某在本案中的犯罪作用地位大小可与其他为开设赌场行为提供联系客户、上下分以外还提供支付结算服务的从犯比照从轻处罚。

事发后被告人李某某也一再表示非常后悔，一是不该在意识到事情涉嫌犯罪时抱着侥幸心理而继续工作，二是对于给社会造成的影响进行了深刻反省且非常自责。此次历经9个月的改造，不管是对于已经过去的犯罪行为认识，还是对未来生活的规划，李某某都会在这9个月里有新的蜕变。

案例20 张某某"钢珠赌博机"开设赌场案[*]

一、公诉机关指控

2019年4月起,被告人纪某陆续购买了47台钢珠赌博机,在其安徽省阜阳市颍东区××××南侧民宅家中以设置钢珠赌博机的方式开设名为"祥CR爱我中华"的赌场,通过远程摄像头的方式进行网络赌博,并于2020年年初开始雇用被告人康某某、张某佳、黄某、刘某某、张某某担任赌场客服,为赌客上下分结算赌资。经查,涉案赌资超800万元,赌场获利70万元。

2021年4月20日,被告人纪某、黄某、刘某某、康某某、张某某、张某佳被公安机关抓获。

在案件审理期间,被告人黄某在家属帮助下退缴违法所得人民币5万元。

二、案情拓展

被告人纪某在安徽省阜阳市颍东区有一栋宅基地建筑的三层小楼。2019年4月,其一人出资在网上购买10台钢珠赌博机放置在自己家中二楼,并铺设网线和安装摄像头,将每一部赌博机对应一个360摄像头,以用作开设网络钢珠机赌场。

纪某将该赌场命名为"祥CR爱我中华",平时主要以朋友介绍朋友的方式招揽赌客,并建立了赌客微信群。首先,纪某将赌博机的信息表发送至微信群,供赌客选择。赌客通过微信与纪某沟通选定赌博机,并按照纪某的要求将赌资转入指定的账户(微信、支付宝、银行卡等)。之后,纪某将客户指定赌博机的画面通过360摄像头的二维码,以微信的方式发送给客户。赌

---

[*] (2021)沪0105刑初743号案件。

客就可以通过扫描 360 摄像头的二维码，观看赌博机的运行情况。纪某把赌客转账的赌资以积分的形式上分到赌博机器上运作。正常情况下，100 元可以转 30 圈，转一圈就能看到一个动画片。每次转完后，都会出现一个抽奖的画面。随即，抽奖的画面会出现三个数字或者图案。当三个数字或者图案显示一样时，则表示赌客中奖。不同的数字，积分倍数不同，输赢的概率也不一致。中奖后将产生积分，赌客可以选择积分不折现，继续赌博，也可以选择下分。如果赌客选择下分，纪某就把赌客的积分兑换成钱，每 550 积分能够兑换 100 元。兑换成功后，纪某通过银行转账的方式将钱转账给赌客。

其间，被告人纪某陆陆续续采购了 47 台钢珠赌博机，并雇用被告人康某某、张某佳、黄某、刘某某、张某某担任赌场客服。由纪某组建微信工作群，并在群里安排工作。纪某每次安排 2 个客服上班，并提供公用手机。纪某本人注册一个客服微信号（昵称"祥客服"），组建赌客微信群（群名称为"祥 CR 爱我中华"）。5 位客服 24 小时轮流工作，负责联系赌客，并将钢珠机摄像头的二维码发给赌客，让赌客通过二维码进入程序，实时观看钢珠机的运行和开奖情况、为赌客上下分、收款、结算赌资等。5 位客服共用一部公用手机和客服微信账号，公用手机内下载了收款银行的 App，方便客服在工作时为赌客收付款。主要使用的收付款银行账户有：康某某的招商银行卡、黄某的建设银行、交通银行和中国银行卡、张某佳的建设银行卡、纪某的邮政银行、农业银行和交通银行卡等。客服通过公用手机查询银行到账情况，并使用公用手机上的网银给赌客结算赌资。纪某作为赌场的老板，负责招揽赌客、收钱、查账等事宜。

根据被告人黄某的供述：2020 年 3 月，纪某联系黄某，让黄某至其家中玩钢珠赌博机。黄某正好没有工作，并到纪某家中玩了两三天。之后纪某便邀请黄某担任赌场的客服，并承诺给黄某每月 7000 元的工资，且包吃住。黄某从 2020 年 3 月工作到 2020 年 12 月，后因赌场在 2020 年 12 月至 2021 年 3 月歇业，黄某就回老家休息。赌场重新开业后，黄某又回到赌场继续担任客服工作。截至案发，黄某在赌场工作了 10 个月左右，实际收入总额 4 万多元。

根据被告人刘某某供述：纪某与刘某某是中学同学关系。2020年2月，纪某联系刘某某，并邀请刘某某至家中操作钢珠机赌博工作，承诺给刘某某每月5000元的工资，包吃住。截至案发，刘某某共计工作11个月左右，实际收入总额6万元左右。

根据被告人康某某的供述：2020年4月，康某某待业在家时接到纪某电话，邀请其到赌场工作。每月工资1万多元，包吃住。截至案发，康某某共计工作9个月左右，实际收入总额7万元左右。

根据被告人张某某的供述：张某某与纪某是初中同学关系。2020年2月，张某某与纪某聚餐时，纪某提出让张某某到他的赌场工作，并承诺每月工资1万元，如果赌场有盈利，额外按照利润的10%作为分红给张某某，一年结算一次。截至案发，张某某已在赌场工作共计11个月，实际收入总额13万元左右。

根据被告人张某佳的供述：2020年3月，纪某联系张某佳让其到赌场担任客服工作，负责为赌客上下分、收款、结算赌资。每月工资1万元，按照每上分100元，张某佳获利10元。如果招揽到赌客，按照一个赌客200元奖励。截至案发，张某佳已在赌场工作共计10个月，实际收入总额11万元左右。

经公安机关侦查发现，截至案发，被告人纪某、康某某、张某佳、黄某、刘某某、张某某涉案赌资超800万元，赌场获利70万元。被告人黄某曾在2020年5月28日，因实施利用网络进行赌博的违法行为，被上海市长宁公安分局给予行政拘留15日，并处罚款500元。其他被告人无违法犯罪前科的记录。

三、量刑情节

（1）被告人张某某在共同犯罪中起到次要作用系从犯，依法应当减轻处罚。

（2）被告人张某某到案后如实供述犯罪事实，依法可以从轻处罚。

（3）被告人张某某自愿认罪认罚，可以依法从宽处理。

四、证据认定

本案中,公诉机关提交了如下证据:

(1) 证人郑某某、胡某某、沈某、周某的证人证言,证明:被告人康某某、张某佳、黄某、刘某某、张某某在纪某开设的网络钢珠机赌场参与赌博的事实。

(2) 被告人纪某、康某某、张某佳、黄某、刘某某、张某某的供述,手机截图,现场照片,调取的360设备相关信息,证明:被告人纪某雇用康某某、张某佳、黄某、刘某某、张某某经营网络钢珠机赌博及相关获利情况。

(3) 上海市公安局长宁分局搜查笔录、扣押决定书、扣押笔录、扣押清单、扣押物品照片,证明:公安机关扣押6名被告人物品的情况。

(4) 上海市公安局长宁分局赌博机认定书,证明:扣押的47台钢珠机设备为赌博机。

(5) 上海市公安局长宁分局协助查询财产通知书,银行卡交易明细,证明:被告人纪某经营网络赌场赌资超800万元。

(6) 黄某的行政处罚决定书,证明被告人黄某的劣迹情况。

(7) 6名被告人的户籍信息、案发经过表格,证明:被告人纪某、康某某、张某佳、黄某、刘某某、张某某的身份及到案情况。

法院经审理认为上述证据收集程序合法,内容客观真实,足以认定指控事实。

五、争议焦点

被告人张某某对指控的犯罪事实及定性均无异议,并自愿认罪认罚,该案事实清楚,控辩双方没有明显争议。

六、辩护意见

辩护人认为被告人张某某的行为构成开设赌场罪的事实及罪名定性没有异议,仅对量刑部分发表如下意见:

(1) 被告人张某某在共同犯罪中起到次要、辅助作用,属于共同犯罪中的从犯，依法应当减轻处罚。

（2）被告人张某某到案后自愿认罪认罚，对相关犯罪事实供认不讳，按照《中华人民共和国刑事诉讼法》第15条的规定，应当从宽处理。

（3）被告人张某某到案后，对于侦查机关、检察机关的讯问均如实供述，构成坦白，可以对其从轻处罚。

（4）被告人张某某的主观恶性较小，犯罪情节轻微，所犯罪行后果并不严重，社会危害性不大，可以予以酌情从轻处罚。

（5）被告人张某某系初犯、偶犯，此前一向表现良好，一直遵纪守法，无犯罪前科，此次因自身无知，法律意识淡薄才导致涉嫌触犯法律行为，可以酌情从轻处罚。

综上所述，辩护人请求对被告人张某某以开设赌场罪减轻处罚。

七、法院判决

法院认为，被告人纪某雇用被告人黄某、刘某某、康某某、张某某、张某佳开设赌场，其行为均已构成开设赌场罪，且情节严重，依法应予惩处。公诉机关的指控，事实清楚，定性正确。本案系共同犯罪，被告人纪某在共同犯罪中起到主要作用，系主犯；被告人黄某、刘某某、康某某、张某某、张某佳在共同犯罪中起到次要作用，系从犯，依法予以减轻处罚。六名被告人到案后均如实供述自己的罪行，依法予以从轻处罚。六名被告人均认罪认罚，依法从宽处理。被告人黄某退缴违法所得，酌情从轻处罚。辩护人与此相关的辩护意见，本院予以采纳。为维护社会治安秩序，保护良好的社会风尚，依照《中华人民共和国刑法》第三百零三条第二款、第二十五条第一款、第二十六条第一款及第三款、第二十七条、第六十七条第三款、第五十二条、第五十三条、第六十四条，《中华人民共和国刑事诉讼法》第十五条之规定，判决如下：

一、被告人纪某犯开设赌场罪，判处有期徒刑五年六个月，并处罚金人民币五万元。

二、被告人黄某犯开设赌场罪，判处有期徒刑一年六个月，并处罚金人民币一万元。

三、被告人刘某某犯开设赌场罪,判处有期徒刑一年十个月,并处罚金人民币一万元。

四、被告人康某某犯开设赌场罪,判处有期徒刑一年十个月,并处罚金人民币一万元。

五、被告人张某某犯开设赌场罪,判处有期徒刑一年十个月,并处罚金人民币一万元。

六、被告人张某佳犯开设赌场罪,判处有期徒刑一年十个月,并处罚金人民币一万元。

七、扣押在案的作案工具及退缴的违法所得人民币五万元予以没收,其余违法所得继续予以追缴。

八、律师感悟

本案涉及网络赌博和钢珠赌博机的非法使用,以及赌场的组织与运营,是一起典型的利用网络科学技术在线开设赌场案件。这些违法行为不仅侵害了社会的公共利益,还严重扰乱了社会的正常秩序。本案提醒笔者,随着科技的不断进步,开设赌场的犯罪方式也在不断演变,作为律师不仅要熟悉传统的法律知识,还需要紧跟时代的步伐,了解新兴科技在犯罪中的应用,以便更好地适应新形势下的法律实践。通过对案件的深入研究和辩护,笔者更加认识到作为法律工作者,维护法律尊严、保障公平正义的实现是我们的重要职责。

被告人纪某在阜阳市颍东区家中二楼开设赌场,运用网络技术、几十台钢珠赌博机以及360摄像头开展线上赌博活动。这种结合现代网络技术与传统赌博设备的犯罪手段显示了犯罪形式的新变化,体现了网络时代犯罪形式的多变性和隐蔽性。本案中涉案赌资超过800万元,而赌场自身获得的利润高达70万元。这庞大的金额不仅揭示了赌博活动的巨大获利空间,而且提示现代科技和传统犯罪方式相结合而产生的新型犯罪形式,需要给予更多的监管和有效的应对措施。

作为本案的办案律师,笔者在处理张某某钢珠赌博机开设赌场案件过程中,特别关注了张某某等人作为从犯的法律地位和法律责任。主犯纪某的行为无疑构成开设赌场罪,他不仅组织和管理了赌博活动,还购买并使用了赌博设施,显然符合开设赌场罪的定性。纪某的行为对社会秩序造成严重破坏,应当承担相应的刑事责任。在审判过程中,纪某展现出了认罪悔改的态度,这在一定程度上有助于量刑时的考量。

对于被告人张某某等从犯来说,尽管他们并未直接组织赌博活动,但是他们的日常工作确实为这一犯罪活动的持续运作提供了支持和帮助。因此,笔者在法律角度上认同公诉机关对被告人张某某所指控的犯罪事实及定性。然而,在量刑建议上,笔者考虑到张某某在整个犯罪链条中所起到的作用是次要、辅助的,以及其已经表现出积极的认罪态度和悔改表现,所以笔者把辩护方向着力于为其争取减轻从宽的量刑。最终法院采纳了笔者的量刑建议,认定被告人张某某的从犯地位,并接纳了张某某认罪认罚的态度,给予其减轻、从宽的判决。这种量刑考量不仅体现了法律公正与人性化相结合的原则,也鼓励了被告人能够积极认罪和悔改,有助于他们未来更好地重新融入社会。同时,这也是对犯罪分工和责任大小进行合理区分的体现,有助于保障法律判决的公正性和合理性。

此外,在本案中,认罪认罚制度充分展现了其积极的法治效应。被告人张某某的自愿认罪认罚态度和积极配合公诉机关的行为,为案件的迅速解决提供了重要支持。这种做法不仅有助于缩短案件处理时间,减轻司法机关的工作负担,同时也有效地释放了司法资源,进而更好地服务于社会大众。此外,张某某的认罪认罚和随后获得的从宽处理结果,在法律框架内展示了司法的智慧和效率。这种处理方式不仅体现了法律对于案件本身的严谨处理,也反映了对被告人个体情况的关怀与尊重。通过这样的制度安排,法律既维护了社会正义,又体现了对人性的理解和宽容,充分彰显了现代法治精神和人文关怀。

案例 21 陈某某"钢珠赌博机"开设赌场案*

一、公诉机关指控

2020年年初至案发,被告人刘某、被告人万某某及被告人刘某2,经事先预谋,由刘某购买24台具有赌博功能的钢珠机(万某某部分出资),由刘某、刘某2寻找位于河北省涿州市的三处场所设置钢珠机,通过网络摄像头进行网上实时押注赌博,并由刘某2负责上分,万某某负责机器调试、维修。被告人陈某某经万某某联系,为该赌场招揽赌客、收款结账,并指使被告人陈某2帮助其与赌客联系、收取赌资。经查,该赌场的违法所得由陈某某收取50%,另50%由刘某、刘某2平分。

2020年12月17日,5名被告人被公安机关抓获。

二、案情拓展

被告人陈某某平时经营一家宠物店。2020年3月,陈某某被一微信好友拉至某赌博微信群内。同年5月中旬,又有另一微信名为"大森林"的好友(被告人万某某)联系陈某某,让陈某某担任其开设的赌场的客服,帮赌场招揽赌客,其愿意将赌场盈利与陈某某一人一半。陈某某为了增加收入,所以同意担任赌场客服,于是二人通过微信商定工作内容及分成方式(陈某某拿赌场盈利的50%,对方拿50%)。随后被告人陈某某便作为赌场客服,开始负责和赌客对接。陈某某通常在各个微信好友群内搭识对赌博感兴趣的人,添加其等为微信好友并介绍他们至上述赌场参与赌博。

陈某某平时会登录"钢珠机"专用的360摄像机App账号(该账号由万

---

* (2021)沪0105刑初383号案件。

某某提供）。赌客如果参与钢珠机赌博，陈某某会通过微信分享360摄像机App给赌客，赌客即可通过登录360摄像机App，查看到陈某某分享的钢珠机实时监控画面，App内的多个监控画面分别与钢珠机名字一一对应。

赌客如要下注，需要先充值上分，具体方式是：赌客将赌资通过支付宝等方式交付给陈某某，陈某某收取赌资后联系赌场工作人员刘某2，由刘某2帮赌客上分。充值比例为1∶25，人民币100元等于2500分，依此类推。赌客充值后即可下注，下注亦通过告知陈某某后联系刘某2操作。下注后，对应的钢珠机画面开始显示转动。钢珠机每转一圈会显示3个数字，如果3个数字相同，表示中奖；数字和概率是随机的，每组相同数字的奖励分数不同，其中"3"和"7"的奖励最高，其他数字基本一样。

赌客赢钱或退出，被告人陈某某便通知刘某2为赌客下分，而陈某某负责将款项通过支付宝转账给赌客。每天晚上再与刘某2结算，通过微信和支付宝转账的方式来分配盈利。其间陈某某若有事不在，便让陈某2帮忙充当该赌场客服，一直维持该运作模式至案发，陈某2未获利。被告人陈某某担任赌场客服至案发，参与的赌客有30~40人。

2020年9月，公安机关在侦办其他案件时，发现本案相关犯罪线索，便立案侦查，于同年12月17日，分别在河北省、吉林省将5名被告人抓获。

三、量刑情节

（1）被告人陈某某到案后如实供述自己的罪行，构成坦白，依法可以从轻处罚。

（2）被告人陈某某自愿认罪认罚，可以依法从宽处理。

（3）被告人陈某某在共同犯罪中起主要作用，系主犯。

四、证据认定

（1）被告人刘某、刘某2、万某某的供述、证人贾某某的证言，证实2020年年初，3名被告人经事先预谋，由刘某购买24台钢珠机（万某某部分出资）、由刘某、刘某2寻找设置钢珠机的三处场所供他人网络赌博，并由刘某2负责上分、万某某负责机器安装调试、维修等事实。

（2）被告人刘某、刘某2、万某某、陈某某、陈某2的供述、证人潘某、陆某、王某某、管某某、钱某的证言、转账记录等，证实陈某某经万某某联系，为涉案赌场招揽赌客、收款结账，并指使陈某2帮助其与赌客联系、收取赌资；另赌场的违法所得由陈某某收取50%，另50%由刘某、刘某2二人平分。

（3）上海市公安局长宁分局搜查笔录、扣押清单、照片等证实，公安机关分别在河北省涿州市三处场所依法扣押涉案24块用于赌博的游戏机主板及相应的360摄像头；从被告人刘某处扣押游戏机电子板47块、360摄像头1个等；从被告人陈某某、陈某2、刘某2、万某某处分别扣押手机及银行卡等。

（4）上海市公安局长宁分局调取证据清单、电子数据光盘证实，涉案摄像头的硬件信息、联网IP地址及时间等。

（5）上海市公安局长宁分局赌博机认定书，证实涉案24台钢珠机具有赌博功能，可以认定为赌博机。

（6）行政处罚决定书，证实潘某、陆某、王某某、管某某、钱某等人因赌博行为被处以行政处罚的事实。

（7）案发经过表格、办案说明，证实5名被告人的到案经过。

上述证据收集程序合法，内容客观真实，足以认定指控事实。

五、争议焦点

被告人陈某某在共同犯罪中所起作用的认定问题，是否构成主犯？

六、辩护意见

（一）关于本案中被告人陈某某在共同犯罪中所起作用的认定问题

首先，本案的钢珠机赌博运营模式系被告人万某某提出，涉案的24台钢珠机及摄像头等系由被告人万某某、刘某共同出资购买后放置在万某某及其亲属房屋内，并由被告人万某某负责安装摄像头及与客服对接负责给客户上分；从被告人陈某某及同案其他被告人的供述可知，被告人陈某某系经被告人万某某招揽而来,其负责的系"客服"工作,主要与客户对接,收取相应的赌资,并联系被告人刘某2为客户进行远程上分。

虽被告人陈某某收取客户的赌资,并与被告人刘某2对分客户赌资,但被告人陈某某与被告人刘某2、刘某、万某某并非合伙关系,辩护人认为,不能以获利比例高、对分利润等认定被告人陈某某在本案中起主要作用,并不能认定其股东或出资人的主要犯罪地位。

结合全案来看,被告人陈某某既未提出钢珠机赌博运营模式的犯意,也未参与钢珠机的出资购买、放置、管理、调试、维修、上分以及其他人员的管理,其本人也系经被告人万某某招募而来,在钢珠赌博机运营模式上并无任何的实际话语权和设置权。辩护人认为,被告人陈某某在本案中起辅助作用、次要作用,应当认定为从犯,依法应当从轻或减轻处罚。

(二)关于其他从轻或减轻量刑情节的认定

(1)被告人陈某某到案后能如实交代自己的涉案相关情况,并未隐瞒事实真相,并对其他同案人员的涉案情况如实供述,对公安派出所的侦查人员的讯问都能如实交代,具有坦白情节,依法可以从轻处罚。

(2)被告人陈某某自愿认罪认罚,并自愿退缴全部违法所得,其本人已多次表示经过这段时期的羁押已受到深刻教育,并认识到自身行为的不法性和危害性,依法可以从宽处理。

(3)被告人陈某某本次犯罪属初犯、偶犯,之前一直表现良好,无任何犯罪前科,此次涉案也系因其本人对法律认识不足,导致误入歧途。

综上所述,考虑被告人陈某某在全案中的各项情况,望综合考虑以上从轻、减轻处罚的情节,依法对被告人陈某某判处较轻的刑罚。

七、法院判决

法院认为,被告人刘某伙同被告人陈某某、刘某2、万某某、陈某2等人开设赌场,其行为均已构成开设赌场罪,依法应予惩处。公诉机关的指控,事实清楚,定性准确。本案系共同犯罪。被告人刘某、陈某某、刘某2、万某某在共同犯罪中起主要作用,系主犯;被告人陈某2在共同犯罪中起次要作用，系从犯；五名被告人到案后均能如实供述自己的罪行，自愿认罪认罚，依法均予以从轻处罚。各被告人的辩护人与此相关的辩护意见，本院均予以采纳。为维护社会治安管理秩序，保护良好的社会风尚，依照《中华人民共和国刑法》第三百零三条第二款、第二十五条第一款、第二十六条、第二十七条、第六十七条第三款、第五十二条、第五十三条、第六十四条及《中华人民共和国刑事诉讼法》第十五条之规定，判决如下：

一、被告人刘某犯开设赌场罪，判处有期徒刑十个月，并处罚金人民币五千元。

二、被告人陈某某犯开设赌场罪，判处有期徒刑十个月，并处罚金人民币五千元。

三、被告人刘某2犯开设赌场罪，判处有期徒刑九个月，并处罚金人民币四千元。

四、被告人万某某犯开设赌场罪，判处有期徒刑八个月，并处罚金人民币三千元。

五、被告人陈某2犯开设赌场罪，判处拘役五个月，并处罚金人民币二千元。

八、律师感悟

所谓赌博机，是指具有赌博功能的游戏机机型、机种，是一种游戏厅的附属品，发展最初大多主打娱乐性，到后期，则偏向了营利目的，成为实施赌博行为的辅助工具，引起社会危害。人们常见的赌博机有"老虎机""水果机"以及本案中出现的"钢珠机"等。而赌博软件本身就是一个程序，即使程序运行客观机械，但程序毕竟由人工编写，编写时可以对赌客输赢的概率进行设置，犯罪分子为了追求利益最大化，赌客赢的概率可想而知，翻本不过是天方夜谭。当然，经营者也会视实际情况对赌博机的程序设置进行调整：在赌客少的时候，增大赢钱概率，吸引赌客；在赌客多的时候，则减少赢钱概率。

本案的被告人陈某某本身开设有一家宠物医院，办案过程中，笔者通过会见其本人及与家属沟通得知，因经济压力，兼职工作赚取更多的劳动报酬是陈某某为了缓解当下经济困难的一个途径；也是由于法律意识的淡薄，对涉案"客服"这个工作，没有做过多的法律审查，以至于最后涉案。

被告人陈某某在开设赌场的犯意上，或者是组建赌博群、提供赌博机的存放场所的谋划上，以及线上供赌客赌博的 App 开发上，都并未主动提起或合伙参与。但是，开设赌场的行为还包括帮助行为，除了提供场所（实体场所与网络场所）与工具等行为，只要具有招揽与运输参赌人员、维护赌博及分配赌资等行为，也符合开设赌场的构成要件。所以对于被告人陈某某，长期为涉案场所招揽赌客、为赌客提供结算服务，并指使被告人陈某 2 帮助其与赌客联系、收取赌资的行为，陈某某构成开设赌场罪是没有争议的。但陈某某在共同犯罪中是主犯还是从犯，是存在较大争议的。《刑法》第 26 条第 1 款规定："组织、领导犯罪集团进行犯罪活动的或者在共同犯罪中起主要作用的，是主犯。"据此，主犯包括两类：一是组织、领导犯罪集团进行犯罪活动的犯罪分子；二是其他在共同犯罪中起主要作用的犯罪分子。组织、领导犯罪集团进行犯罪活动的犯罪分子，就是犯罪集团的首要分子。从犯，是指出现在犯罪集团或者其他一般共同犯罪中，起次要作用或者辅助作用的犯罪分子。又根据《刑法》第 27 条第 2 款的规定可知，从犯在量刑时一般会从轻、减轻处罚。开设赌场中对非法获利的分成方式也是区分主从犯的重要因素，开设赌场罪中的老板、股东、管理层，大都会被认定为主犯，包括拿业绩提成的人员，只是主犯里面，也会再根据所起作用来区分严重程度。

用赌博机赌博看似是公平游戏，具有娱乐性质，但其后果是非法转移、重新分配参赌者的财产，对社会、家庭及个人都具有巨大的危害性，这也是我国一直严厉打击赌博、开设赌场犯罪的原因之一。

案例22　林某"三七赌博机"开设赌场案*

一、公诉机关指控

2019年3月,被告人罗某某在江西省赣州市上犹县YX渣土运输有限公司8楼置备23台"三七赌博机",开设名为"七忠"的赌博机赌场,通过网络摄像头进行网上实时押注赌博,由被告人张某某负责机器维护、为赌客上下分。同年11月,被告人叶某经与被告人罗某某合谋后参与赌场经营,与张某某一同负责机器维护、赌场上下分,并同罗某某按比例获取赌场分红。2020年12月至2021年1月初,被告人罗某、林某先后受雇负责赌场上下分等工作。另,上述被告人均提供名下微信、支付宝等账户用于收取和结算赌资。

另查,2017年,被告人罗某某伙同被告人叶某等人在江西省赣州市某广场设置10余台"三七赌博机"开设赌场,通过网络摄像头进行网上实时押注赌博。

2021年1月21日,被告人罗某某、张某某、罗某、林某被公安机关抓获。次日,被告人叶某被公安机关抓获。

二、案情拓展

被告人林某家里与人合伙开店,其平时主要担任司机负责接送客人。林某与被告人罗某某是老乡,2021年1月6日,罗某某因叶某、罗某先后离开赌场便雇用林某担任赌场客服,负责回复赌客信息,给"三七赌博机"的赌客上下分,约定月基本工资3000~4000元。

---

* (2021)沪0105刑初530号案件。

赌客参与"三七赌博机"赌博需要将赌资兑换成分数，林某等人通过微信、支付宝（均使用林某等人本人名下的账号）或者银行卡（有林某等人自己的，也有罗某某提供的）收取赌客的赌资，然后通过自己手机上安装的上分软件为赌客上分，上分比例为1∶3。若赌客不玩了，林某等人便将钱通过支付宝转账方式转给赌客。

罗某某为赌场老板，有时也担任客服工作，其组建了一个赌客微信群，时不时会将位于上犹县的赌场信息发送到微信群中，招揽赌客参与赌博，赌客也介绍其他好友入群参与。除此之外，还建立有客服微信群，该微信号由被告人林某等人登录。

至被告人林某被抓获，共参与实施上述行为14天，每天经手的赌资流水一般为3000~4000元，林某共计收取罗某某支付的生活费2000元。

三、量刑情节

（1）被告人林某被抓获到案后，如实供述自己的罪行，构成坦白，可以从轻处罚。

（2）被告人林某在共同犯罪中起次要作用，系从犯，应当从轻、减轻处罚。

（3）被告人林某自愿认罪认罚，可以依法从宽处理。

四、证据认定

本案中，公诉机关提交了相应证据，法院审理后作出如下认定：

（1）证人季某、冯某等的证言、行政处罚决定书证实，几人通过网络参与"七忠"赌场赌博机赌博，并因此被行政处罚。

（2）证人钟某某、杨某某的证言、房屋租赁合同，证实2019年3月，罗某某、张某某二人以张某某名义租借江西省赣州市上犹县YX渣土运输有限公司6-8楼。

（3）被告人罗某某、叶某等5人的供述、张某某辨认笔录、调取证据通知书、调取证据清单、被告人支付宝交易明细等，证实被告人罗某某伙同叶某、张某某等人开设"七忠"赌博机赌场，并雇用罗某、林某为赌客上下分及帮助收取和结算赌资。

（4）上海市公安局长宁分局搜查笔录、扣押笔录、扣押清单及扣押物品照片，证实民警查获并扣押赌博机主板、摄像头各23个及手机、银行卡等。

（5）上海市公安局长宁分局赌博机认定书，证实在上犹县赌场内查获的23台"三七"机具有赌博功能，可认定为赌博机。

（6）案发经过表格、被告人基本信息资料、十指指纹信息卡等，证实各被告人到案情况及身份情况。

上述证据收集程序合法，内容客观真实，足以认定指控事实。

五、争议焦点

本案各被告人对指控的犯罪事实及定性均无异议，并自愿认罪认罚，该案事实清楚，控辩双方没有明显争议。

六、辩护意见

（一）被告人林某的社会危害性较小，犯罪情节轻微

（1）从犯罪的主观方面来看，被告人林某犯罪的主观恶性较小。林某在受雇于罗某某之前有自己的工作，为家里的生意经营开车接送客人，因基于罗某某的老乡身份，出于信任而帮忙。对涉案"三七"赌博机的来源、具体操作等都不了解，只是按照罗某某指示，为赌客进行结算等服务，其本人在此之前也没有相关违法行为。

（2）从犯罪的客观方面来看，林某虽有为赌客上下分、结算的行为，但其并不主动追求额外的犯罪利益。本案中，林某从罗某某处获取的仅有工资一项，无任何其他形式的奖金、分红等；主观意识上，林某也是将此作为一份工作，领取最基本的工资。

（二）从整个案件来看，被告人林某在本案中的作用地位、主观恶性均应作为对其量刑的考虑因素，且林某存在以下从轻、减轻处罚的情节

（1）被告人林某在共同犯罪中所起的作用较小，系从犯。本案是由罗某某和叶某主导，二人出资购买赌博机并招募赌场工作人员张某某，罗某某又另招募罗某及林某作为赌场客服；被告人林某在整个犯罪过程中受他人指挥，起次要、辅助作用。

（2）被告人林某到案后如实供述了自己所有的犯罪事实，主动认罪，系坦白；林某自被公安机关采取刑事措施之日起，每次讯问都配合公安机关工作，如实陈述自己罪行，口供稳定。

（3）被告人林某担任赌场客服时间较短，仅有十几天，且没有参与赌场的利润分成；至案发为止，所有收入仅为罗某某支付其的2000元生活费。

（4）被告人林某本次犯罪系初犯，之前表现一贯良好，没有前科劣迹，本次犯罪纯粹因为对法律无知，法律意识淡薄，其认为仅仅是帮老乡忙，没有意识到是违法犯罪，故主观恶性极小。

（5）根据《最高人民法院、最高人民检察院、公安部关于办理利用赌博机开设赌场案件适用法律若干问题的意见》第7条，办理赌博机开设赌场的案件，应当贯彻宽严相济刑事政策，重点打击赌场的出资者、经营者。对受雇为赌场从事接送参赌人员、望风看场、发牌坐庄、兑换筹码等活动的人员，除参与赌场利润分成或领取高额固定工资的以外，一般不予追究刑事责任，可由公安机关依法给予治安管理处罚。

综上，被告人林某到案后如实供述，构成坦白，依法可以从轻处罚；被告人林某在本案共同犯罪中是从犯，依法可以从轻处罚；林某自愿认罪认罚，依法可以从宽处理。

七、法院判决

法院认为，被告人罗某某伙同被告人叶某、张某某、罗某、林某开设赌场，其行为均已构成开设赌场罪，依法应予惩处。公诉机关的指控，事实清楚，定性正确。被告人罗某某及被告人叶某的当庭供述均证实，被告人叶某自2019年起与被告人罗某某共同经营赌场的意愿，且二人按照一定比例进行分红，故辩护人关于被告人叶某系从犯的辩护意见，与法院查明的事实不符，法院不予采纳。结合被告人叶某、张某某的犯罪事实、性质和情节，不符合法律关于宣告缓刑的规定，故辩护人建议对被告人叶某、张某某宣告缓刑的辩护意见，不予采纳。本案系共同犯罪，被告人罗某某、叶某在共同犯罪中起主要作用，系主犯；被告人张某某、罗某、林某在共同犯罪中起次要作用，系从犯，依法予以从轻处罚。被告人罗某某、叶某、张某某、罗某、林某到案后均如实供述自己的罪行，且自愿认罪认罚，依法予以从轻处罚。各辩护人与此相关的辩护意见，予以采纳。为维护社会治安秩序，保持良好的社会风尚，依照经 2006 年《中华人民共和国刑法修正案（六）》修正的《中华人民共和国刑法》第三百零三条第二款，《中华人民共和国刑法》第二十五条第一款、第二十六条、第二十七条、第六十七条第三款、第五十二条、第五十三条、第六十四条以及《中华人民共和国刑事诉讼法》第十五条之规定，判决如下：

一、被告人罗某某犯开设赌场罪，判处有期徒刑一年六个月，并处罚金人民币一万元。

二、被告人叶某犯开设赌场罪，判处有期徒刑一年三个月，并处罚金人民币一万元。

三、被告人张某某犯开设赌场罪，判处有期徒刑十个月，并处罚金人民币四千元。

四、被告人罗某犯开设赌场罪，判处有期徒刑六个月，并处罚金人民币一千元。

五、被告人林某犯开设赌场罪，判处有期徒刑六个月，并处罚金人民币一千元。

六、扣押在案的手机一部、赌博机主板二十三个、赌博机探头二十三个予以没收；违法所得予以追缴。

八、律师感悟

赌博机的品种多样，更新换代快，操作简单易上手，对喜欢新奇赌博方式的赌客是一种诱惑。所以我们日常办案中，经常会因为开设赌场案，认识多种赌博机器。沉迷赌博的人，可能轻信于刻意宣传的输赢概率，或影视剧中夸张渲染的赌博技巧和一掷千金的豪迈，于是自己也抱有侥幸心理或自信于本身的赌博水平，渴望一夜暴富；加之赌博工具大都经过伪装，已然有种给参赌者送钱的样子，这也使有投机心理者上钩，但是通过赌博致富在实际生活中几乎不可能发生。在整个赌博链条中最大的获利者，是赌博机制造商，以及为赌客提供场所、提供赌博机会的人。而根据财富守恒定律，沉迷赌博的人大都落得倾家荡产、众叛亲离的下场，但对赌博成瘾的病态心理又难以自控，为筹措赌资不惜铤而走险，滋生其他犯罪。正是基于赌博对个人心理的摧残和给社会带来的不稳定因素，我国才极力禁赌，严厉打击赌博类犯罪。

本案罗某某、叶某即上述所说看到了"商机"的最大获利人，罗某某通过在固定的经营场所配备的二十余台赌博机，供赌客押注，雇用他人对机器进行维护，随着赌客人数增多，继续雇用相关人员即本案的被告人罗某、林某专门负责上下分工作，并让"员工"提供自己的微信或支付宝收取赌资，实施开设赌场的帮助行为，二人再对赌场的获利进行分红。为何是员工？根据笔者会见及查阅卷宗相关口供笔录得知，被告人林某本来为打理家中生意帮忙，通过被告人罗某某联系，双方约定了月基本工资，林某并不参与赌场盈利分红，其在本案中的地位定性属于被告人罗某某雇用的员工。

开设赌场罪在客观上是指实施具有聚众赌博、开设赌场、以赌博为业的行为。对于"开设"的含义，除传统的以营利为目的为赌博者提供场所，设定赌博方式，提供赌具、筹码，接受赌客投注，以供他人赌博外，在计算机网络上建立赌博网站，或者为赌博网站担任代理，接受投注的，以及以接受电话投注的方式进行赌博，而参与者并不集中在一起的，也属于开设赌场。所以林某即便是个员工，其为被告人罗某某实施开设赌场的行为提供了接受赌客的投注、为赌客服务，由此也构成开设赌场罪。只是在整个案件中，是从犯的地位，依据法律规定可以从轻处罚；到案后其本人认罪认罚，这也是可以从宽处罚的情节。林某本身家里也有事情可做，一直在家里帮忙，起初也是出于想要通过自己的双手挣钱，基于对罗某某的信任加上每月薪资都固定，法律意识也是相对淡薄，最终才会涉案，越过了法律的红线。

笔者办理了很多开设赌场罪的案件，也接触很多当事人，了解每个当事人背后的家庭情况、涉案原委等，致力于给各个当事人争取好结果也致力于给他们更多地讲解法律。笔者真诚地希望，此类犯罪可以减少，也使得更少的人牵涉其中，社会秩序平稳安定。

第七章

彩票类开设赌场典型案例解析

彩票是印有号码或图形（文字），由人们自愿购买并能够证明购买人拥有按特定规则获取奖励的书面凭证。它是一种建立在机会均等基础上的公平竞争的娱乐性游戏。我国民政部在《中国福利彩票管理办法》中，将福利彩票定义为以筹集社会福利资金为目的而发行的印有号码、图形或文字供人们自愿购买，并按特定规则购入获取或不获取资金的有价证券。

在我国，彩票是以抽签给奖的方式进行筹款，并非赌博。将彩票用于赌博的，比较常见于地下"六合彩"，这有区别于正规的"六合彩"。我国香港地区发行"六合彩"，由香港赛马会主办，从未在香港以外的地区开展投注业务，更没有委托任何人或组织进行相关业务，因此在中国内地所有以"六合彩"名义进行的投注活动，均是假冒的，均被定义为地下"六合彩"，实则为非法博彩，即赌博行为。该类型的地下"六合彩"会通过各种途径引导赌客在线或委托他人代为投注，组织竞猜对赌，与开奖结果相关的赔率由"庄家"自定，所有的盈亏利益也均由"庄家"负责，属于我国着重打击的一种赌博形式。

本章收录了1个真实案例：

案例23，张某某接受参赌人员的投注，参与"六合彩"赌博，并从中抽头获利。

案例23 张某某"六合彩"彩票开设赌场案[*]

一、公诉机关指控

自2020年7月至2021年1月,被告人方某某以营利为目的,利用香港、澳门"六合彩"开奖信息,设定赔率及返利,通过林某某(另案处理)及被告人陈某某接受参赌人员投注。后被告人陈某某又发展下家被告人张某某、周某某接受参赌人员田某某、虞某某等人投注参与"六合彩"赌博。被告人陈某某、张某某、周某某均从中抽头获利。

被告人方某某、陈某某、张某某、周某某于2021年1月7日被抓获,到案后对基本犯罪事实供认不讳。

二、案情拓展

被告人方某某曾于多年前参与过"六合彩"的赌博,后于2020年4月左右开始成为"六合彩"的代理,并发展林某某、陈某某等下家通过其下注购买"六合彩"。同年8月左右,陈某某又发展张某某、周某某为下家。被告人张某某在沪开设一家棋牌室,棋牌室的客人李某某、黄某某、虞某某等人得知可以通过张某某下注"六合彩"后,便也通过其参与"六合彩"赌博。

"六合彩"的赌博方式是:一共有49个号码,如果今年是鼠年,那1号就是鼠,其他数字按照十二生肖的排列顺序依次排列,就是1号、13号、25号、37号、49号都是鼠,其他的每个生肖也相应地对应四个数字。如果赌客参与"特码"下注,即49个号码中会有一个数字被选为中奖号码,该号码即为"特码",特码的赔率是1∶48,押中就能以下注额的48倍返还;下注特

---

[*] (2021)沪0113刑初532号案件。

码的,每个最低下注 5 元,没有上限,以 5 的倍数递增。如果直接买生肖,就是"平码",赔率是 1∶1,两连肖是 1∶3,三连肖是 1∶9,四连肖是 1∶29;下注平码的,每个号码最低下注 10 元,以 5 元递增。根据"六合彩"摇号确定中奖号码,押中号码就赢,没有押中就输。

每次下注前,李某某、黄某某、虞某某等人通过微信将下注的号码及金额告知张某某,张某某记录后便连同自己的下注金额,或电话或微信一并告知陈某某,陈某某再将下注情况汇报给方某某。再由陈某某下注到一个"六合彩"的赌博网站,方某某在该网站注册有账号,登录后在网站绑定个人银行卡,然后充值,充值后即可下注。

平台充值一定金额会赠送彩金,比如充值 5 万元赠送 500 元,每次投注还会有码量的返水,返水是 13%。方某某抽取其下家林某某和陈某某两人的码量的 10% 作为返水。此外,还有买特码中奖,平台的特码赔率是 1∶48,但方某某告知下家林某某、陈某某的特码赔率是 1∶42,方某某还可以赚取其中的差价。方某某给陈某某、林某某特码码量的 10% 以及平码码量的 2.5% 作为返水,陈某某给张某某、周某某特码码量的 5% 及平码码量的 1.5% 作为返水。

网站在投注开奖后会直接结算赌资及返利,然后将赌资及返利放入网站账户的余额里,需要提现的话,在网站上点击提现即可,然后款项会直接汇入绑定的银行卡。方某某一般在开奖后的第二天与其下家陈某某对一次账,各被告人也分别与自己的下家根据开奖图结算输赢赌资。

2021 年 1 月 7 日,上海市宝山区公安人员根据线索获知方某某等人涉嫌在网上通过非法经营"六合彩"方式开设赌场并以此牟利,于是立案侦查,并于同日将方某某等人抓获到案。

三、量刑情节

(1)被告人张某某到案后如实供述犯罪行为,构成坦白,依法可以从轻处罚。

(2)被告人张某某自愿认罪认罚,可以依法从宽处理。

四、证据认定

本案中,公诉机关提交了相应证据,法院审理后作出如下认定:

(1) 上海市公安局宝山分局出具的《搜查笔录》《扣押决定书》《扣押清单》及相关照片,证实从被告人方某某、陈某某、张某某、周某某处扣押手机等相关物品。

(2) 证人林某某的证言,证实其从 2020 年 7 月起在被告人方某某处下注参与"六合彩"赌博,同时还发展下家至方某某处参赌。

(3) 证人虞某某、黄某某、李某某的证言及微信聊天记录,证实其等通过被告人张某某下注参与"六合彩"赌博。

(4) 证人田某某、陈某、曹某某的证言及微信聊天记录,证实其等通过被告人周某某参与"六合彩"赌博。

(5) 证人金某某的证言,证实其将以本人身份办理的手机号及工商银行卡提供给报告人周某某使用。

(6) 被告人方某某、陈某某、张某某、周某某的微信聊天记录及微信转账记录,证实四人经营"六合彩"赌博接受投注的情况。

(7) 上海市公安局宝山分局出具的《行政处罚决定书》,证实参赌人员虞某某、黄某某、李某某等均已被予以行政处罚。

(8) 上海市公安局宝山分局出具的《办案说明》及《户籍信息》,证实四名被告人的到案经过及身份信息。

(9) 被告人方某某、陈某某、张某某、周某某的供述,证实四人对犯罪事实供认不讳。

上述证据收集程序合法,内容客观真实,足以认定指控事实。

五、争议焦点

本案各被告人对指控的犯罪事实及定性均无异议,并自愿认罪认罚,该案事实清楚,控辩双方没有明显争议。

六、辩护意见

（1）被告人张某某到案后如实供述自己的犯罪事实，构成坦白，且自愿认罪认罚，依法可以从轻、从宽处理。

（2）被告人张某某及其家属均表示自愿将违法所得退还，也愿意预缴罚金；张某某在羁押期间多次表示悔恨，深刻认识到自己行为的危害，体现了其主观上真诚悔罪的态度。

（3）被告人张某某系初犯、偶犯，一贯表现良好，没有前科劣迹，本次犯罪系因文化程度较低、法律意识淡薄，其可挽救程度较高，社会危害性较低。

（4）被告人张某某家中尚有体弱的长辈需要其照顾，恳请法院本着教育为主、惩罚为辅的原则，对其从轻处理，让其早日回归家庭和社会，给其一个改过自新的机会。

七、法院判决

法院认为，被告人方某某、陈某某、张某某、周某某为谋取非法利益，互相结伙开设赌场聚众赌博，其行为均已构成开设赌场罪，依法应予处罚。公诉机关指控的犯罪事实清楚，证据确实充分，指控罪名成立。四名被告人均具有坦白情节，依法可从轻处罚；四名被告人均自愿认罪认罚，依法可从宽处理。辩护人的相关辩护意见，法院予以采纳。据此，为维护社会治安管理秩序，依照经 2006 年《中华人民共和国刑法修正案（六）》修正的《中华人民共和国刑法》第三百零三条第二款，《中华人民共和国刑法》第十二条第一款、第二十五条第一款、第六十七条第三款、第五十二条、第五十三条第一款、第六十四条及《中华人民共和国刑事诉讼法》第十五条之规定，判决如下：

一、被告人方某某犯开设赌场罪，判处有期徒刑十个月，并处罚金人民币二万元。

二、被告人陈某某犯开设赌场罪，判处有期徒刑八个月，并处罚金人民币一万元。

三、被告人张某某犯开设赌场罪，判处有期徒刑六个月，并处罚金人民币五千元。

四、被告人周某某犯开设赌场罪，判处有期徒刑六个月，并处罚金人民币五千元。

五、扣押在案的作案工具依法没收。

八、律师感悟

六合彩由香港赛马会主办，是少数获得香港特区政府准许合法经营的彩票之一。六合彩在中国香港地区是合法的，但并不代表在中国内地同样合法。香港特区政府、赛马会从未在香港以外的地区开设六合彩投注业务，也未委托任何个人或组织代理相关业务。中国内地禁止经营六合彩，且在内地是无法登录香港赛马会的官方网站的，因此凡在内地登录的如本案方某某注册的所谓投注六合彩的网站，均属假冒。本案所涉"六合彩"并非仅仅因为赌博行为在中国内地属于违法犯罪行为而被打击，也因为这种所谓的"六合彩"并无合法经营的依据，只是借用了香港六合彩的投注方式和名声，两者并不相同，也无实质联系。

不过，中国内地的地下"六合彩"的确以香港六合彩为雏形，并变相利用香港六合彩的开奖信息作为其开奖结果。但地下"六合彩"在香港六合彩的基础上衍生出多种异化的投注方式，且设定的赔率更高，更容易激化赌客的投机心理和对财富的贪欲，早就脱离了"彩"的本意，而成为赌博。

本案中，张某某作为方某某、陈某某的下家，向自己棋牌室的客人、朋友介绍投注地下"六合彩"，并提供投注的渠道及代为投注的服务，以委托其投注的赌客的码量获得上家的返水抽成，以此牟利，符合开设赌场罪的构成要件，构成该罪是没有争议的。因其到案后如实交代自己的犯罪事实，并认罪认罚而获得从轻从宽的处理结果。

相比本案的案情和判决结果，比较值得深思的是各被告人和赌客以及笔者查询了解到的地下"六合彩"盛行地区的人们对于地下"六合彩"的态度，不像对待其他违法犯罪活动一样，知道不可为即不为。对于地下"六合彩"，似乎没有将其与其他违法犯罪活动一样视为洪水猛兽。本案中涉及的几名赌客在此之前对六合彩可能只是耳闻,在经过各被告人介绍,明知这是赌博行为的情况下,出于赚钱的目的或者自认为只是"小赌"而已,无伤大雅,便委托各被告人代为投注。但最终结果均是输多赢少,偏偏没有及时止损,反而一再投注。可见一旦参与,能否赚钱,或者是否只是"小赌"便不由自主了。而在地下"六合彩"盛行地区,往往是整个家庭或整个村落参与投注,甚至有人专门研究开奖结果的规律,制作各类宣传册,有人将生活中的人、事、物视作投注的暗示,当地人们的生活被地下"六合彩"充斥。

但十赌九骗,地下"六合彩",或者说所有有组织的赌博形式,都是利用了人天生的赌徒心理,再通过噱头、宣传不断放大、强化,引诱赌客不断投入更多的金钱、时间。地下"六合彩"借用了香港六合彩的名称,使得对两者一知半解者觉得其只是因为地域限制而在中国内地不合法,便不会对其过多提防。但香港六合彩每周开奖二次,本案所涉的地下"六合彩"每日均可开奖,各被告人及赌客称其为"澳门六合彩",但无论挂着什么样的名头,多么想和六合彩挂钩,单单每日开奖的形式也足以暴露其想要诱使赌徒不断沉迷的本质目的。这也是为何赌博是一种极具破坏性、不可控性和贪婪性的行为的原因。相信也有不少赌徒将赌博视为勇敢者的游戏,带着点孤注一掷的冒险精神,自信自己的赌博天赋和技巧,妄想借此一夜暴富。人们为了获得更多的回报而不断下注,贪婪使人失去理智,逐渐沉迷,但因为组织者的刻意操纵,人们对于赌博的结果往往是无法预测的,未知的结果引发投机侥幸心理,如此陷入恶性循环,赌徒最终为此失去全部财产,甚至失去人格自尊,走上其他犯罪的道路。

真正的洪水猛兽绝不会一开始便张牙舞爪,但当人们见识到它们的獠牙时则为时已晚。所以,与其相信自己有回头是岸的机缘,不如一开始决绝地回避。希望大家能看清赌博的本质,认识到赌博的危害,勿以"赌小"而为之。

第八章

抢红包类开设赌场典型案例解析

抢红包，在当下互联网时代早已不是新鲜事物。以微信红包为例，如在微信群内发送拼手气红包，设定好红包个数以及红包总金额，红包便随机分成不同的金额被抢走，每个人抢到手的红包金额不同，有随机性，也正是有这样的随机性，拼手气红包才有了更多的乐趣。因此，更多的时候，抢红包并不是为了钱的数额，而是为了这个过程，或者说是手气。"手气"一词一般是指赌博或者抓彩时的运气，或者说是赢钱或者得彩的运气。金额数字的随机性，再有了"手气"心理的加持，人们对抢红包有了更多的期待，也更加愿意多多参与其中。

也正是有了随机性的存在，抢红包成为一种赌博方式便有了可能。现有的任何赌博方式在发明之初并非用于赌博，是被人们逐渐赋予了赌博的功能，由最初的消遣变成了赌博。所谓赌博，便要有一定的规则，输赢的规则，也是将参赌人员财产进行再分配的规则，而赌徒们在钻研赌博方面从不缺乏这种创意，抢红包类赌博就是近几年才兴起的一种赌博方式，也是伴随互联网的发展，尤其是社交软件中红包的发展而形成的。

抢红包用于赌博，通常来讲设定的规则即是"踩雷"，庄家发红包时会设定一个数字为"埋雷"，红包随机发出，抢到红包的人根据金额来判断是否"踩雷",一旦"踩雷"必须支付这个红包总金额一定倍数的费用;而没有"踩雷"的人,抢到的红包就是获利。如此看来,这是一种典型的、完全符合赌博本质的游戏规则,而红包群的组织者即从事开设赌场行为。

本章收录了1个真实案例:

案例24,高某某伙同他人利用专门用于赌博的"米友"App软件,建立赌博群,以"抢红包踩雷"的方式组织赌博,并每局以"免死号"抢红包的方法抽头渔利,共收取赌资达260万余元。

案例 24　高某某"米友"App抢红包开设赌场案*

一、公诉机关指控

2020年2月起,被告人高某某、张某某为牟取非法利益,伙同他人合谋利用深圳蚁信科技有限公司开发的专门用于赌博的"米友"App软件,通过支付月租费、日托费等方式,在该App中建立赌博群,共同组织、拉拢赌客以在群内"抢红包踩雷"的方式大肆赌博,并每局以"免死号"抢红包的方法抽头渔利。截至案发前,赌博群共计收取赌资充值达260万余元。经查明,高某某、张某某均系股东、参与分红,且二人共同负责管理赌博群、替赌客充值、结算赌资。

公安机关分别于2020年7月3日、同年11月20日依法传唤被告人高某某、张某某,二人到案后均主动供述了公安机关尚未掌握的犯罪事实。

二、案情拓展

抢红包的玩法:要发红包的人必须在红包中注入群规定的上下限之间的分数,然后在0—9之间设定一个数字,这就叫"埋雷",就可以发红包了。比如,发包人在发包前先写好200-5,200就是这个红包的总金额,5就是这个红包的"雷",分成七个人抢,如果抢红包的人抢到了20.05元,那他就是踩雷了。一旦踩雷必须支付这个红包1.7倍的分数,也就是340元给发红包的人,这些分数会由系统自动结算。如果抢红包的人没有踩雷,那么抢到的红包就是获利,系统也会自动增加相应的分数。另外,软件开发商设置

---

* (2021)沪0114刑初1250号案件。

有"免死号",在抢红包时不管是否踩雷,抢到的红包都不需要返还。

建立红包群需要向App公司支付开群费用,并每月支付使用费,如需要使用"机器托"服务,还要每日支付600元,当群内没有人发红包时,机器托就会自动发红包,如果红包没人抢,机器托也会自动抢红包。

高某某经人介绍加入"抢红包群",成为群内管理员,为三名群主"打工",每天工资为300元,另外会收取群盈利(机器托和"免死号"抢到的红包)的2.5%作为返点。

高某某、张某某会向赌客发送支付宝收款二维码,赌客的钱支付到账后,高某某、张某某就在"米友"App里给赌客上分,等到赌客要下分时,在App内发送下分申请,高某某、张某某通过微信向赌客索要收款二维码,再扫码支付给赌客相应的赌资。

2017年12月5日,高某某因犯危险驾驶罪由济南市历下区人民法院判处拘役一个月,缓刑二个月,并处罚金5000元。

三、量刑情节

(1)被告人高某某被公安机关传唤,主动供述公安机关尚未掌握的犯罪事实,系自首,可以从轻或减轻处罚。

(2)被告人高某某自愿认罪认罚,可以依法从宽处理。

(3)被告人高某某有犯罪前科,酌情从重处罚。

四、证据认定

本案中,公诉机关提交了如下证据:

(1)受案登记表、抓获经过,证实本案案发及两被告人的到案经过。

(2)人口信息查询页面、刑事判决书,证实两被告人的身份情况及高某某前科情况。

(3)证人吴某芬、文某容、陈某华的证言及相关手机转账记录截图,证实三人分别在2020年2—4月,通过"米友"App进入赌博群中进行赌博,工作人员提供了高某龙的支付宝账户用于上下分。

(4)搜查笔录、扣押清单及照片、手机页面截图、账本截图等,证实从被告人高某某处扣押手机1部、账本2本，从被告人张某某处扣押手机1部，相关账本内容证实高某某等人经营赌博群的部分收支和分红等情况。

（5）上海司法会计中心有限公司出具的《司法会计鉴定意见书》及支付宝账户交易明细等，证实涉案赌博群账户在案发时段收取赌资的情况。

（6）证人高某龙的证言及辨认笔录，证实经被告人高某某邀请加入赌博群参与抢红包，其提供个人支付宝账户供高某某等人用于结算赌资的事实。

（7）证人高某凤、孙某某的证言及辨认笔录，证实经被告人高某某邀请加入赌博群参与抢红包的事实。

（8）被告人高某某、张某某到案后的多次供述，印证上述犯罪事实。

法院经审理认为上述证据收集程序合法，经庭审举证、质证，内容客观真实，足以认定指控事实。

五、争议焦点

被告人高某某对指控的犯罪事实及定性均无异议，并自愿认罪认罚，该案事实清楚，控辩双方没有明显争议。

六、辩护意见

（1）被告人高某某经公安机关依法传唤，主动交代了公安机关尚未掌握的犯罪事实，系自首，依法可以从轻或减轻处罚。

（2）被告人高某某开设赌场系受他人管理，对于群内成员的拉拢、组织以及"抢红包"的赌博方法起到协助作用，即高某某在共同犯罪中起次要作用，应当认定为从犯，对于从犯依法应当从轻或减轻处罚。

（3）被告人高某某系领取固定薪资及提成，且提成的比例极低，违法获利金额较小，社会危害性不大，可以对其从轻处罚。

（4）在侦查阶段，被告人高某某即表示自愿认罪认罚，在审查起诉阶段签署《具结书》，庭审认罪态度良好，按照《中华人民共和国刑事诉讼法》第15条的规定，可以依法从宽处理。

七、法院判决

法院认为，被告人高某某、张某某为牟取非法利益，利用网络开设赌场，情节严重，其行为均已构成开设赌场罪，依法应予惩处。控辩双方关于被告人高某某、张某某具有自首情节，可以从轻或者减轻处罚；自愿认罪认罚，可以从宽处理的意见，均合法有据，本院予以支持。结合各被告人在共同犯罪中的具体作用及被告人高某某有前科等情节，本院在量刑时一并予以体现。为严肃国家法治，维护社会管理秩序和社会风尚，依照经2006年《中华人民共和国刑法修正案（六）》修正的《中华人民共和国刑法》第三百零三条第二款，《中华人民共和国刑法》第十二条第一款、第二十五条第一款、第六十七条第一款、第五十二条、第五十三条、第六十四条，《中华人民共和国刑事诉讼法》第十五条及《最高人民法院关于处理自首和立功具体应用法律若干问题的解释》第一条之规定，判决如下：

一、被告人高某某犯开设赌场罪，判处有期徒刑二年一个月，罚金人民币五万元。

二、被告人张某某犯开设赌场罪，判处有期徒刑二年，罚金人民币四万八千元。

三、在案犯罪工具，予以没收。

八、律师感悟

笔者于2020年7月承接本案，代理至2021年12月初办结，在一年半的时间内对于这种新型的赌博方式有了更为深入的了解，也看到很多赌客因为参与了赌博行为而四处借贷，最终导致生活陷入困境，沾染上赌博的恶习到头来终是一场悲剧。

该案当年在上海地区尚属首例利用抢红包形式开设赌场类案件，涉及被告人人数众多、案情复杂，为了更有利于保障庭审质量和效率，法院在审理过程中进行了分案处理，将全案124名被告人分成37个案件审理，被告人高某某、张某某是第12个案件，两被告人作为群管理员，根据群主的雇用和要求负责管理和运营该赌博群，兼顾帮助赌客上下分，领取固定的薪资和提成作为报酬，以开设赌场罪追究两人的刑事责任于法有据，在审理过程中法院也考虑到两人在共同犯罪中的作用，虽未将两名被告人定性为从犯，但于量刑时也有所体现，相较于定性为主犯的量刑而言，确实有所减轻。两名被告人均有自首情节，这也是本案定性为情节严重的情况下，判决结果能在有期徒刑三年以下的原因所在。

单从本案中看高某某与张某某的区别，张某某因高某某的邀请而后加入，犯罪时间较短，获利方面也较高某某少，且此前没有前科劣迹，所以在量刑方面比高某某更轻。

本案还有一个特点是被告人安排自己的亲属共同参与犯罪行为，或是明知而参与，或是不知而参与，比如明知被告人在从事开设赌场的犯罪行为，参与进赌博群充当托，配合收发红包或提供资金结算的帮助等，这也是犯罪行为，也将受到惩处。

在违法利益面前，每个人都应当坚守底线，少一丝贪念，脚踏实地去工作和生活，才不致身陷囹圄而追悔莫及。

第九章

网站平台类开设赌场典型案例解析

网站平台类赌博，即不法分子通过互联网为参赌人员提供一个虚拟的用于赌博的平台或空间，通常有赌博网站或赌博 App 软件，都是利用了互联网的虚拟性为赌场服务。网络平台类赌博大多是将常见的赌博方式，通过网络的形式予以展现，超越了地域的限制，参赌人员众多，涉及赌资巨大，打击难度也较大。相较于传统线下赌场而言，网络赌场的隐蔽性更强，组织难度更小，赌资的充值与提现都更为便捷，还会伴随着网络诈骗、敲诈勒索等犯罪，严重影响社会秩序及公民的人身财产安全，同时跨境赌博案件还会造成巨大的资金外流，影响国家经济安全。

2023 年暑期上映的电影《孤注一掷》，引发了全民的热议，影片中关于电信诈骗的内容让人惊叹，而除了电信诈骗的内容，关于网络赌博的剧情也同样令人印象深刻。网络赌博的最终结果绝对是输，是彻底的输，赌徒因输而衍生出其他犯罪，或造成不可挽回的后果，着实令人唏嘘。

本章收录了 3 个真实案例：

案例 25，白某某从他人处租赁境外赌博网站，该网站平台上只开设了"加拿大 28"一种赌博方式。白某某雇用多人为网站工作人员，为赌客上下分，从中非法牟利 20 余万元。

案例26，夏某、杨某等人开发"火龙赛事"App，进行各类电竞赛事的博彩业务，并雇用姜某某等人组成积分兑换、现金结算的出金团队，累计为赌客提现400余万元。

案例27，"圆梦娱乐"与"聚鼎娱乐"均是赌博软件平台，设置有各种棋牌类、彩票类赌博项目。孙某某代理两款赌博软件，并发展下级代理，从平台获取返佣及工资。

案例25　白某某"加拿大28"赌博软件开设赌场案*

一、公诉机关指控

2019年四五月至2021年3月2日，被告人白某某从他人处租赁赌博网站，在福建省漳州市某室开设赌场，并先后雇用吴某甲（另案处理）、吴某乙、叶某某（另案处理）、吴某丙（另案处理）等人为网站工作人员，从事为赌客上下分等工作。被告人白某某共计非法获利20余万元，被告人吴某乙共计非法获利9万元。

2021年3月2日，被告人白某某、吴某乙被公安机关抓获，到案后如实供述了上述犯罪事实。

二、案情拓展

2019年4月至2020年年底，白某某与赖某某合作，租用境外赌博软件，并租赁福建省漳州市某室房屋，利用该软件平台开设赌局招揽赌客参与赌博，其与赖某某通过帮助赌客上下分赚取提成佣金获利。

租用赌博软件后，白某某和赖某某对其重新命名，之后每个月通过续租服务器来继续使用赌博软件。2020年年底，白某某与赖某某解除合作，白某某单独续租赌博软件服务器继续实施开设赌场的行为。该款赌博软件平台的界面时常会发生改变，但平台上只开设了"加拿大28"一种赌博方式。

白某某自2019年5月起经女友吴某丁介绍，陆续聘用吴某丁的亲友吴某甲、吴某乙、吴某丙、叶某某，与其一起在上述漳州市某室内从事联系赌客、

---

* （2021）沪0116刑初745号案件。

为赌客上下分的工作。其中吴某甲、吴某乙共计参与上述行为约17个月，吴某丙、叶某某共计约4个月。平时工作由两人轮值，平均每人每天12小时；在叶某某参与前，白某某还让其申请了3张银行卡，叶某某申请后即将银行卡交给白某某，白某某将银行卡用于赌客上下分、收付款。

吴某甲等人的工作内容包括联络、吸引赌客参赌，回答赌客的咨询问题，将平台地址发送给赌客等。赌客如果参与赌博，需要先上分，他们通过支付宝、微信、银行转账方式将上分的钱款按照白某某提供的收款方式交付，白某某等人确认收到钱款后，即按照1∶1的比例帮赌客将钱款充入平台，作为赌博押注的分数筹码；赌客需要下分时，也需提前联系白某某等人，再按照1∶1的比例将对应赌客的分数兑换成人民币退回赌客指定的收款方式内。白某某等人通过收取赌客上下分流水的千分之七获利。白某某等人每天的上分流水从十几万元到60万元不等。

2019年4月至2021年3月，白某某开设网络赌局抽取上下分流水分成共计获利20余万元，其与赖某某合作期间，约定赖某某按照千分之五获利，白某某按照千分之二获利；吴某甲、吴某乙、吴某丙、叶某某不参与上下分流水的分成，每月领取白某某发放的固定工资，其中吴某甲收到工资10万余元，吴某乙9万余元，叶某某收到工资1.8万元及白某某向其购买银行卡的费用6500元。

2021年2月，公安机关根据线索发现白某某等人的犯罪事实，并立案侦查。同年3月，白某某、吴某乙被公安机关抓获；4月，叶某某被抓获；5月，吴某甲、吴某丁被抓获。

三、量刑情节

（1）被告人白某某以营利为目的，纠集他人利用互联网开设赌场，情节严重，构成开设赌场罪。

（2）被告人白某某在共同犯罪中起主要作用，是主犯。

（3）被告人白某某到案后能如实供述自己的罪行，构成坦白，可以从轻处罚。

四、证据认定

本案中,公诉机关提交了相应证据,法院审理后作出如下认定:

(1) 同案关系人吴某甲、吴某丁的供述,证实被告人白某某租赁赌博网站开设赌场,并雇用被告人吴某甲、吴某乙等人从事上下分工作。

(2) 同案关系人叶某某的供述、辨认笔录和证人吴某戊的证言,证实被告人白某某向叶某某购买银行卡用于赌场上下分,后雇用叶某某在赌场内从事上下分工作。

(3) 证人郑某某、胡某某、谷某某的证言和公安机关调取的微信聊天、转账记录截图,证实三名证人在被告人白某某开设的赌场内进行赌博的情况。

(4) 公安机关调取的手机截图和照片,证实被告人白某某向他人支付赌博网站租赁费用、向吴某甲和吴某乙发放工资的情况。

(5) 公安机关出具的搜查笔录、扣押笔录,证实对涉案赌场进行搜查,并扣押的涉案手机、电脑、银行卡、U盾等。

(6) 被告人白某某、吴某乙的供述和辨认笔录,证实二被告人对犯罪事实供认不讳。

(7) 公安机关出具的侦破经过和工作情况,证实本案的案发以及被告人白某某、吴某乙的到案情况。

(8) 公安机关调取的户籍资料,证实被告人白某某、吴某乙的年龄等基本身份情况。

上述证据收集程序合法,内容客观真实,足以认定指控事实。

五、争议焦点

白某某实施的行为跨越《中华人民共和国刑法修正案(十一)》施行前后,绝大部分犯罪行为发生在《刑法修正案(十一)》施行前,对其犯罪行为能否适用旧法?

六、辩护意见

(1) 对于公诉机关指控被告人白某某的罪名及事实均无异议。

（2）被告人白某某主观恶性较小，所犯罪行社会危害性不大，虽然由其租赁赌博平台并进行管理，但均系听从赖某某指挥行事，且抽成不多，且白某某另负担赌博软件租赁费及吴某乙等人的工资，获利尚不足以填补该些支出。

（3）被告人白某某于《刑法修正案（十一）》生效后的第二天被捕，虽跨越了新旧法，但其大部分危害行为和获利均发生在旧法施行期间，新法施行后仅有极少部分危害行为，应将全部危害行为视作一个整体，恳请法院适用从旧兼从轻原则，对被告人白某某适用旧法进行处罚；若适用新法，且将白某某认定为主犯，对其量刑过重，结合白某某的行为、获利，存在罪刑不相适应的情况。

（4）被告人白某某到案后如实交代自己的涉案情况，供述稳定，认罪态度良好，具有坦白情节，依法可以从轻处罚。

（5）被告人白某某一直表现良好，无任何前科劣迹，此次犯罪系因其家庭经济条件困难，为了改善家庭生活，但法律意识淡薄，才会触碰法律底线，说明白某某的可挽救性较高。

（6）被告人白某某家庭极为困难，其有两名未成年子女需要抚养，父亲、长姐和弟弟均有残疾，母亲也身体抱恙；白某某是家中的顶梁柱，希望法庭从白某某家庭情况考虑，对其酌情从轻处罚，让其尽快回归家庭照顾家人。

七、法院判决

法院认为，被告人白某某以营利为目的，纠集被告人吴某乙等人利用互联网开设赌场，情节严重，其行为均已构成开设赌场罪。被告人白某某在共同犯罪中起主要作用，是主犯。被告人吴某乙在共同犯罪中起次要作用，是从犯，应当减轻处罚。被告人白某某、吴某乙到案后如实供述自己的罪行，可以从轻处罚。被告人吴某乙认罪认罚，可以从宽处理。经查，被告人白某某自2019年年中开始设立网络赌场，犯罪行为一直处于持续之中，直至2021年3月2日被公安机关抓获，犯罪行为终了之日为《中华人民共和国刑法修正案（十一）》施行期间，应当适用修订后刑法，辩护人关于适用旧法的辩护意见于法无据，法院不予采纳。依据《中华人民共和国刑法》第三百零三条第二款、第二十五条第一款、第二十六条第一款、第四款、第二十七条、第六十七条第三款、第六十四条及《中华人民共和国刑事诉讼法》第十五条之规定，判决如下：

一、被告人白某某犯开设赌场罪，判处有期徒刑五年二个月，并处罚金人民币十万元。

二、被告人吴某乙犯开设赌场罪，判处有期徒刑一年六个月，并处罚金人民币四万元。

三、扣押的作案工具予以没收；违法所得予以追缴并没收。

八、律师感悟

为了适应社会和时代的变迁，立法机关对于法律的修改也紧跟发展步伐，《刑法》当然也不例外。因此，对于有连续或者继续状态的犯罪行为，经常出现行为开始于旧法施行期间，终止于新法施行期间，这一情形称为"跨法犯"。本案各被告人就符合这一情况。

被告人白某某自2019年4—5月起实施本案开设赌场罪的犯罪行为，直至2021年3月2日被公安机关抓获，而2021年3月1日起《刑法修正案（十一）》开始施行，其中第36条提高了开设赌场罪的法定刑，将量刑幅度从"处三年以下有期徒刑"修改为"处五年以下有期徒刑"。仅仅一天之差，但对于白某某的刑期差别可远不止一两天。

因此，笔者在承办本案时着重针对这一点进行辩护，笔者结合白某某实施犯罪行为及其因犯罪获利跨越新旧法的时间区间，认为宜将白某某的全部犯罪行为视作一个整体，适用旧法更能体现罪刑相适应原则，避免对白某某量刑过重。无奈适用旧法的辩护意见未被采纳。笔者也曾查阅到类似案例中，其他辩护人提出将被告人实施的犯罪行为分段适用《刑法修正案（十一）》施行前后的规定进行量刑。但笔者认为这一意见与开设赌场罪的连续犯特点相矛盾，亦不可采。且最高人民检察院于1998年12月作出《关于对跨越修订刑法施行日期的继续犯罪、连续犯罪以及其他同种数罪应如何具体适用刑法问题的批复》："一、对于开始于1997年9月30日以前，继续到1997年10

月 1 日以后终了的继续犯罪，应当适用修订刑法一并进行追诉。二、对于开始于 1997 年 9 月 30 日以前，连续到 1997 年 10 月 1 日以后的连续犯罪，或者在 1997 年 10 月 1 日前后分别实施同种类数罪，其中罪名、构成要件、情节以及法定刑均没有变化的，应当适用修订刑法，一并进行追诉；罪名、构成要件、情节以及法定刑已经变化的，也应当适用修订刑法，一并进行追诉，但是修订刑法比原刑法所规定的构成要件和情节较为严格，或者法定刑较重的，在提起公诉时应当提出酌情从轻处理意见。"

因此，从本案的处理结果来看，虽然笔者的适用旧法的辩护意见未被采纳，但综合白某某的犯罪情节达到了"情节严重"的量刑标准，其在共同犯罪中是起主要作用的主犯，白某某最终还是获得了酌情从轻处理的结果。

虽然白某某犯罪行为终了的时间在事后看来似乎是天意弄人，但细究起来，《刑法修正案（十一）》早在 2020 年 12 月 26 日已经发布。白某某等人也明知自己参与实施的是什么行为，但利欲熏心，最终害人害己。说到底，还是天网恢恢。希望这个案件可以给试图或者正在试探法律底线的人敲响警钟，对于法律应当心存敬畏，切莫为了一己私利行差踏错。

案例 26　姜某某"火龙赛事"赌博 App 开设赌场案[*]

一、公诉机关指控

2020 年 12 月至 2021 年 3 月,被告人姜某某、罗某某、吕某某受雇于夏某、杨某等人(另案处理)开发的"火龙赛事"App 网络赌博公司(成都 DA 电子竞技有限公司),伙同李某等人(另案处理)组成积分兑换、现金结算的出金团队,并租借四川省成都市双流区某某街××号××室为工作室,利用"玲玲""星尘""小兔"3 个提现账号为赌客提现人民币 400 余万元。被告人姜某某从中获利 2.67 万元、被告人罗某某从中获利 2.77 万元、被告人吕某某从中获利 1.97 万元。

2021 年 3 月 16 日 13 时许,公安民警在上址将被告人姜某某、罗某某、吕某某抓获,到案后,三人均能如实供述犯罪事实。

二、案情拓展

2020 年 5 月,姜某某经其表哥李某介绍至成都某公司工作,该公司先后运营有"雷神电竞"App、"火龙赛事"App。其中"雷神电竞"App 主要对王者荣耀、英雄联盟、DOTA2、CSGO 等网络电竞游戏比赛进行竞猜;"火龙赛事"App 在"雷神赛事"的基础上增加了足球、篮球赛事竞猜。

姜某某刚入职时主要跟着表哥李某,与罗某某、吕某某、杨某三人,由公司租用了四川省成都市双流区某处作为工作室,担任"雷神电竞"App 的客服人员。工作内容为帮助玩家找未开奖订单的数据、在平台帮助赌客开奖,

---

[*] (2021) 沪 0115 刑初 3436 号案件。

解答客户的问题，"雷神电竞"App 上设置有自动退分服务。到 2020 年 10 月，李某称"雷神电竞"不做了，让姜某某等人休息了一个月左右，到同年 12 月中旬，李某让姜某某等四人前往位于四川省成都市双流区的另一个工作室，开始负责为"火龙赛事"App 的客户上下分，也向客户出售分数，李某是他们的负责人。四人平时两个上白班，一个上晚班，另一个休息，半个月一轮换。

"火龙赛事"App 主要进行电子竞技比赛的赌博业务，公司内部有专门的分工，有专人负责吸引客户下载 App，参与该 App 内对各类电竞赛的输赢、杀敌数量等进行的赌博活动。该 App 内通过相应分数下注，因此客户需先在 App 平台内充值换取分数。押中了就赢得相应赔率的分数，押不中就输掉相应分数。公司通过赚取押不中的客户输掉的分数，以及客户将分数兑换为人民币的 3% 的手续费来盈利。

客户在平台上充值或购买分数有专门的链接通道，客户点击充值即可跳转充值页面，然后通过支付宝等各种付款方式充值。如果需要通过姜某某等人购买分数，就通过平台上留有的 2 个 QQ 账号和 1 个蝙蝠聊天软件的账号（昵称分别为"玲玲""星尘""小兔"）联系姜某某等人，由客户将购买分数的钱款汇入姜某某等人提供的银行卡账户。退分出金的话，由客户联系姜某某等人，双方在"火龙赛事"App 上一个名为"英雄大战"的小游戏上操作，姜某某等人根据客人所要退分的金额设置该小游戏的赌注分数，客人参与小游戏后直接弃权，将分数输给姜某某等人，姜某某等人在扣除 3% 的手续费后将分数按照 1:1 的比例折算成人民币，通过支付宝扫取客户的收款码付款完成退分。姜某某等人用于上下分的银行卡账户和支付宝账号均不是自己的，上网用的也不是本地宽带，而是流量卡。

2021 年 2 月 19 日之前，姜某某等四人的收入是固定的，均为 8000 元/月；之后为底薪 3000 元，加无投诉奖金 1000 元/月，另加提成。提成需要通过考核，姜某某等四人分成两组，按组按月进行考核。考核标准的要求为卖分金额超过退分金额。如果其中一组完成，而另一组未完成，那么完成的一组可以拿到纯利润的 40% 作为该组提成，另一组只能拿到 10%；如果两组都完成，那么每组都可以获得 30% 的纯利润作为提成；如果两组均未完成，每组只能拿到 10% 的纯利润提成。

姜某某等人的工资于每月 10 日前发放，由李某将姜某某等 4 人的工资发布在"蝙蝠"公共号中，姜某某等人按照金额从李某用来退分的公共支付宝账号向各人自己的支付宝账号汇款，有时也由李某将工资转给姜某某等人中的其中一人，再由该人转汇给其他人。

2021 年年初，上海市公安局浦东分局川沙治安处治安管理大队民警根据线索发现"火龙赛事"手机 App 软件涉嫌重大诈骗赌博犯罪，便于同年 3 月 6 日对该案立案侦查。经过民警网络巡查、分析研判，发现姜某某等人负责帮助该 App 出金、积分兑换现金等。后通过前期侦查，川沙公安处会同多家派出所于 2021 年 3 月 16 日开展集中收网行动，抓获姜某某等人。

案件审理中，姜某某、罗某某、吕某某退出全部违法所得。

三、量刑情节

（1）被告人姜某某、罗某某、吕某某受雇于网络赌博公司，从事资金兑换、结算，构成开设赌场罪。

（2）被告人姜某某在共同犯罪中起次要辅助作用，系从犯，应当从轻、减轻处罚。

（3）被告人姜某某到案后能如实供述自己的罪行，构成坦白，可以从轻处罚。

（4）被告人姜某某自愿认罪认罚，依法可以从宽处理。

（5）被告人姜某某在家属的帮助下退缴了全部违法所得，可酌情从轻处罚。

四、证据认定

本案中，公诉机关提交了相应证据，法院审理后作出如下认定：

（1）证人夏某、吕某、陈某的陈述，证实开发"火龙赛事"App 赌博软件，通过网络推广吸引赌客竞赛押注，被告人姜某某、罗某某、吕某某等受雇进行积分兑换、现金结算并从中获利的事实。

（2）公安机关出具的扣押决定书、扣押物品清单，证实从被告人姜某某、吕某某处各扣押作案用苹果牌移动电话1部、从被告人罗某某处扣押作案用电脑、移动电话、银行卡的事实。

（3）公安机关从被告人姜某某、罗某某、吕某某的移动电话中获取微信名排行榜及收款转账截图，证实被告人姜某某、罗某某、吕某某用"玲玲""星尘""小兔"3个账号为赌客进行赌资结算及个人以工资形式分别获利2.67万元、2.77万元、1.97万元的事实。

（4）上海立信佳诚东审会计师事务所有限公司司法审计报告书，证实"火龙赛事"App赌博软件后台数据、涉案金额、资金流向，总支出人民币493万余元的事实。

（5）上海市公安局浦东分局出具的案发经过、工作情况，证实本案案发及被告人姜某某、罗某某、吕某某均被抓获到案的事实。

（6）上海市公安局浦东分局出具的户籍信息资料，证实被告人姜某某、罗某某、吕某某的身份情况。

（7）被告人姜某某、罗某某、吕某某的口供笔录，证实三人对犯罪事实供认不讳。

上述证据收集程序合法，内容客观真实，足以认定指控事实。

五、争议焦点

本案各被告人对指控的犯罪事实及定性均无异议，并自愿认罪认罚，该案事实清楚，控辩双方没有明显争议。

六、辩护意见

（1）关于姜某某涉案赌资结算金额的认定，应从涉案的用于下分的三张银行卡结算金额中扣减如下不属于赌资结算的项目：

①银行流水中作为工资支付的金额；

②下分的最低金额为100元，低于此金额的部分；

③雇用姜某某等人进行下分的李某本人进行提现的金额。

（2）被告人姜某某任职期间的主要工作内容为根据工作要求帮助客户下分，涉案情节较轻，主观恶性较小，仅起到很小的辅助性作用，属于服从地位，系从犯，依法应当减轻处罚。

（3）被告人姜某某到案后供述稳定，具有坦白情节，且自愿认罪认罚，并对自己的行为进行了深刻的反思，多次表示悔恨，可从轻处罚、从宽处理。

（4）被告人姜某某一直表现良好，无任何前科劣迹，此次犯罪系因其法律意识淡薄，可挽救性较高。

（5）案件审理过程中，被告人姜某某在家属的帮助下积极退缴了全部违法所得，充分体现了其认罪悔罪的态度，可酌情从轻处罚。

七、法院判决

法院认为，被告人姜某某、罗某某、吕某某为非法获利，受雇于网络赌博公司，从事资金兑换、结算，非法获利金额较大，其行为已构成开设赌场罪。公诉机关指控的罪名成立，予以支持。被告人姜某某、罗某某、吕某某在共同犯罪中起次要作用，依法从轻处罚。被告人姜某某、罗某某、吕某某到案后能如实供述自己的罪行并认罪认罚，均依法从轻处罚。案发后，被告人姜某某、罗某某、吕某某在家属的帮助下退缴了全部违法所得，均酌情从轻处罚。辩护人提出要求对被告人姜某某、吕某某从轻处罚的相关辩护意见，予以采纳。依照《中华人民共和国刑法》第三百零三条第二款、第二十五条第一款、第二十七条、第六十七条第三款、第五十二条、第五十三条、第六十四条及《中华人民共和国刑事诉讼法》第十五条之规定，判决如下：

一、被告人姜某某犯开设赌场罪，判处有期徒刑一年三个月，并处罚金人民币一万元。

二、被告人罗某某犯开设赌场罪，判处有期徒刑一年三个月，并处罚金人民币一万元。

三、被告人吕某某犯开设赌场罪，判处有期徒刑一年，并处罚金人民币一万元。

四、违法所得予以追缴；作案工具予以没收。

八、律师感悟

2003年，国家体育总局将电子竞技作为第99个体育项目正式纳入体育名录，电子竞技就此成为一项正规体育运动。2013 年，我国举办了第一届英雄联盟职业联赛，国家体育总局为此组建了电子竞技国家队。2023 年杭州亚运会首次将电子竞技纳入正式比赛。随着智能手机等技术载体及电子竞技的火热发展，电子竞技竞猜业务也应运而生。竞猜内容主要包括竞赛战队的比赛结果和过程，简单的有猜输赢、猜总比分，更复杂的还包含每局输赢、哪队拿"一血"、哪队先获得 10 个击杀等。且基于电子竞技竞猜业务市场规模不断扩大，并极具娱乐性和互动性，竞猜赔率也随之变化，于是就如同其他体育赛事一般，也变相催生出电子竞技赌博。原本为了增进观众对竞技类赛事参与感的竞猜活动及其附加的奖品彩头演变成犯罪分子非法牟利的手段，除了引诱不少观众和赌徒陷入深渊，也抹黑腐化竞技赛事及运动员，破坏公平和诚信竞争的体育精神，实在令人愤慨！

本案所涉网络赌博公司便是夏某、杨某等人为了以电子竞技赛事作为赌博手段进行非法牟利而设立的。夏某等人借用申请的电子竞技竞猜许可牌照，委托技术团队先后制作两款电子竞技竞猜 App，雇用专门的工作人员负责推广招商、运作维护 App、提供积分兑换结算服务等，组织分工明确。

被告人姜某某经其表哥李某介绍从事为上述 App 进行积分兑换、现金结算的工作。姜某某在该团队工作期间，通过接触的客户以及操作的业务内容（包括为客户上分下分所使用的银行账户和支付宝账号等都是陌生人的，支付宝账号因为交易频繁被封，上网使用的是流量卡而非本地宽带等）意识到上述两款 App 均为赌博软件，自己参与的行为也属于违法犯罪。但因工作轻松，月收入可观，便一直在该团队工作。同时又心存侥幸，认为自己只是普通上班族，并非领导或主使人，后果不严重。可以说这与其年纪尚小，文化程度不高，社会阅历较浅导致认识错误有关，但这不能作为免除刑罚的理由。其行为完全符合"明知是赌博网站，而为其提供资金支付结算服务"的网上开设赌场共同犯罪的认定条件。且经审计，姜某某所在团队用于上分下分账户的收支总金额均接近 500 万元，个人的非法获利金额也较大。所幸姜某某等人被抓捕到案后，经警方的批评教育和笔者的解释沟通，及时认清了自己行为的严重后果，如实供述自己的犯罪行为，自愿认罪认罚，且又在家属的帮助下退出违法所得，以实际行动表明自己的认罪悔罪态度，最终获得了较为理想的判决结果。

电子竞技可以成为一项正规体育运动，具有开拓思维、提高参与者反应能力、协调力和意志力等优势，自有其振奋人心的一面，也具有一定观赏性和娱乐性。2019年起包括运动员、裁判员、运营师等电竞从业人员已成为官方认可的正式职业。但无论是有意从事电子竞技行业，还是单纯电子竞技的爱好者，应对电子竞技本身及其行业规范了解一二，以免像本案的被告人姜某某一样，心存侥幸，陷入认识错误，触碰法律底线。

案例 27　孙某某"圆梦娱乐""聚鼎娱乐"赌博软件开设赌场案*

一、公诉机关指控

2020年10月至2021年2月，被告人孙某某受雇于潘某某（另案处理），与张某某（另案处理）合伙代理"圆梦娱乐"赌博软件；2021年10月10—15日，被告人孙某某受雇于"包子"（未到案），参与代理"聚鼎娱乐"赌博软件，其共计非法获利4万余元。

2021年10月15日，被告人孙某某被公安机关抓获，到案后如实供述了犯罪事实。案件审理过程中，孙某某自愿认罪认罚。

二、案情拓展

2020年10月初，被告人孙某某经微信好友潘某某介绍了解到"圆梦娱乐"赌博平台，平台的负责人包含潘某某在内共有3人；另有客服2人，负责解决平台无法充值、提现的问题；还有若干技术人员。潘某某除了是平台负责人，也是总代理，其发展孙某某为一级代理，称工资按照业绩区间分段计算，达到100万元业绩可以获得488元，200万元为888元，300万元为1588元，不满100万元就没有；除此之外还有流水提成（流水是指客户或输或赢的总金额），每1万元提成313元。经潘某某多次劝诱，孙某某开始担任"圆梦娱乐"平台的代理，为该赌博平台进行推广，负责增加平台的客户量，指导新客户参与赌博。

孙某某担任"圆梦娱乐"平台代理期间，与另一名一级代理张某某共同

---

* （2022）沪0116刑初327号案件。

使用在该平台注册的"神总"账号。其间，孙某某发展了约 20 个下级代理，孙某某每发展一个下级代理，就会告知潘某某，潘某某再反馈平台；张某某负责招揽客户，其招揽了 50 多个客户，也发展了四五个下级代理。

2021 年 2 月"圆梦娱乐"平台关闭，同年 3 月，潘某某又告知孙某某设立了一个新的赌博平台"圆梦娱乐 2"，让其继续担任该平台的代理，提成和"圆梦娱乐"一样。孙某某继续和张某某担任"圆梦娱乐 2"的代理后，找到原来的 5 个老客户参与新平台赌博，但是，"圆梦娱乐 2"因为技术问题一周后就关停了，孙某某和张某某均没有获利。

"圆梦娱乐"和"圆梦娱乐 2"赌博平台上设置了棋牌类、彩票类等赌博项目，有猜大小、五球自选、炸金花、牛牛、奔驰宝马、捕鱼、红黑大战、龙虎斗等。

赌客通过孙某某等人发送的二维码和链接下载"圆梦娱乐"和"圆梦娱乐 2"平台，二维码和链接中包含"神总"账号的邀请码。玩家进入平台后先注册账号，注册时需要绑定银行卡，绑定成功即可以在平台点击充值，通过支付宝、网银、USDT 虚拟货币支付充值金额，充值的金额会转换成平台金币，有了金币后就可以选择自己感兴趣的赌博项目参与下注赌博，客户下注赢了就可以获得更多金币，输了金币就会减少。如果客户需要将金币提现，则在平台上点击提现，输入需要提现的款项后就可以将钱款转到注册时绑定的银行卡内。

客户通过"神总"账号的邀请码进入平台的，参与赌博的流水即可计入孙某某或张某某的业绩，平台每日总的流水约在 100 万元。孙某某或张某某给下级代理的提成是每 1 万元流水 300~305 元。"圆梦"平台的返佣和工资都是每周结算一次，结算后平台以金币的形式发放到孙某某等人的账户。自 2020 年 10 月至 2021 年 3 月，孙某某和张某某通过担任"圆梦娱乐"和"圆梦娱乐 2"代理，共计获利 16 万余元，两人平分后各分得 7 万余元，孙某某及张某某再从自己获得的金额中支付下级代理的提成，最终孙某某的获利约 4 万元。

2021 年 10 月 10—15 日，孙某某另担任另一平台"聚鼎娱乐"的代理，其上级代理为一个昵称为"包子"（未到案）的人。"包子"与孙某某约定每 1 万元流水提成 320 元，孙某某支付下级代理的提成则是每 1 万元 310 元。孙某某每发展一个下级代理就会告知"包子"，再由"包子"反馈给平台，提成及工资的结算方式和"圆梦娱乐"一致，但"聚鼎娱乐"平台每天都会结算。孙某某代理该平台 5 天，发展了七八个下级代理，获利约 1400 元。

2020 年 12 月 25 日，上海市公安局金山分局朱行派出所根据线索获悉某绰号为"橘子"的男子伙同他人在网上开设赌场，并从中非法牟利，于是立案侦查，并于次年 10 月 15 日在山东省威海市将被告人孙某某抓获。

三、量刑情节

（1）被告人孙某某在共同犯罪中起次要作用，系从犯，应当从轻、减轻处罚。

（2）被告人孙某某到案后能如实供述自己的罪行，构成坦白，可以从轻处罚。

（3）被告人孙某某自愿认罪认罚，可以依法从宽处理。

四、证据认定

本案中，公诉机关提交了相应证据，法院审理后作出如下认定：

（1）被告人孙某某的供述和辩解、扣押笔录等，证实孙某某开设赌场的时间、过程及手段等犯罪事实，以及对犯罪事实供认不讳。

（2）上海市公安局金山分局出具的侦破经过，证实本案的案发及被告人孙某某的到案情况及侦破情况。

（3）司法鉴定科学研究院出具的司法鉴定意见书，证实"天天乐棋牌""巨鼎娱乐"两款赌博 App 账号内的团队信息、业绩信息及提现分红等数据。

（4）证人潘某某、张某某等的证言，证实被告人孙某某参与犯罪的过程、手段等犯罪事实。

（5）证人朱某某等的证言及签字确认的照片，证实其在"圆梦娱乐""天天乐""王者娱乐"等赌博 App 内赌博和充值、提现情况，以及赌博 App

的运营情况。

（6）公安机关调取的户籍资料，证实被告人孙某某的年龄、前科等基本身份情况。

（7）公安机关出具的扣押决定书、扣押清单、扣押笔录，证实对涉案赌场进行搜查，并扣押到涉案手机、电脑、银行卡、U盾等。

上述证据收集程序合法，内容客观真实，足以认定指控事实。

五、争议焦点

本案各被告人对指控的犯罪事实及定性均无异议，并自愿认罪认罚，该案事实清楚，控辩双方没有明显争议。

六、辩护意见

（1）被告人孙某某到案后如实交代自己的涉案情况，供述稳定，认罪态度良好，具有坦白情节，依法可以从轻处罚。

（2）被告人孙某某主观恶性较小，所犯罪行社会危害性不大，其在共同犯罪中起到次要作用，系从犯，应当减轻处罚。

（3）被告人孙某某自愿认罪认罚，可以依法从宽处理。

（4）被告人孙某某此前一直表现良好，无任何前科劣迹，此次犯罪系因法律意识淡薄，才会触碰法律底线，说明孙某某的可挽救性较高。

七、法院判决

法院认为，被告人孙某某为非法牟利，伙同他人开设网络赌场，且情节严重，其行为已构成开设赌场罪。被告人孙某某在共同犯罪中起次要作用，系从犯，应当减轻处罚。被告人孙某某到案后能如实供述自己的罪行，可以从轻处罚。被告人孙某某自愿认罪认罚，可以从宽处理。依据《中华人民共和国刑法》第三百零三条第二款、第二十五条第一款、第二十七条、第六十七条第三款、第六十四条及《中华人民共和国刑事诉讼法》第十五条之规定，判决如下：

一、被告人孙某某犯开设赌场罪，判处有期徒刑一年三个月，并处罚金人民币一万三千元。

二、作案工具及被告人孙某某的违法所得予以没收。

八、律师感悟

网络赌博平台随着网络技术发展而兴起，比起传统的实体赌场，网络赌博平台具有更强的隐蔽性，参与人员大都具备专业知识，平台设置的赌博方式繁多，涉案的赌资金额更高，对于赌客的诱导性也更强，因此造成的损害也就更难以估量。所以对于网络赌博，认定构成开设赌场罪的对象不再局限于直接实施如建立赌博网站、平台或担任代理接受投注的人员，还包括明知是赌博网站、平台而为其提供互联网接入、通讯传输通道、软件开发、技术支持等服务的人员，以及为赌博网站提供资金结算服务的人员。2021年3月1日起施行的《中华人民共和国刑法修正案（十一）》提高了开设赌场罪的法定刑，将处三年以下有期徒刑修改为处五年以下有期徒刑。法定刑提高的幅度可见国家对于打击开设赌场行为的决心和力度，也反映了赌博行为对社会公众的危害程度。

本案被告人孙某某经他人劝诱成为"圆梦娱乐""聚鼎娱乐"赌博平台的代理，为赌客提供赌博平台入口链接及推广码，同时，孙某某自己也为前述赌博平台招募下级代理，其下级代理再招募赌客参与赌博；孙某某担任"圆梦娱乐"赌博平台的代理期间，个人获利金额约4万元，因此，孙某某的行为依法构成开设赌场罪，且属于情节严重的情形，依法应在五年以上十年以下有期徒刑内量刑，并处罚金。孙某某在共同犯罪中起次要作用，是从犯，依法应当从轻、减轻处罚；孙某某到案后如实供述自己的罪行，系坦白，依法可以从轻处罚；孙某某在审查起诉阶段自愿认罪认罚，并签署具结书，可以依法从宽处理，正是有了以上的诸多法定、酌定量刑情节，被告人孙某某争取到了最终的判决结果。

另外，根据笔者阅卷及会见得知，其实被告人孙某某在2018年左右就开始接触网络赌博，因此相比与其合作的张某某，孙某某对网络赌博有一定了解，因此在公安机关向其讯问时，其明确知道自己实施了开设赌场的违法犯罪行为，而不像张某某认为自己只是给游戏软件做代理和推广，不属于开设赌场。但遗憾的是，孙某某没有基于其对赌博网站的了解而对担任赌博网站代理敬而远之，更没有给予足够的重视。其只是想着如何轻松快速地赚钱，于是不禁劝诱抱着侥幸心理参与了犯罪行为。殊不知，在其将赌客引入赌局的过程中，也将自己的一段人生作为筹码下了注，本想以小博大，但终究难逃法网，不仅失去"筹码"，还要为此付出额外的代价。希望其能吸取本次教训，遵纪守法，远离赌博。

第十章

网络推广类开设赌场典型案例解析

为依法惩治网络赌博犯罪活动,最高人民法院、最高人民检察院、公安部于 2010 年 8 月 31 日发布《关于办理网络赌博犯罪案件适用法律若干问题的意见》,在该意见中除了详细列明了利用互联网、移动通信终端等传输赌博视频、数据,组织赌博活动等构成开设赌场的行为以外,还规定明知是赌博网站,而为其提供服务或者帮助的,属于开设赌场罪的共同犯罪,依照《刑法》第 303 条第 2 款的规定处罚。

明知是赌博网站,而为其提供互联网推广服务,即投放广告,带来的结果就是为网站引流,使更多的网民了解赌博网站,并进入赌博网站,成为参赌人员,使赌博网站的管理者从中抽头牟利。

本章收录了 4 个真实案例:

案例 28,"辉煌" App 是一个网络赌博平台,管理人员通过网络推广的方式招揽赌客至平台注册赌博账号。孟某某等人设立的公司从事互联网推广的代理业务,帮助"辉煌" App 网络赌博平台在"趣头条"媒体上投放"网赚"页面广告,吸引大量网民点击,从而为"辉煌" App 引流,并收取服务费 1.7 亿余元。

案例 29,"火龙赛事" App 是进行各类电竞赛博彩业务的赌博平台,余某某与他人合伙成立广州 ZH 公司为该平台进行网络推广,并从平台利润中获得分成。

案例30，"AG体育"是一款具有充值、投注、竞猜、提现功能的手机赌博软件，为了吸引玩家下载该软件，委托JH网络公司为软件提供推广服务。陈某某入职后担任业务员，为"AG体育"进行网络推广。

案例31，"新橙娱乐"是一个服务器在境外的赌博平台，设有各种赌博游戏玩法，有赌客充值换取筹码和提现等功能。龙某某注册了推广代理账号，为多发展下线玩家，在各个网站论坛、搜索引擎、QQ群等发布代理链接，并在百度平台、谷歌投放该网站代理链接广告，发展下线玩家1532名，非法获利273万余元。

案例 28　孟某某为"辉煌"App 赌博平台推广开设赌场案[*]

一、公诉机关指控

2019 年 11 月，河南省新蔡县居民张某慧通过一微信昵称为"首席导师-林雅婷"的网络赌博平台人员进入"辉煌"App 网络赌博平台并注册赌博账号，之后在"首席导师-林雅婷"的指导下以"红牛""快三"等赌博端口进行赌博，共计输掉赌资人民币 11 万余元。新蔡县公安局通过对张某慧的赌博资金流向分析、追踪，发现该赌博资金中的一部分流入上海 MG 网络科技有限公司的私人账户。

2018 年 10 月，被告人吴某某、孟某某、孙某某、张某在上海市闵行区某大厦成立上海 MG 网络科技有限公司，其中吴某某占股 50%，孟某某、孙某某、张某三人占股 50%，后于 2019 年 10 月改为吴某某占股 40%，孟某某、孙某某、张某分别占股 20%，分为运营部、财务部、行政部三个部门，公司的主营业务为广告代理。被告人吴某等人招聘被告人黄某某为总经理、李某某为副总经理，同时招聘被告人孟某、刘某、林某某、孙某、黄某、张某某、曹某、蒋某某、乐某某等 20 余人从事网络广告投放等业务。

2019 年 5 月，为提高上海 MG 公司业务量，被告人吴某某、孟某某、孙某某、张某商议并决定为网络赌博平台在"趣头条"等媒体上投放广告，以此收取巨额服务费。被告人吴某某负责提供银行卡，接受网络赌博平台的广告费用，被告人孟某某负责联系投放网络赌博广告的客户，被告人孙某某、张某负责协调公司与"趣头条"等媒体在投放"网赌"类广告上的业务关

---

[*]（2021）豫 1729 刑初 63 号（一审），（2021）豫 17 刑终 698 号（二审）。

系。2019年5月,被告人孟某某通过QQ联系上昵称为"林夕"的网络赌博平台"辉煌"App管理人员,并推送给被告人黄某某。被告人黄某某与"林夕"进行业务沟通后,建立QQ聊天群,将被告人孟某、刘某、林某某等人拉进该群,为网络赌博平台"辉煌"App服务,同时"林夕"将QQ昵称为"赵老八""传奇人生"等人拉进该群,被告人张某某、孙某、曹某、杜某某、林某某、张某某、乐某某、蒋某某等人与"林夕"等人进行对接服务。具体内容为:

(1)被告人使用上海MG公司在"趣头条"媒体的代理商后台端口为网络赌博平台"辉煌"App开设充值子端口,用于给"辉煌"App充值广告费用;

(2)被告人为"辉煌"App在"趣头条"媒体上投放"网赚"页面广告,吸引大量网民点击,并在广告页面的落地页挂上"辉煌"App客服人员的微信号,以达到推广效果;

(3)被告人为"辉煌"App提供私人银行账号,接收该网络赌博平台所提供的广告所需充值款,后经上海某公司将款转入"趣头条"媒体对公账户,以达到充值效果,同时使用私人银行账户户名与"趣头条"媒体订立广告业务合同;

(4)"辉煌"App在"趣头条"媒体上的广告费用即将消耗完时,公司为"辉煌"App提供资金垫付,以便"辉煌"App的广告页面不会停止推广。

2019年5月以来,"辉煌"App网络赌博平台通过上海MG公司投放赌博广告非法吸引参赌人员1万余人。其间,上海MG公司共计收取"辉煌"App网络赌博平台支付的广告服务费1.7亿余元,从中非法牟利1347万余元。

2020年8月14日,被告人吴某某、孟某某、孙某某、张某等人被新蔡县公安机关抓获,到案后均如实供述自己的罪行。

二、案情拓展

被害人张某慧陈述:2019年11月6日,其微信突然收到一个名叫"首席导师-林雅婷"的好友申请，加了之后问要不要做兼职。张某慧就问怎么做，那个微信就给他发了一个链接，就是"辉煌"软件。张某慧注册之后，"导师"让他加了"静哥指导"跟着学。玩的是"澳门快3"和"红牛快3"，具体玩法就是里面三个骰子比点数，押大小、单双或者猜三个骰子的点数之和，刚开始"静哥指导"就让张某慧听他的押，赚了点钱，就把张某慧拉到一个群里，让他跟着群里押，后来越押越大，也就输了不少钱，截至2020年2月9日，张某慧累计输了11万余元。

被害人刘某霞陈述：其是2019年冬接触到"辉煌"App的，她当时用手机在某App看新闻，手机上弹出一条在家里用手机就能挣钱的广告，就点了这个广告，提示让她加一个微信号。刘某霞就加了这个人的微信，这个微信给她发了一个链接，下载了"辉煌"App。刘某霞进入后注册了账号，里面就有工作人员联系，指导如何在"辉煌"App中下注。刘某霞的邮政银行卡一共往"辉煌"App充值16万余元，建设银行充值185万余元。

被告人吴某某供述：其和孟某某、张某、孙某某了解到有人做"黑五类"代理效果比较好，盈利比较多，就商量决定在自己公司发展这项业务，给公司和个人增加收入。

被告人孟某某供述：上海MG公司平时的基本业务都是在"趣头条""快手""抖音""百度"等媒体App上面投放广告，为一些客户做网络推广，但是主要的业务还是在"趣头条"，该公司属于"趣头条"的代理商。公司主要服务的客户有做微商、电商、游戏等行业，也会有一些"黑五类"的网络推广，但是这些是在他不知道的情况下去做的。"黑五类"包括的产业有减肥、彩票、网赌和网赚这些行业，客户联系他们的时候，他们也不知道这些客户是"黑五类"产业。该公司的收费模式是充值形式，如果有客户有意愿通过该公司联系的媒体App去做网络推广，提供产品资料交给媒体审核后，他们就会通过媒体给他们开通的"代理商账户"去给这些公司开设一个"广告主账户"，然后客户把充值的金额输入账户，通过媒体用户的点击量按照每次不等的价格去扣费，扣费的情况客户和代理商都可以看到。如果充值的钱用完了，要么继续充值使用服务，要么就把账号停掉。每个月媒体公司会给代理商一定的任务指标，如果代理商完成指标就会给当月消费额

15%的返现,该返现是以媒体公司优惠券的形式发给代理商,下个月代理商再有客户进行充值使用广告投放的服务,就可以把这些优惠券使用掉,这样就把优惠券转换成了现金。

被告人孟某是被告人孟某某的姐姐,在上海MG公司担任运营部总监。

被告人孟某某被公安机关抓获后,笔者作为辩护人前去会见,其愿意劝说姐姐孟某投案自首。

由于会见条件限制,笔者当场书写了一张字条,内容为:"姐,我现在被关押,我们都犯罪了,如实向公安机关交代才能宽大处理。我希望你见信后立即去公安机关投案,如实供述,这样可以认定自首。"孟某某在字条上书写"姐,尽快来自首吧",并签名。笔者回到上海后,将字条交给孟某某的家属,请他们务必将字条交给孟某本人,并要求孟某尽快投案自首。

被告人孟某收到字条后,马上至上海某派出所投案,后被新蔡县公安机关刑事拘留。

公安机关查封被告人孟某某与妻子于2020年7月25日共同购买的房屋1套,扣押被告人孟某某保时捷卡宴轿车1辆、孟某某妻子名下奔驰轿车1辆、孟某某劳力士手表1块。

一审宣判前,被告人孟某某在家属的帮助下预缴罚金40万元。二审期间,孟某某在家属的帮助下退出了全部违法所得262万余元。

三、量刑情节

(1)被告人孟某某在共同犯罪中起主要作用,是主犯。

(2)被告人孟某某到案后如实供述犯罪事实,系坦白,依法可以从轻处罚。

(3)被告人孟某某协助公安机关抓捕同案犯孟某,有立功情节,可以从轻或减轻处罚。

(4)被告人孟某某主动退赃并预缴罚金,可从轻处罚。

(5)被告人孟某某自愿认罪认罚,可依法从宽处理。

四、证据认定

本案中,公诉机关提交了如下证据:

(1) 物证:被告人作案时使用的电脑、手机、银行卡照片等。

(2) 户籍证明,记载各被告人的身份信息及前科情况。

(3) 到案证明、破案报告,证明被告人孟某系主动投案,并如实供述了自己的罪行,其余被告人系被抓获到案的情况。

(4) 驻马店正泰会计师事务所有限公司出具的鉴证报告及补充鉴证报告,证明上海 MG 公司从"辉煌"App 网络赌博平台收取的广告服务费金额为 1.7 亿余元,从中非法牟利 1347 万余元。

(5) 银行转账记录、股东分红表、进出账表,记载 MG 公司银行交易明细、股东分红及资金进出情况。

(6) 被害人张某慧陈述,证实其通过推广链接进入"辉煌"App 网络赌博平台,并充值输钱 11 万余元。

(7) 被害人刘某霞陈述,证实其通过推广链接进入"辉煌"App 网络赌博平台,并充值输钱 200 万余元。

(8) 各被告人的供述,证实各被告人参与犯罪的事实。

(9) 搜查笔录、查封扣押物品清单等,证实案发后,公安机关对 GM 公司办公场所、车辆等进行搜查,扣押现金、笔记本电脑、车辆、手表等物的情况。

(10) 视听资料、电子数据,证实在侦查阶段讯问各被告人的情况。

辩护人向法院提交的证据有:

(1) 2020 年 8 月 17 日,由被告人孟某某署名的一个字条,证实孟某某劝孟某忙投案自首,有立功情节。

(2) 被告人孟某某的结婚证复印件,证实孟某某被扣押的财产属夫妻共同财产,且从时间上来看与本案的违法所得无关联。

法院经审理质证,对证据的采信作出综合评判。

五、争议焦点

（1）被告人孟某某等人构成开设赌场罪，还是帮助信息网络犯罪活动罪？

（2）被告人孟某某是否有立功情节？

（3）被告人孟某某被扣押财产应如何处置？

六、辩护意见

1. 被告人孟某某的行为并不构成开设赌场罪

（1）MG 公司所从事业务的性质是网络推广，盈利方式与赌博平台无关。

本案中，MG 公司是"趣头条"的代理商，负责拓展广告客户到趣头条平台进行广告投放，在收到广告主支付的广告费用后，将全部广告费用支付给趣头条，趣头条将广告费用对应金额的媒体币，以及一定数量的返点转到 MG 公司的代理商端口，再由 MG 公司将相应的媒体币及部分返点划拨入广告主的子端口，由此一来，广告主可以将自己的广告进行投放。这是一个非常典型的当下互联网广告投放及代理的流程，无数个像趣头条一样的媒体平台这样做，无数个像 MG 公司一样的代理商也这样做。

趣头条通过将自己的媒体资源、流量展现，变成广告资源，用于变现，而 MG 公司通过趣头条给付的返点，再通过下一个广告主客户的充值而变现，也就是说，媒体币与人民币有一定的兑换关系，趣头条并不直接以人民币的形式向 MG 公司支付代理费，广告主也不向 MG 公司支付任何形式的服务费，MG 公司的盈利方式就是趣头条给付的返点与广告主所得充值返点之间的差额部分。由此，辩护人想论述的是 MG 公司的收入来源是合法的，并不与广告主本身的行为发生关系，也不与广告主的收益有任何关联。

结合本案，从公诉机关指控的事实来看，"辉煌"平台 App 通过发送广告，骗取社会大众参与赌博，进而获利，但 MG 公司并未因此"分得一杯羹"，还是以上述返点差额的方式盈利，且需要纠正一点，该盈利并不是起诉书所述的服务费。

（2）"网赚"类广告的形式非常多见，并非绝对构成违法犯罪，被告人无从分辨。

"网赚"类广告是该类型互联网广告的一个统称，通过"轻松赚钱"等比较吸引眼球的语言或成功励志的小故事，让更多的网民点击广告小窗，进入广告页面后，有的直接出现毫不相干的具体广告宣传内容，有的提供反馈信息表格、添加微信好友信息、网址链接或400电话等，绝大部分广告主发布此类广告的目的是吸粉，增加添加好友的数量，然后再由广告主进行某产品或服务的定向推送，并且有了这样的好友资源以后，广告主可以变换任何产品或服务的广告内容。这是目前互联网信息流广告的主要形式，几乎每一个媒体平台都有类似的内容，正是因为该类型的广告司空见惯，被告人与MG公司无从分辨也在所难免。

（3）被告人孟某某对于"林夕"的身份，以及他所投放广告的性质并不知情。

被告人孟某某在"趣头条"任职，因职务的便利，经常能接触到"趣头条"的客户，但恰恰"趣头条"本身并不直接面向有广告投放需求的客户，全交由MG公司这样的代理商进行对接。本案中，"林夕"就是通过与"趣头条"联系，提出了广告投放的需求，"趣头条"将此信息告知被告人孟某某跟进，孟某某便交给MG公司处理，对接给黄某某，他本人对于"林夕"的身份，以及他想投放广告的内容并不知情。

从被告人黄某某的供述来看，也能印证这一点，孟某某将"林夕"推送给她以后没有再进行跟进，孟某某对投放广告的内容不知情也在情理之中。

（4）广告投放内容由广告主自行决定，并且所有内容均由"趣头条"负责审核，MG公司没有审核权限。

广告主投放内容五花八门，但均需要符合"趣头条"所制订的规则，并由"趣头条"专门人员负责审核，审核通过才能在平台发布，而MG公司作为代理商，仅提供付费、投放流程的协调工作，对广告内容没有任何决策及审核权限，不应提高MG公司的注意义务。

就本案来看，"辉煌"App的管理人员利用了"网赚"类广告的特性，进行吸粉形式的广告投放，从广告展现内容来看，经过了层层的伪装，不是真正点击该广告根本无从得知背后的实际内容。

（5）被告人孟某某及MG公司并没有将"林夕"等区别对待。

本案中，被告人孟某某及MG公司对待任何广告主均一视同仁，并没有区别，从"林夕"等人处没有获得高于同类广告投放的其他费用。至于起诉中所指控的在广告费用即将消耗完时，MG公司提供资金垫付，这也并非单独针对"林夕"这一客户，而是信息流广告投放时经常会出现的情形，当广告主是老客户，经常投放广告的情况下，临时垫付资金避免广告暂停也是保障广告主的利益，维护客户关系的正常手段，但在起诉书中便成了需要着重渲染的罪行。

（6）被告人孟某某主观上没有与赌博平台的人员形成任何形式的合意，也没有获得任何形式的非法利益。

判断开设赌场罪是否构成，至少应当从犯罪构成的主观要素，以及非法获利来分析。本案中，被告人孟某某、MG公司均未实际操作开设赌场的行为，也没有与"林夕"等赌博平台管理人员形成开设赌场的合意，进而双方进行分工合作，瓜分赌场收益。MG公司的收益来源即如前所述，通过广告主支付的广告费，得到相应的返点。

2. 被告人孟某某的行为可能构成帮助信息网络犯罪活动罪

本案中，被告人孟某某对于"辉煌"App管理人员投放的广告内容并不知情，也没有参与共同策划开设赌场的行为，即使之后知道了广告内容涉嫌犯罪，但基于业务收益的角度考虑未能主动及时停止广告投放，可能构成帮助信息网络犯罪活动罪。也就是说，当MG公司知道"辉煌"App广告内容之后，即明知他人利用信息网络实施犯罪，仍为其犯罪提供广告推广帮助，情节严重的，构成帮助信息网络犯罪活动罪，最高可判处有期徒刑三年。

3. 被告人孟某某在本案中有立功表现，可以减轻或免除处罚

《最高人民法院关于处理自首和立功具体应用法律若干问题的解释》第5条规定，"协助司法机关抓捕其他犯罪嫌疑人（包括同案犯）"，应当认定为立功表现。

本案中，被告人孟某某到案后，在辩护人会见时主动提出劝说姐姐孟某投案，并书写纸条交由孟某，之后孟某听从其劝说主动到公安机关投案，该劝说行为为侦查机关破案节省了司法成本，比协助抓捕的行为具有更好的社

会效果和法律效果，应视为"有突出表现"，更应该是"立功情节"，依法可以减轻或免除处罚。

4. 被告人孟某某到案后，如实供述自己的罪行，有坦白情节，可以从轻处罚

5. 关于被告人孟某某涉案财产的处置问题

公诉机关提出的财产涉及被告人孟某某名下房产一套，价值495万余元（实交455万余元）、保时捷汽车一辆（估价85万元）、劳力士手表一块（估价不明）、现金1210元；其妻子覃某名下奔驰汽车一辆、现金10万元。

对此，辩护人认为：被告人孟某某获利262万余元，本案已查封，且准备没收的财产远超此金额。如果没收违法所得，也应以262万余元为限，像公诉机关这样的处理建议，恐有将该罪法定的附加刑由"罚金"改为"没收财产"之嫌，无形中是对该罪刑罚的加重。公诉机关对财产的处置意见涉及被告人孟某某的妻子，即对夫妻共同财产未予以剥离，也枉顾他们夫妻婚后十几年来正当收入所带来的财富积累。

本案指控事实发生在2019年5月之后，而孟某某妻子名下的奔驰汽车购买于2019年2月，部分车款由原来的旧车出售而来，剩余款项也系夫妻双方的合法收入，与本案无涉，不应将该汽车进行处置，应当返还给汽车所有人孟某某妻子。孟某某妻子所持有的现金10万元，是家庭开支的正常储蓄，不应对此进行处理，也应当返还。

七、法院判决

一审法院认为，被告人吴某某、孟某某、孙某某、张某、黄某某、李某某、孟某、刘某、林某某、孙某、黄某、张某某、曹某、蒋某某、乐某某、杜某某、林某某明知是赌博网站，仍为其投放广告，收取服务费，情节严重，其行为均构成开设赌场罪。公诉机关指控罪名成立，本院予以支持，但指控的非法获利总金额有误，应予以纠正。在共同犯罪中，被告人吴某某、孟某某、孙某某、张某均起主要作用，系主犯，应按照其所参与或者组织、指挥的全部犯罪处罚；在共同犯罪中，被告人黄某某、李某某、孟某、刘某、林某某、孙某、黄某、张某某、曹某、蒋某某、乐某某、杜某某、林某某均起

次要作用，系从犯，应当从轻、减轻或者免除处罚。各被告人到案后如实供述自己的犯罪事实，可从轻处罚；被告人孟某犯罪后自动投案，且如实供述自己的罪行，系自首，依法可从轻或者减轻处罚；各被告人当庭均表示认罪认罚，可以从宽处理；各被告人均能够缴纳罚金，可酌情从轻处罚。

……

关于被告人吴某某等人的开设赌场罪是否适用从旧兼从轻原则的问题。经查，该案属《中华人民共和国刑法修正案（十一）》发生效力时未判决的案件，根据2006年《中华人民共和国刑法修正案（六）》修正的《中华人民共和国刑法》，该处罚轻于《中华人民共和国刑法修正案（十一）》修正的《中华人民共和国刑法》的规定，为更好保护被告人的权益，应适用经2006年《中华人民共和国刑法修正案（六）》修正的《中华人民共和国刑法》有关法律规定，体现"从旧兼从轻原则"，故各辩护人的辩护意见成立，本院予以采纳。

关于被告人孟某某的行为是否构成立功的问题。经查，《最高人民法院〈关于处理自首和立功若干具体问题的意见〉》第五条关于"协助抓捕其他犯罪嫌疑人"的具体认定中规定有4种协助抓捕情形，结合本案，一是孟某某无按照司法机关的安排而配合作出相应的协助抓捕行为；二是孟某某提供的字条，该重要信息的提供对象不是司法机关。综上，孟某某的行为不符合立功的构成要件，该辩解及辩护意见不能成立，本院不予采纳。

……

根据各被告人的犯罪事实、性质、情节和社会危害程度，依照经2006年《中华人民共和国刑法修正案（六）》修正的《中华人民共和国刑法》第三百零三条第二款，第二十五条第一款，第二十六条第一款、第四款，第二十七条，第六十七条第一款、第三款，第六十四条，第五十二条，第五十三条，《最高人民法院关于适用财产刑若干问题的规定》第二条第一款、第八条及《中华人民共和国刑事诉讼法》第十五条之规定，经本院审判委员会讨论决定，判决如下：

一、被告人吴某某犯开设赌场罪，判处有期徒刑六年六个月，并处罚金人民币五十万元。

二、被告人孟某某犯开设赌场罪,判处有期徒刑六年,并处罚金人民币四十万元。

三、被告人孙某某犯开设赌场罪,判处有期徒刑六年,并处罚金人民币四十万元。

四、被告人张某犯开设赌场罪,判处有期徒刑六年,并处罚金人民币四十万元。

五、被告人黄某某犯开设赌场罪,判处有期徒刑五年三个月,并处罚金人民币十万元。

……

七、被告人孟某犯开设赌场罪,判处有期徒刑四年六个月,并处罚金人民币五万元。

……

二十五、对被告人吴某某、孟某某、孙某某、张某、黄某某、孟某等人的违法所得共计 14 973 037.34 元,予以追缴,上缴国库。

新蔡县公安局随案移送的现金人民币 105 310 元及孳息,以及查封、扣押的房产、机动车、手表、金饰品等物(详见附表),依法处置后,抵缴各被告人违法所得,不足部分继续追缴,剩余部分予以返还。

……

二审法院认为,关于孟某某是否构成立功的问题,经查,孟某某通过律师传递字条劝孟某投案,后孟某投案自首,其实质上协助了司法机关抓捕同案犯,节约了司法资源,依法构成立功,原判未予认定不当,本院予以纠正,应依法对孟某某从轻处罚,对于出庭检察员提出的孟某某不构成立功的意见,不予支持。

二审判决如下:

……

六、上诉人孟某某犯开设赌场罪,判处有期徒刑四年,并处罚金人民币四十万元。

……

八、律师感悟

这是笔者代理的一起典型的为赌博网站提供推广代理，构成开设赌场罪的案例。吴某某、孟某某等人身为趣头条的工作人员，共同投资成立 MG 公司，作为趣头条公司的代理商，负责为广告主提供网络推广服务，也就是说有公司或个人想通过媒体宣传自己或扩大业务来源，就需要和趣头条之类的媒体平台服务商合作，在平台上展示自己，也就需要与 MG 公司这样的媒体平台代理商对接，通过在平台开户，充值服务费，随着推广的进行而扣除充值金额，以达到"三赢"的局面，即广告主得到了网络宣传，趣头条平台收取了网络服务费，MG 公司赚取到代理服务费，唯一的区别就是 MG 公司不是直接获取金钱对价，而是获得媒体平台的返利差额。

从一般意义上讲，吴某某、孟某某等人并未与"辉煌"App 网络赌博平台的工作人员串谋，并未形成共同开设赌场的合意，也没有成为"辉煌"App 网络赌博平台的代理商，接受赌客的投注，更没有从"辉煌"App 网络赌博平台获取任何形式的赌博利益，如抽头、分红等，他们是通过自己的现有资源和能力，为"辉煌"App 网络赌博平台进行了网络推广服务，使得如张某慧、刘某霞等数以千计、万计的试图赚外快的人员参与了赌博，成为赌客，输掉了大量钱财，甚至生活陷入严重困难。根据 2010 年 8 月 31 日，最高人民法院、最高人民检察院、公安部发布《关于办理网络赌博犯罪案件适用法律若干问题的意见》规定：

明知是赌博网站，而为其提供下列服务或者帮助的，属于开设赌场罪的共同犯罪，依照刑法第三百零三条第二款的规定处罚：

（一）为赌博网站提供互联网接入、服务器托管、网络存储空间、通讯传输通道、投放广告、发展会员、软件开发、技术支持等服务，收取服务费数额在 2 万元以上的。

从本案的情况来看，吴某某、孟某某等人应属于明知"辉煌"App 是网络赌博平台，仍为其提供投放广告服务，收取服务费数额在 2 万元以上，应被定性为开设赌场罪的共同犯罪，因此本案的各个辩护人，包括笔者在内试图将罪名辩护为帮助信息网络犯罪活动罪未能成功。

本案最让笔者深有感触的是为孟某某争取立功的过程，笔者按照孟某某的意愿帮助其传递规劝同案犯投案自首的字条，这是合乎司法解释的立功表现，但认定过程比较曲折，一审法院未认定立功，二审法院予以纠正，认定为立功，体现在判决结果上就是在原有量刑的基础上，在与吴某某、孙某某、张某三位主犯的对比下，二审判决刑期有了很大的区别，这对辩护律师来说是很有成就感的事情，这更是刑法制度中对于立功情节规定的应有之义，这是公平公正的体现。

孟某某与姐姐孟某双双获刑而失去自由，对于这个家庭的打击可想而知，年迈的父母整日以泪洗面，他们各自年幼的子女缺人照顾，"悔恨"二字是他们会见律师时时常挂在嘴边的，刑罚并不是最终的目的，教育和警示才是。笔者写到这里时，孟某某也快服刑结束了，相信他一定能改过自新，好好生活。

案例29　余某某为"火龙赛事"赌博App推广开设赌场案[*]

一、公诉机关指控

2020年10月，被告人邹某某、姜某某、钟某某、余某某共同出资成立广州ZH娱乐有限公司（以下简称ZH公司），主要从事赛事竞猜平台推广的业务。2020年12月9日，被告人邹某某、姜某某代表ZH公司与海南ZB电子竞技有限公司（以下简称ZB公司）签订代理加盟协议，帮助推广"火龙赛事"赌博App，并从中获取利润提成。随后，被告人邹某某、姜某某、钟某某、余某某、赵某某明知"火龙赛事"App为赌博平台仍直接或招募、指使、协助公司员工龙某某等人（均另案处理）通过网络对该赌博平台进行推广。截至2021年3月16日，被告人邹某某、姜某某、钟某某、余某某从该赌博平台获得利润分成204 451.40元，其中支付给被告人赵某某提成17 581元。

2021年3月16日，被告人邹某某、姜某某、钟某某、余某某、赵某某被抓获到案，后如实供述了上述犯罪事实。

二、案情拓展

2020年10月，邹某某、姜某某、钟某某、余某某共同出资设立ZH公司，其中邹某某出资10万元，占股40%；姜某某、余某某、钟某某各出资5万元，各占股20%，后每人又另出资1万元。

同年12月，赵某（另案处理）介绍邹某某推广"火龙赛事"App。该

---

[*]（2021）沪0115刑初3727号案件。

App 系邓某某、杨某、夏某等人（另案处理）开设的赌博平台，客户以人民币兑换平台火龙果币，由平台提供电子竞技游戏比赛过程和结果设定赔率，供客户投注竞猜参与赌博。王某（在逃）为邹某某开设平台管理账户，由邹某某组织 ZH 公司员工龙某某等人通过电子竞技游戏平台、社交平台向他人推广介绍至平台注册、充值、投注参与赌博，以客户输掉金额的 60% 作为推广分成。

在 ZH 公司推广"火龙赛事"平台期间，邹某某负责整个公司业务，给员工发放工资等；钟某某负责赛事研究和招聘员工等；余某某、姜某某及赵某某均负责市场推广，担任业务员团队的组长，负责组内人事管理、员工考勤，同时也是篮球电竞比赛的分析师，平时会在客户交流群内撰写投注建议供客户参考。

普通业务员的底薪为每月 3500 元，加上通过自己推广吸引来的客户交易流水的提成（流水 5 万元以下的 0.7%，5 万~10 万元的 0.8%，10 万~20 万元的 0.9%）。余某某等组长没有底薪，但可以拿到组内成员推广客户交易流水的 0.5% 作为提成，另外作为股东也可以获得分红。

自 2020 年 12 月 25 日至 2021 年 3 月 16 日案发，邹某某账户内参赌注册玩家 1373 个，赌资达 821 万余元，非法牟利 20 万余元；姜某某账户内参赌注册玩家 183 个，赌资达 156 万余元，非法牟利 1 万元；余某某账户内参赌注册玩家 331 个，赌资达 80 万余元，非法牟利 1 万余元；钟某某非法牟利 1 万元；赵某某介绍他人参赌注册玩家 115 个，赌资达 216 万余元，非法牟利 1.7 万余元；龙某某等人共计介绍他人参赌注册玩家 329 个，赌资达 267 万余元，非法牟利 3.8 万余元。

上海市公安局浦东分局民警在工作中发现上述被告人涉嫌开设赌场案的线索，并于 2021 年 2 月 5 日立案侦查，同年 3 月 16 日将上述被告人抓获归案。

案件审理过程中，邹某某、姜某某、钟某某、余某某在家属的帮助下退缴了全部违法所得。

三、量刑情节

（1）被告人余某某明知是赌博网站仍推广并发展会员，从中牟利，情节严重，构成开设赌场罪。

（2）被告人余某某在共同犯罪中是主犯。

（3）被告人余某某到案后能如实供述自己的罪行，构成坦白，可以从轻处罚。

（4）被告人余某某退缴违法所得，可以酌情从轻处罚。

（5）被告人余某某自愿认罪认罚，可以依法从宽处理。

四、证据认定

本案中，公诉机关提交了相应证据，法院审理后作出如下认定：

（1）常住人口信息，证实被告人邹某某、姜某某、钟某某、余某某、赵某某身份情况。

（2）受案登记表、案发经过表格等，证实本案案发、立案，被告人邹某某、姜某某、钟某某、余某某、赵某某到案等情况。

（3）扣押决定书、扣押清单、扣押笔录、扣押物品照片等，证实公安机关对 ZH 公司营业执照、电脑主机、硬盘及涉案人员收集等物进行扣押的事实。

（4）代理商加盟协议、ZB 公司企业登记档案资料，证实被告人邹某某与 ZB 公司达成推广协议及 ZB 公司经营范围不包括网络赌博业务的情况。

（5）被告人邹某某、姜某某、钟某某、余某某、赵某某的转账记录、公安机关出具非法获利清点记录等，证实各被告人因推广"火龙赛事"赌博 App 非法获利情况。

（6）证人夏某等人的证言、同案犯龙某某等人的供述、聊天记录，证实"火龙赛事"App 为赌博平台及被告人邹某某等人指使公司员工予以推广等情况。

（7）参赌人员的证言、聊天记录等，证实其各自通过被告人姜某某、赵某某、余某某等人的介绍下载"火龙赛事"赌博 App 并投注赌博的情况。

（8）上海立信佳诚东审会计师事务所有限公司出具的司法鉴定意见书，证实被告人邹某某等人各自账户下发展的赌博账号、账号层级、玩家个数、产生的码量等情况。

（9）行政处罚决定书、执行回执，证实被告人钟某某曾因赌博行为被行政拘留的事实。

（10）被告人邹某某、姜某某、钟某某、余某某、赵某某的供述证实了上述犯罪事实。

上述证据收集程序合法，内容客观真实，足以认定指控事实。

五、争议焦点

本案各被告人对指控的犯罪事实及定性均无异议，并自愿认罪认罚，该案事实清楚，控辩双方没有明显争议。

六、辩护意见

（1）对于公诉机关指控被告人余某某的罪名及犯罪事实均无异议。

（2）关于被告人余某某在共同犯罪中的地位和作用，其任职的 ZH 公司为 ZB 公司名下的"火龙赛事"提供推广，系为网络赌博提供帮助行为，属于帮助犯，应当区别于本身策划、成立、运营"火龙赛事"进行网络赌博的正犯行为；余某某虽然参与 ZH 公司的出资，但从公司组织结构以及工作内容来看，其虽然作为组长有部分管理权，但并非决策者，也未参与代理加盟的谈判、犯罪场所的提供、劳动工资的发放、客源的提供等事项；因此在共同犯罪中起到的作用较小。

（3）关于新旧法律适用问题，被告人余某某等人的犯罪行为跨越了新旧法，虽然最高人民检察院的批复文件明确了对于继续犯应适用新法一并进行追诉，但本案量刑依据被告人等从赌博平台获得的利润分成 20 万余元是 2021 年 1 月、2 月的盈利额，均为《刑法》修改前；而本案大部分犯罪行为亦发生在旧法施行期间；因此宜依据刑法的谦抑原则，将全部危害行为看作一个整体，适用较轻的旧法。

（4）被告人余某某除了坦白和认罪认罚外，此前没有前科，系主观恶性较小的初犯、偶犯，本次涉案是由于法律意识淡薄，加上近年来各类电竞赛事的火爆及开设赌场犯罪模式的隐蔽性，一时无法分辨，没有认识到自己在实施严重的犯罪；此外，被告人余某某在本案中获利较少，经过羁押已经认识到自己行为的危害性和违法性，并在家属的帮助下退缴违法所得。

综上，恳请合议庭综合考量被告人余某某在案件中的地位作用大小、犯罪时的主观状态，结合其认罪态度和悔罪表现，依据罪责刑相适应原则，对余某某减轻处罚。

七、法院判决

法院认为，被告人邹某某、姜某某、钟某某、余某某明知是赌博网站仍推广并发展会员，从中牟利，情节严重，被告人赵某某明知是赌博网站仍帮助推广，其行为均已构成开设赌场罪。公诉机关指控被告人邹某某、姜某某、钟某某、余某某、赵某某犯罪的事实清楚，证据确实充分，罪名成立。被告人邹某某、姜某某、钟某某、余某某在共同犯罪中是主犯；被告人赵某某是从犯，应当减轻处罚；被告人邹某某、姜某某、钟某某、余某某、赵某某有坦白情节，均可以从轻处罚。鉴于被告人邹某某、姜某某、钟某某、余某某能退缴违法所得，可以酌情从轻处罚。辩护人相关意见法院予以采纳。为维护社会管理秩序和良好的社会风尚，依照《中华人民共和国刑法》第三百零三条第二款，第二十五条第一款，第二十六条第一、四款，第二十七条，第六十七条第三款，第五十二条，第五十三条，第六十四条的规定，判决如下：

一、被告人邹某某犯开设赌场罪，判处有期徒刑五年三个月，罚金人民币五万元。

二、被告人姜某某犯开设赌场罪，判处有期徒刑五年，罚金人民币五万元。

三、被告人钟某某犯开设赌场罪，判处有期徒刑五年，罚金人民币五万元。

四、被告人余某某犯开设赌场罪，判处有期徒刑五年，罚金人民币五万元。

五、被告人赵某某犯开设赌场罪，判处有期徒刑二年九个月，罚金人民币三万元。

六、退缴在案的违法所得,予以没收;责令被告赵某某退赔犯罪所得;扣押在案的作案工具予以没收。

八、律师感悟

本案也是涉及"火龙赛事"App 的开设赌场案件,该款 App 可以对网络电竞游戏比赛以及足球、篮球赛事的结果、得分阶段等进行下注赌博。利用该款 App 实施开设赌场犯罪的人数众多,分工细化。包括但不限于建立运营 App 的团队,为 App 提供资金支付结算业务的出金团队,提供推广发展会员服务的团队,以及提供其他网络技术类服务的团队等。

被告人邹某某、姜某某、钟某某、余某某出资设立公司,专门从事赛事竞猜平台推广业务,经人介绍与"火龙赛事"App 运营公司签署协议,负责为该款 App 提供推广、发展会员的服务,并以参赌客户输掉的赌资的 60% 收取利润分成作为服务费。余某某等四人除了管理公司日常事务,还会为了推广"火龙赛事"App,就 App 上所涉赛事进行研究,比如余某某作为篮球电竞比赛的分析师,时不时撰写投注建议与客户交流。上述行为均可以证明余某某等人对于"火龙赛事"App 是赌博平台是明知的,因此余某某等人的行为依法属于开设赌场罪的共同犯罪,同样构成开设赌场罪,且系情节严重的情形。此外,因余某某等四人分工协作,招募、管理业务员,策划、指挥业务员进行市场推广,收取组内业务员的流水提成,并作为股东获得分红,所以该四人属于共同犯罪的主犯,对比赵某某的从犯地位,相应的处罚也更重。

随着近年来电子竞技的爆发式发展,电子竞猜行业也逐渐蓬勃,除了电子游戏平台本身带有的竞猜活动,与电子游戏平台合作开展竞猜活动的第三方平台也不断涌现。但同时,竞猜游戏与赌博在本质上具有相似性,对于普通人来说,界限并不很分明,所以不少不法分子为了追求利益,也盯上了这一新兴产业。

不法分子往往利用电子竞技游戏和竞猜平台的名义,或包装在合法业务中开设赌局,引导玩家将货币兑换为虚拟币或道具后进行下注,因此电子竞技赌博的隐蔽性更强;而且电子竞技赌博招揽赌客的方式多样,除了吸引本身对电子竞技游戏感兴趣的观众,不法分子还通过与像余某某等一样专门从事推广业务的个人或组织合作,引流推广目标平台;此外,电子竞技赌博的内容繁多,除了传统的胜负,还可以赌击杀数、分数差、排名等,各种电竞游戏中标志性的节点都可作为下注的内容,因而能吸引更多的赌客,汇集更多的赌资。

而电子竞技游戏的受众大部分为青少年,如因对电竞游戏的兴趣最终导致他们陷入赌博的深渊,无论是对于青少年本身的身心健康,还是电竞行业及其从业人员的前景,都将直接或间接产生惨痛而深远的影响。

电子竞技早已成为一项体育项目,意味着它和其他传统运动项目一样可以锻炼体魄、激发人类潜能。人们对它的误解更多应归结于操作利用它的人的逾矩。而这些逾矩的行为很可能反过来影响电子竞技行业的发展,使得电子竞技本身也成为受害者。因此,不管是将电子竞技视为兴趣爱好,还是终身事业或谋生手段的人,都应规范自己的言行,遵守法律底线,别让电子竞技背负被误解的骂名,成为怀璧其罪的牺牲品。

案例30　陈某某为"AG体育"赌博软件推广开设赌场案*

一、公诉机关指控

2021年起,罗某某(另案处理)为牟取非法利益,出资2万元,指使冯某某(另案处理)研发设计了一款具有充值、投注、竞猜、提现功能的手机赌博软件以及配套后台管理系统,后将该软件命名为"AG体育",并由冯某某负责联系租用服务器以及软件更新维护等工作。

2022年5月起,罗某某结伙王某某、赵某(均另案处理),由罗某某占股65%、王某某占股30%、赵某占股5%,共同运营该赌博软件,其中,罗某某牵头汇总,王某某负责开盘、后台管理、提现结算等,赵某负责接受充值等。在罗某某的勾结下,被告人余某某等人先后成立工作室,分别招募多名员工,负责招揽吸引赌徒在软件内注册会员,并根据赌徒下注输赢情况,与罗某某等人按比例共享收益、共担风险。被告人吴某、牟某、王某、陈某某、刘某受余某某雇用,在工作室担任业务员,具体从事推广赌博软件、吸引会员注册等工作。其中,吴某、牟某、王某、陈某某、刘某在工作室按照一定份额参与盈利分配。经查,截至案发,"AG体育"赌博软件共招揽赌徒1万余人,赌资600余万元。余某某工作室招揽赌徒人数累计达到700余人。

2022年8月18日,余某某、吴某、牟某、王某、陈某某、刘某被民警抓获,并扣押电脑、手机、账本等与犯罪有关的物品。各被告人到案后均如实供述了其主要犯罪事实。

---

* (2022)沪0114刑初1136号案件。

二、案情拓展

陈某某经牟某介绍于 2022 年 4 月入职 JH 网络科技有限公司,公司法人为余某某,陈某某、牟某、王某、吴某除了在该公司内担任业务员外,亦在该公司内出资入股,其中陈某某、牟某、王某、刘某各出资 2500 元,占股 5%,吴某出资 7500 元,占股 15%,余某某占股 40%,剩下的 25% 股份由"AG 体育"占有。

该公司的主要业务就是吸引玩家下载"AG 体育"App 进行充值下注。公司内部有一个微信群,余某某会在里面发送一些招揽客户、让客户注册充值的话术。陈某某及其他公司业务员的主要工作内容是参与英雄联盟等电竞游戏,添加游戏玩家为好友,组建好友群,再向他们介绍"AG 体育"App,吸引玩家在"AG 体育"App 内充值,对"英雄联盟""英雄联盟手游""足球"游戏结果进行投注竞猜。

陈某某等业务员通过 NASA 系统获知是否有电竞游戏比赛,之后在好友群内发布关于比赛的信息,如果有玩家想下注,陈某某会将链接、邀请码发送给对方,玩家通过陈某某发送的邀请码才能在 App 上注册成功,注册后就可以充值。

充值需要玩家在 App 的钱包内添加自己的银行卡,添加后选择界面上的充值,就会显示可选择的数字,界面会写明是积分充值,比如充值 100 的积分,点击下一步就到了银行卡充值的界面,界面会随机显示一个银行账户信息,客户可以通过微信、支付宝、银行转账等方式向该账户汇款,充值 100 分就转账 100 元。转账成功后将转账成功截图上传,后台审核后会显示充值成功,充值的积分就在界面显示,后台同时将充值的金额计算为对应业务员的业绩。

充值后即可以进行投注,App 内有投注界面,可以投注"英雄联盟"等游戏比赛,未开始的比赛都可以投注。比如 A 队和 B 队将于某时间进行比赛,投注界面上 A 队和 B 队的名称边上都会显示各自对应的赔率。如果玩家有兴趣,就可以对这场未开始的比赛投注。玩家需要在预测选项中点击该场比赛,选择自己看中的队伍,根据自己的需求,点击输入预测分数,界面上也有预测的金额供玩家选择，玩家选择或者输入的分数应小于等于他充值的余额，如果玩家选 100 的 A 队，那么点击后会显示"预计收益"，如果 A 队的赔率是 1.5，并且在该场比赛中获胜，那么玩家就可以赢得 150（100×1.5）的收益，如果 A 队输了，那么玩家的投注也全部输了。

玩家如果想将积分提现，可以在 App 界面点击"提现"，之后就会跳转到选择界面，点击提现到账的银行卡和提现金额后，就可以将自己界面的积分提现到银行卡中，提现的数字不得大于玩家的用户余额，提现的比例是 1∶1，没有手续费。

公司通过玩家输掉的投注（客损）获利，具体数据由余某某负责统计，陈某某等业务员不参与。陈某某等业务员的工资组成为底薪 2800 元、加班补贴 500 元、餐补 450 元，再加提成（提成分段按阶梯式计算，10 万元以内的提成 10%，10 万~20 万元的提成为 11%，20 万~30 万元的提成为 12%，以此类推，最高提成为 15%）。

陈某某从入职至被抓获，共介绍注册玩家人数有 214 人，充值总额 1384 元，玩家流水 2912.10 元，介绍玩家在 App 内下注参赌的 10 余人，通过工资和分成共获利 1.9 万余元。

2022 年 2 月 11 日，公安机关接到报警称有人通过手机 App 下注进行游戏竞赛赌博，经立案侦查后于同年 8 月 18 日将上述被告人抓获。

三、量刑情节

（1）被告人陈某某明知他人实施情节严重的开设赌场犯罪而直接参与、提供帮助，构成开设赌场罪。

（2）被告人陈某某在共同犯罪中起次要作用，系从犯，应当从轻或减轻处罚。

（3）被告人陈某某到案后能如实供述自己的罪行，构成坦白，可以从轻处罚。

（4）被告人陈某某自愿认罪认罚，可以依法从宽处理。

四、证据认定

本案中,公诉机关提交了相应证据,法院审理后作出如下认定:

(1)证人叶某、徐某、谢某、刘某某、曹某、宋某某的证言,相关聊天记录、App 页面、转账记录截图、行政处罚决定书等书证,能够与被告人罗某某等 25 人的供述相互印证,证实上述人员在玩英雄联盟电脑游戏时被陌生人搭讪并推荐下载"AG 体育"App、注册会员,后陆续在该 App 内充值下注,通过竞猜游戏输赢等参与赌博活动,后被公安机关行政处罚等事实;其中,叶某、徐某均系在上海市嘉定区参与赌博活动。

(2)侦查实验笔录及相关录制视频,能够与被告人罗某某等 25 人的供述相互印证,证实"AG 体育"App 是一款具有充值、投注、竞猜、提现功能的手机赌博软件的事实。

(3)搜查证、搜查笔录、扣押清单、随案移送清单、清点记录及相关照片,证实公安机关依法对被告人罗某某等人的住处、工作室进行搜查,查获并扣押相关赃证物品,后随案移送等事实。

(4)上海弘连电子数据司法鉴定所司法鉴定意见书及相关照片,能够与被告人罗某某等人的供述相互印证,证实侦查机关依法委托鉴定机构,对被告人罗某某等人使用的后台管理系统进行数据提取和回复,该系统显示,截至案发被告人罗某某等人已招揽赌徒 1 万余人;此外,由于系统充值数据曾被清零,故仅能显示清零以来截至案发的赌资为 63 万余元;另根据公安机关从被告人王某某手机调取的照片显示,清零前赌资已达 840 余万元的事实。

(5)公安机关出具的工作情况记录,证实本案的案发、侦破情况以及各被告人的到案经过。

(6)全国人口信息联网系统查询页面、户籍证明、刑事判决书、释放证明书,证实各被告人的自然身份状况以及被告人牟某的前科情况。

(7)另案处理人员谭某某、李某某等 60 余人的多次供述和辩解,能够与被告人罗某某等 25 人的供述相互印证,证实上述人员分别受雇于各工作室担任业务员,具体从事推广赌博软件、吸引会员注册等活动的事实。

(8)各被告人的多次供述和辩解,对其主要犯罪事实均供认不讳,并对同案犯进行了辨认。

上述证据收集程序合法，内容客观真实，足以认定指控事实。

五、争议焦点

本案各被告人对指控的犯罪事实及定性均无异议，并自愿认罪认罚，该案事实清楚，控辩双方没有明显争议。

六、辩护意见

（1）对于在案认定的犯罪事实与指控的罪名均无异议。

（2）被告人陈某某具有相应从轻、减轻、从宽情节：

①陈某某被刑事拘留前社会表现良好，无前科劣迹。本次参与犯罪系因其年龄尚小，缺乏社会经验，法律意识淡薄，同时受到他人蛊惑，一着不慎误入歧途。其行为虽然构成犯罪，但属于初犯、偶犯，犯罪情节较轻，涉案金额较少，主观恶性不大，可以从轻从宽处罚。

②陈某某到案后能够如实供述自己的罪行，具有坦白情节，在共同犯罪中起次要作用，系从犯。在羁押期间，能够严格遵守看守所的各项规章制度，积极配合案件调查，表现良好，应当从轻、减轻处罚。

③陈某某自愿签署认罪认罚具结书，认罪悔罪态度良好，希望法庭依法从宽处理。

综上，陈某某犯罪情节较轻，主观恶性较小，具有认罪认罚、坦白、从犯等从轻从宽处罚情节，羁押期间真诚悔罪，没有再犯罪的危险，宣告缓刑对其所居住的社区无重大不良影响，符合缓刑的条件。恳请法院结合案件实际情况，宽严相济，对陈某某教育为主，惩罚为辅，对其适用缓刑，给其一个改过自新的机会。

七、法院判决

法院认为，被告人余某某、吴某、牟某、王某、陈某某、刘某为牟取非法利益，直接参与他人实施情节严重的开设赌场犯罪，其行为均已构成开设赌场罪，应予以依法惩处。公诉机关指控成立。公诉机关关于牟某系累犯，应当从重处罚；控辩双方关于余某某、吴某、牟某、王某、陈某某、刘某在共同犯罪中起次要作用，系从犯，应当减轻处罚；能如实供述自己罪行，可以从轻处罚；当庭自愿认罪认罚，可以从宽处理的意见，均合法有据，法院予以采纳。陈某某尚不具备缓刑适用的条件，故对陈某某的辩护人提出对其适用缓刑的辩护意见，不予支持。结合本案的事实、情节、危害后果以及各被告人在共同犯罪中的作用，法院在量刑时一并予以体现。据此，依照《中华人民共和国刑法》第三百零三条第二款、第二十五条第一款、第二十七条、第六十五条第一款、第六十七条第三款、第五十二条、第五十三条、第六十四条及《中华人民共和国刑事诉讼法》第十五条之规定，判决如下：

一、被告人余某某犯开设赌场罪，判处有期徒刑三年三个月，罚金人民币三万九千元。

二、被告人吴某犯开设赌场罪，判处有期徒刑一年九个月，罚金人民币二万一千元。

三、被告人牟某犯开设赌场罪，判处有期徒刑二年，罚金人民币二万四千元。

四、被告人王某犯开设赌场罪，判处有期徒刑一年九个月，罚金人民币二万一千元。

五、被告人陈某某犯开设赌场罪，判处有期徒刑一年九个月，罚金人民币二万一千元。

六、被告人刘某犯开设赌场罪，判处有期徒刑一年九个月，罚金人民币二万一千元。

七、犯罪工具，予以没收；违法所得，予以追缴。

八、律师感悟

被告人陈某某经同乡好友牟某介绍入职余某某开设的公司担任业务员，从事推广"AG体育"赌博软件、吸引赌客注册下注等工作，该行为属于开设赌场的犯罪行为，依法构成开设赌场罪；且犯罪主体在二人以上，余某某通过公司内部微信群向陈某某等人传达推广赌博软件和吸引赌客的方法，同时其等互相配合实施犯罪行为，共同追求以此牟利的目的，因此属于共同犯罪。不过对比余某某，陈某某等人虽然亦在公司出资入股，但并未实际参与公司管理，亦未指挥、策划公司的业务发展，仅仅凭出资比例获取分红，因此陈某某等人在共同犯罪中起到的作用较小，系从犯，比起属于主犯的余某某，处罚结果相应获得了减轻。

陈某某等人的行为其实与为实体赌场招揽赌徒的行为如出一辙，只不过后者可能更偏向口口相传或熟人之间介绍；而陈某某等人借助线上网络，面对的是社会不特定的大众，隐蔽性更强，不过招揽对象时还是可以进行有条件的筛选。本案中，陈某某等人直接添加电子竞技游戏的玩家为微信好友，时不时在朋友圈或者向这些微信好友私发电子竞技比赛的场次、"AG体育"竞猜盈利图等，以电竞竞猜的名义吸引、招揽玩家参与赌博。

类似这样招揽的玩家中可能有一部分人一开始并没有意识到自己参与的是赌博行为，只会以为是正规的电竞竞猜游戏。毕竟电竞竞猜游戏与赌博操作起来确实类似，普通玩家一般情况下也不会考虑过多。而竞猜游戏往往具有提升活动人气，增加趣味性，提高参与度等作用；无形中也加强了活动的宣传和推广，因此颇受大型活动赛事主办方的青睐，也有着庞大的群众基础。同时，赌博如同毒品一样具有成瘾性，摧残人的身体、精神，助长人性的贪念，使人不事生产，只想不劳而获，由此滋生各种社会问题。

正基于此，区分竞猜游戏与赌博就显得尤为必要。对于此，公安部等四部门曾联合发布过《关于规范网络游戏经营秩序查禁利用网络游戏赌博的通知》，其中第3条相对明确地规定了合法的网络竞猜游戏的界限。即网络游戏服务单位不得收取或以"虚拟货币"等方式变相收取与游戏输赢相关的佣金；开设使用游戏积分押输赢、竞猜等游戏的，要设置用户每局、每日游戏积分输赢数量，不得提供游戏积分交易、兑换或以"虚拟货币"等方式变相兑换现金、财物的服务，不得提供用户间赠予、转让等游戏积分转账服务。

上述内容除了要求各地有关单位规范网络游戏经营行为，加大对电竞竞猜平台的监管力度，避免为网络赌博活动提供便利条件，也在一定程度上提醒了普通玩家竞猜与赌博的区别，避免自己陷入招赌的陷阱，甚至最终沉迷赌博。

【类案摘录】

案例31 龙某某为"新橙娱乐"赌博平台推广开设赌场案*

"新橙娱乐"赌博平台在互联网上设立网站,网站总后台服务器在马来西亚,平台需注册参赌会员和推广代理方可登录,网站页面设有各种赌博游戏玩法,有赌客充值换取筹码和提现等功能,是典型的跨境赌博平台。

2020年9月25日,侦查人员对"新橙娱乐"网站进行远程勘验取证,提取、固定了该网站页面、赌博游戏玩法、充值等证据。2020年12月5日,侦查人员再次对"新橙娱乐"赌博网站服务器总后台进行远勘取证,发现该赌博网站于2016年11月15日以来共注册参赌玩家账户15万余个,平台共收赌资8.66亿余元,共注册激活赌博推广代理账号600余个,已确认注册代理证实身份114人,获取网站平台收取赌资一级账户41个。

侦查发现该网络赌博平台管理人员在境外管理指挥,通过国内代理推广发展下线会员参赌,将网站净利润的30%~50%以佣金返水给代理人员,并由第四方洗钱平台为赌盘提供资金结算服务。本案被告人龙某某、吴某等人为"新橙娱乐"赌博网站提供推广代理、组织赌博、帮助信息网络犯罪活动等犯罪行为的事实如下:

2017年5月19日,被告人龙某某在网络上搜索到"新橙娱乐"赌博博彩平台,通过SKYPE(境外聊天软件)与平台管理人员联系,注册了推广代理账号dbrucelee,并绑定自己尾号为×××的工商银行卡准备赚钱。为多发展下线玩家,龙某某在淘宝购买论坛账户,在各个网站论坛、搜索

---

* (2022)陕0828刑初9号案,笔者自2021年6月30日开始代理,直至2022年3月经法院受理后,开庭前夕未能前往陕西当地继续办理,故未参与该案庭审。

引擎、QQ群发布代理链接，并在百度平台、谷歌投放赌博网站代理链接广告，先后共发展下线玩家1532名，共非法获利273万余元，所得赃款全部挥霍。

2017年被告人吴某在菲律宾"宝马会"网络赌博平台做推广时，结识在"新橙娱乐"做技术推广的"泰德"（中国人，真实身份不详）。2017年7月，"泰德"与吴某商定通过发展"新橙娱乐"赌博平台推广代理获利，后"泰德"用吴某的身份信息、尾号为××××工商银行卡注册代理账号dagua123455，账号由"泰德"具体操作。经查实赌博平台共向吴某该代理账号结算代理佣金2.4万余元。2018年夏"泰德"再次使用吴某的身份信息、尾号为××××工商银行卡注册第二个代理账号lucky888，由"泰德"操作下线发展下线。经查实赌博平台共向吴某该代理账号结算代理佣金13.4万元。综上，吴某两个代理账号共获取代理佣金人民币15.8万余元。

2017年，被告人陈某某用自己的名字在"新橙娱乐"赌博平台注册玩家参与赌博输掉30余万元。2019年3月陈某某为赚取佣金，用自己母亲林某某的名字、尾号为××××工商银行卡注册"新橙娱乐"赌博代理账号cq11qweee123，推广代理、发展下线玩家，陈某某通过平台客服发布推广代理链接，赌客王某文通过该链接用自己的身份信息注册参赌账号，成为陈某某的下线会员，后王某文参与赌博。经查实，陈某某发展王某文参赌共给其结算代理佣金8万余元。

2019年，被告人高某某在"新橙娱乐"网络平台参与赌博输钱后，欲通过注册推广代理发展下线获利。2020年2月14日其用自己的QQ邮箱在"新橙娱乐"赌博平台注册两个代理账号，并在百度贴吧上发布广告链接，将高某雨等人发展为下线会员。经核实赌博平台共给其结算代理佣金3万余元。

2019年以来，被告人刘某某发现在赌博网站可通过注册多个玩家、赌博"对刷"获取网站净利润30%的佣金，为此他在"新橙娱乐"等赌博网站利用他人身份信息申请多个代理账号，并在代理账号下注册多个下线玩家账号，通过玩视讯"百家乐"买庄闲对刷，赚取赌博网站净利润30%的"返水"佣金（下线会员输的金额30%）。2020年9月以来，刘某某伙同被告人胡某等人在邵阳、长沙的赌博工作室组织多人在"新橙娱乐"等赌博网站对赌"刷水"获取佣金。2020年，经刘某某推广，王某、彭某用自己的身份信息、银行卡注册"新橙娱乐"代理账号，二人按照刘某某教授的方法参与对赌获取代理佣金，将非法获取的部分代理佣金返给刘某某。现查明刘某某利用陈某等16人身份信息注册代理账号从"新橙娱乐"赌博平台上共获取"返水"代理佣金34万余元。

被告人王某与刘某某系朋友关系，王某明知刘某某利用他人的身份信息在赌博网站上申请代理玩家账号用于赌博，仍将本人及刘某芳、王某雷、刘某忠、刘某红的身份信息和银行卡提供给刘某某，刘某某用王某提供的身份信息在"新橙娱乐"等多个赌博网站上注册代理账号、玩家账号，用银行卡进行赌博资金结算。现查明王某提供银行卡帮助刘某某结算赌博资金58万余元。

2020年1月，经刘某某推广，被告人李某某与刘某某组织拉找殷某某成立赌博工作室，并雇用刘某连、曹某梅等人通过在"新橙娱乐"等赌博平台以玩视讯"百家乐"压庄闲的方式进行赌博刷水赚取代理佣金。被告人曹某明知李某某等人利用他人的身份信息在赌博网站上申请代理及玩家账号用于赌博，仍将自己的手机号、银行卡等信息提供给李某某用于赌博。现查明曹某提供银行卡帮助李某某等人结算赌博资金37万余元。

经调查，讯问部分赌客、涉案银行卡开户人及银行流水，审计综合分析判断，第四方洗钱平台为"新橙娱乐"赌博网站提供资金结算服务，可证实收取赌客赌资的账户为一级收款账户，为逃避侦查打击，该类账户均采用即进即出方法，快速向二、三、四级收款账户转移，且部分收款账户的IP地址在境外，但开户人活动轨迹在国内；多个收款账户使用同一MAC地址（网络中每台设备都有一个唯一的网络标识，该地址为MAC地址）。根据资金流向进行穿透分析，可认定冻结的一、二、三、四级及相关账户404个，截至2021年6月25日冻结余额617万余元（已审计）为"新橙娱乐"赌博平台的赌资。

四级收款账户部分赌资进入外贸商户等账户，从事外贸生意的商户在发货后，应境外收货方要求提供涉案账户收款，收货方通常利用地下钱庄将资金池内违法犯罪资金完成货款兑付，即通过"对敲"的方式实现跨国货款兑付。现冻结直接收取赌资的外贸商户等账户共15个，可认定赌资的冻结余额3 980 456.50元。另暂扣的一级收款账户田某乾、推广代理李某良非法所得7.5万余元（未审计）可认定为非法所得予以没收。

法院认为，被告人龙某某、吴某、陈某某、高某某明知"新橙娱乐"平台系赌博网站，仍通过注册代理推广发展下线会员参赌，非法获取佣金，其行为触犯了《中华人民共和国刑法》第303条第2款之规定，构成开设赌场罪；被告人刘某某、李某某、胡某以营利为目的，利用"新橙娱乐"等赌博网站组织多人参与赌博，非法获利数额较大，其行为触犯了《中华人民共和国刑法》第303条第1款之规定，构成赌博罪；被告人王某、曹某明知刘某某、李某某通过网络赌博非法获利，仍将本人及他人银行卡提供用于资金结算帮助，情节严重，其行为触犯了《中华人民共和国刑法》第287条之二之规定，构成帮助信息网络犯罪活动罪。公诉机关指控的犯罪事实清楚、罪名成立，依法应予惩处。被告人龙某某、吴某、陈某某、高某某与赌博网站的相关人员系共同犯罪，四被告在共同犯罪中起次要、辅助作用，均属从犯，应依法从轻、减轻处罚；其中被告人龙某某非法获利273万余元，属情节严重，系相对较重的从犯，根据其行为与作用量刑处罚。法院依照2006年《中华人民共和国刑法修正案（六）》修正的《中华人民共和国刑法》第303条第2款、《中华人民共和国刑法》第12条、第303条第1款、第287条之二、第25条第1款、第26条、第27条、第45条、第47条、第52条、第53条、第64条、《最高人民法院、最高人民检察院关于办理赌博刑事案件具体应用法律若干问题的解释》第1条和最高人民法院、最高人民检察院、公安部《关于办理网络赌博犯罪案件适用法律若干问题的意见》第2条、《中华人民共和国刑事诉讼法》第15条、第201条之规定，判决：被告人龙某某犯开设赌场罪，判处有期徒刑四年，并处罚金20万元；被告人吴某犯开设赌场罪，判处有期徒刑二年，并处罚金2万元；被告人陈某某犯开设赌场罪，判处有期徒刑一年四个月，并处罚金1万元；被告人高某某犯开设赌场罪，判处有期徒刑八个月，并处罚金8000元；被告人刘某某犯赌博罪，判处有期徒刑一年四个月，并处罚金 2 万元；被告人李某某犯赌博罪，判处有期徒刑一年二个月，并处罚金 1.5 万元；被告人胡某犯赌博罪，判处有期徒刑八个月，并处罚金 8000 元；被告人王某犯帮助信息网络犯罪活动罪，判处有期徒刑六个月，并处罚金 5000 元；被告人曹某犯帮助信息网络犯罪活动罪，判处有期徒刑六个月，并处罚金 4000 元。

第十一章

技术服务类开设赌场典型案例解析

《关于办理网络赌博犯罪案件适用法律若干问题的意见》第2条规定：

明知是赌博网站，而为其提供服务或者帮助的，属于开设赌场罪的共同犯罪，依照刑法第三百零三条第二款的规定处罚：

（一）为赌博网站提供互联网接入……软件开发、技术支持等服务，收取服务费数额在2万元以上的。

明知是赌博网站，而为其提供软件开发或技术支持服务的，使得赌博网站得以建立或持续运营，系为开设赌场人员提供或维护了犯罪的工具，应当定性为开设赌场罪的共犯。

本章收录了3个真实案例：

案例32，"招财猫棋牌"软件是一款包含"百家乐""龙虎斗""炸金花"等多种赌博游戏的赌博软件，供参赌人员在软件内对游戏账号充值、提现，进行网上赌博。钟某某入职后随同事一起赴境外开发该赌博软件，并提供技术维护支持，收取服务费35万元。

案例33，"虎拔体育"App是供他人以投注电竞、体育比赛等方式进行赌博的软件，吸引赌客通过微信、支付宝进行充值，按照体育比赛、电子竞技的场次和赔率进行投注、对赌。王某某根据上级的指令为"虎拔体育"App提供设计、开发、维护及测试服务。

案例34，XY公司为境外不法分子研发"芒果体育"网络赌博综合软件，具有充值提现、后台控制赔率和输赢的功能，赌博方式上百种。"芒果体育"软件上线后，XY公司继续为其提供界面优化、运营维护、版本更新、策划制作等服务。邹某入职公司后，主要负责公司财务、行政、后勤工作，并协助招聘技术人员、统计公司收支情况、发放工资等，共获利65万余元。

案例 32　钟某某开发"招财猫棋牌"软件开设赌场案*

一、公诉机关指控

2018年4—5月，被告人马某、彭某、钟某某跟随邹某（在逃）赴境外开发"招财猫棋牌"赌博手机应用软件，提供技术支持。

其间，邹某先后招募被告人徐某、廖某、周某某参与上述软件的开发、维护工作。其中，马某从事游戏界面维护和活动安排工作；彭某从事游戏测试和运营工作；钟某某从事游戏界面修改工作；徐某从事软件优化和维护工作；廖某从事软件"换皮"工作；周某某从事游戏测试工作。

"招财猫棋牌"赌博软件内有"百家乐""龙虎斗""炸金花"等多种赌博游戏。设置代理系统，供参赌人员在游戏软件内对游戏账号充值、提现，进行网上赌博，从中抽头牟利。经查，马某、彭某、钟某某、徐某、廖某、周某某为上述软件提供技术支持，共收取服务费至少达142万元。其中，马某收取服务费至少达6万元；彭某收取服务费至少达35万元；钟某某收取服务费至少达42万元；徐某收取服务费至少达16万元；廖某收取服务费至少达20万元；周某某收取服务费至少达22万元。

2020年5月21日，公安机关在江苏省苏州市昆山市查获一为"招财猫棋牌"软件提供充值服务的充值点。经鉴定，2019年9月15日至2020年5月21日，该充值点总成功充值金额为3900余万元。

2020年5月21日，被告人廖某在四川省成都市被公安机关抓获；2020年5月22日，被告人马某、彭某、钟某某、徐某、周某某在四川省成都市被

* （2020）沪0104刑初1031号案件。

公安机关抓获。到案后，马某、彭某、钟某某、徐某、廖某、周某某均如实供述上述犯罪事实。

二、案情拓展

2017年年初，钟某某通过朋友介绍至位于成都软件园的四川TJ科技公司应聘，工作内容是从事App开发，主要做"换皮"和设计。2018年5月，在公司的安排下，钟某某至马来西亚工作，当时公司给出的理由是至当地的赌场开发赌博软件，面向的赌客均是外籍华人，在国外是合法的。2018年年底，钟某某又被安排至迪拜工作，此时他得知公司开发的游戏是面向国内的赌博棋牌游戏。2019年年底，钟某某辞职回国。其他各被告人也均于2019年年底或2020年年初离职回国。

"招财猫棋牌"软件内包含"百家乐""龙虎斗""炸金花"等游戏，软件界面均为中文显示，每款游戏均可用支付宝和中国的银行卡进行充值和提现。这是一个网络赌博平台，平台通过每局游戏结束后从赢钱人处抽取2%~3%的钱盈利。赌客进入"招财猫棋牌"软件就会看见一个充值的链接，也可通过一些代理商充值，所有充值均需通过支付宝、微信或银行卡，充值的人民币按照1∶1的比例兑换成游戏金币，游戏时只能使用金币，不玩了还可以把游戏内的金币兑换回人民币并提现至支付宝、微信或银行卡。

钟某某所从事的"换皮"工作就是根据老板的要求对游戏的各个界面进行修改，以符合游戏界面经常更换的需求。刚入职时，钟某某的月工资为1万元，至马来西亚后月工资升至2万元，至迪拜后月工资又升至3万元。

据钟某某及其余各被告人供述，公司负责人将每人的护照统一保管，大家多次提出离职均被扣住护照而无法离开。

在审查起诉阶段，6名被告人均自愿认罪认罚，并签署具结书。案件审理过程中，在各自家属的帮助下，6名被告人分别退赃，其中，马某退赃6万元，彭某、钟某某、徐某、廖某、周某某各退赃5万元。

三、量刑情节

（1）被告人钟某某被抓获到案后，如实供述自己的罪行，系坦白，可以从轻处罚。

（2）被告人钟某某退赃5万元，可以从轻处罚。

（3）被告人钟某某在共同犯罪中起次要作用，系从犯，应当从轻、减轻处罚。

（4）被告人钟某某自愿认罪认罚，可以依法从宽处理。

四、证据认定

本案中，公诉机关提交了相应证据，法院审理后作出如下认定：

（1）证人徐某、林某某、刘某、孟某、李某某、卫某、董某某、魏某某的证言笔录、搜查笔录、扣押清单、调取证据通知书、调取证据清单、协助查询财产通知书、企业信息查询通知单、法定代表人信息、"招财猫棋牌"软件截图、银行交易明细、行政处罚决定书、上海弘连网络科技有限公司计算机司法鉴定所司法鉴定意见书等，证明被告人马某、彭某、钟某某、徐某、廖某、周某某结伙开设赌场的事实。

（2）案件接报回执单、受案登记表、抓获经过、办案说明、指定管辖批复等，证明本案案发、各被告人到案及本案管辖情况。

（3）被告人马某、彭某、钟某某、徐某、廖某、周某某的供述及辨认笔录，六人均对上述事实供认不讳。

上述证据收集程序合法，内容客观真实，足以认定指控事实。

五、争议焦点

本案各被告人对指控的犯罪事实及定性均无异议，并自愿认罪认罚，该案事实清楚，控辩双方没有明显争议。

六、辩护意见

（1）从犯罪的主观方面来看，被告人钟某某犯罪的主观恶性较小。

钟某某大学本科学历，接受过高等教育，对于遵纪守法有正常的认识，进入涉案公司以前也有过工作经历，经人介绍入职涉案公司以后也是在成都一年有余，看到公司比较正规，从事的软件"换皮"工作内容也是他非常熟悉和擅长的，很难让他联想到自己在从事违法犯罪的行为。2018年5月，涉案公司安排钟某某去马来西亚工作，公司领导明确告知和保证软件的开发工作仅面向马来西亚，服务于外籍华人，这在国外是合法的工作，此时钟某某并不知道赌博软件是面向中国的。2018年年底，涉案公司又安排钟某某去迪拜工作，在工作过程中钟某某才发现可能存在法律风险，这时他便立即提出离职，无奈护照被公司扣住，无法返回国内。

从钟某某工作的过程来看，他在国内期间从事的工作没有违法犯罪成分，赴国外工作时他受到了涉案公司的诱骗，并不知道软件具体作何用途，起初是在不知情的情况下实施犯罪，其犯罪的主观恶性较小。

（2）从犯罪的客观方面来看，钟某某虽有协助软件开发维护的行为，但他未因此获取犯罪利益。

本案中，钟某某从涉案公司的收入来源仅有工资一项，并无任何其他形式的奖金、分红等，他只是众多公司打工者的一员。一方面，在成都工作期间，他的收入仅为1万元，完全属于正常的薪资范畴；在国外工作期间，与其他公司相比，收入也属正常，并非因为从事了犯罪行为而获得额外畸高的薪资。另一方面，涉案公司从事赌博犯罪行为，参与赌博者众多，公司的获利以千万元计也不足为奇，反观钟某某没有得到任何分红等犯罪利益。

（3）钟某某在涉案公司的级别很低，没有参与整个犯罪行为的谋划，也没有任何管理权限，他的工作职能在共同犯罪中属于作用非常小的从犯。

从本案所有同案犯的笔录，以及被告人钟某某的供述来看，他没有任何管理职能，属于最底层的员工。如此级别的员工，根本不可能参与整个犯罪行为的谋划。从常理来看，员工对于公司犯罪行为的不知情，才是涉案公司能长期发展的原因所在。

从工作内容来看，一方面，钟某某只是听从上级的安排，将已经开发好的软件界面进行修改，以达到更好的观赏性，这种优化界面的行为与游戏代码是完全两回事，游戏代码决定了游戏存在以及运营方式，界面优化并未从根本上改变游戏的功能和属性，这也足以说明钟某某的工作对于整个游戏犯罪工具来说是几乎零贡献的。另一方面，钟某某并未参与游戏的运营业务，只是参与了游戏前端开发优化，并不知道整个游戏后台的运营情况，对于游戏投放于中国市场当然无从得知。

辩护人认为，虽然客观上钟某某的行为确实起到了帮助犯罪的作用，但是他的工作内容对于整个犯罪集团来看，是非常微乎其微的，相对于其他从事游戏前端开发的人员来说，也是可有可无的，应将其定性为从犯，应依法从轻、减轻处罚。

（4）被告人钟某某此前一直表现良好，没有任何违法犯罪前科，此次犯罪属于初犯、偶犯，如前所述他也是被公司诱骗而犯罪，应念其此前表现对其从轻处理。

（5）被告人钟某某到案以后，如实供述自己的行为，按照《中华人民共和国刑法》第67条第3款之规定，有坦白情节，可以从轻处罚。

（6）在审查起诉阶段，被告人钟某某自愿认罪认罚，依据《中华人民共和国刑事诉讼法》第15条的规定，可以从宽处理。

（7）在案件审理过程中，被告人钟某某在家属的帮助下退赃5万元，可见其悔罪态度良好，依法可以从轻处罚。

（8）被告人钟某某家庭比较特殊，父母年迈，妻子一直没有工作，无收入来源，这一定程度上也是被告人钟某某愿意出国工作的原因。经过这一段时间的羁押，被告人钟某某的家庭已经陷入严重的困难，再长期关押，将造成非常严重的后果，希望对其从轻处罚，让其早日回归家庭。

七、法院判决

法院认为，被告人马某、彭某、钟某某、徐某、廖某、周某某明知是赌博网站而提供服务，情节严重，其行为均已构成开设赌场罪，且系共同犯罪，应予处罚。公诉机关指控的罪名成立。在共同犯罪中，被告人马某、彭某、钟某某、徐某、廖某、周某某系从犯，到案后如实供述自己的罪行，有退赃情节，依法对其减轻处罚。公诉机关结合上述情节提出的量刑建议，符合刑法罪刑相适应原则，本院予以支持。为有效遏制涉黄赌毒案件蔓延，严厉打击开设赌场类犯罪案件，结合赌博软件造成的恶劣社会影响，根据被告人犯罪的事实、性质、情节和对于社会的危害程度，对相关辩护人提出适用缓刑的意见，本院不予采纳。依照《中华人民共和国刑法》第三百零三条第二款、第二十五条第一款、第二十七条、第六十七条第三款、第五十二条、第五十三条、第六十四条之规定，判决如下：

一、被告人马某犯开设赌场罪，判处有期徒刑一年八个月，并处罚金人民币一万八千元。

二、被告人彭某犯开设赌场罪，判处有期徒刑一年十个月，并处罚金人民币一万九千元。

三、被告人钟某某犯开设赌场罪，判处有期徒刑一年十个月，并处罚金人民币一万九千元。

四、被告人徐某犯开设赌场罪，判处有期徒刑一年六个月，并处罚金人民币一万六千元。

五、被告人廖某犯开设赌场罪，判处有期徒刑一年六个月，并处罚金人民币一万六千元。

六、被告人周某某犯开设赌场罪，判处有期徒刑一年六个月，并处罚金人民币一万六千元。

七、被告人的违法所得应予追缴；犯罪工具予以没收。

八、律师感悟

钟某某等6名被告人经过正规渠道入职涉案公司，在成都工作期间所有的软件开发或维护工作均是合法合规的，他们起初并不知道将会从事违法犯罪行为。钟某某等入职一段时间后，公司提出业务重心将转移至境外赌博软件，钟某某等人的工作地点在境外，薪资收入翻倍，以及软件面向客户均为境外华人，赌博行为在国外合法，从而"诱骗"员工追随公司至境外参与犯罪行为。工作一段时间后，钟某某等人发现赌博网站面向中国赌客开放，自身的行为已经构成犯罪，此时如能立即收手，还可争取更大的减轻处罚空间，本案中各被告人均未能及时抽身，都是在工作了几个月或一年多以后离开涉案公司而回国。当然，笔者相信涉案公司可能存在扣留员工护照的行为，一定程度上阻碍了员工随时离开的选择，但本案中尚未发现有胁迫被告人从事犯罪行为的证据，无法因此而为各被告人争取从轻或减轻处罚。

笔者代理本案后，发现涉案公司凭一己之力设计、开发、维护"招财猫棋牌"赌博软件，内部组织架构严密、人数众多，有专人负责推广该软件，有客服与赌客对接完成赌资的充值及结算服务，更有其他组织或个人为该软件提供充值服务，仅被公安机关查获的昆山市某充值点在案发前的 8 个月内就成功充值 3900 余万元，该赌博软件的社会影响力可见一斑。网络赌博软件相对于线下赌场而言社会危害性更大，涉及赌资金额巨大、参赌人员数以千计或万计且可能遍及全国各地，极易造成恶劣的社会影响，绝对有严厉打击的必要性。

本案各被告人为涉案公司提供服务，即是为赌博网站而提供服务，从犯罪所得来看已远超情节严重的认定标准，依据 2006 年《中华人民共和国刑法修正案（六）》修正的《中华人民共和国刑法》第 303 条规定法定刑应为三年以上十年以下有期徒刑，再综合各量刑情节减轻处罚在三年以下有期徒刑内作出判决。笔者需指出，《刑法修正案（十一）》将开设赌场罪的量刑标准进行提高，认定为情节严重的，处五年以上十年以下有期徒刑，并处罚金，如本案的犯罪行为发生在 2021 年 3 月 1 日以后，则各被告人将被判处更为严厉的刑罚。

本案各被告人的行为应受到法律的严厉打击，但他们走上犯罪的道路对社会来说也具有一定的警示意义，即人们在求职或工作过程中，对于公司领导安排的工作内容应当进行甄别，不应存有侥幸心理，切记法律的红线不可随意跨越。

案例33 王某某开发"虎拔体育"App开设赌场案*

一、公诉机关指控

2021年1月至案发,被告人李某某、吴某某、符某某、王某、郭某某、王某某先后应聘至海南××娱乐有限公司技术部,为非法牟利,根据公司上级领导指令为该公司设计、开发、维护、测试"虎拔体育"(原鼎盛赛事)App供他人以投注电竞、体育比赛等方式进行赌博。虎拔体育(原鼎盛赛事)平台吸引赌客通过微信、支付宝进行充值,后兑换成该平台的"椰糖""金币""钻石",按照体育比赛、电子竞技的场次和赔率进行投注,与平台进行对赌。赌客投注赢取的积分通过平台商城兑换成购物卡、加油卡、充值卡等进行出金。经查,2021年1—7月,该平台招揽的赌客充值金额累计达30余万元,充值人数达130余人。

2021年7月26日,六名被告人被公安机关抓获,到案后均如实供述上述犯罪事实。

二、案情拓展

2021年年初,王某某通过Boss直聘入职至海南××娱乐有限公司技术部,当时该公司开发了一款名为"鼎胜赛事"的软件,同年5月公司将软件改为"虎拔体育"。该公司销售人员通过微信扫码下载的方式推广该App,该App通过线上直播来吸引客人,后引导客人通过微信和支付宝充值购买"钻石",充值比例是1元人民币可兑换100钻石,用于观看直播时进行打赏,打

---

* (2021)沪0115刑初5118号案件。

赏的钻石可以 1∶1000 的比例再兑换成金币，随后客人可以使用兑换的金币在平台上进行对赌，竞猜各种赛事，以押注方式进行赌博，每场比赛的赔率是不同的，且比赛投注有上限，赢钱的一方，可根据相应的赔率收取赢得的金币，金币可在平台上以 1∶1 的比例换取积分，通过用积分兑换平台上的"平安壹卡会"的礼品卡或花费充值卡等方式进行赌资变现；客人输的话，就相当于是该公司的盈利。该公司后台可以修改赌注赔率，以尽可能地获取更多利益，直至案发。

案件审理期间，被告人李某某由家属帮助退缴违法所得 3 万元并预缴罚金，被告人王某由家属帮助退缴 2.3 万元，被告人郭某某由家属帮助退缴 3000 元，被告人王某某由家属帮助退缴 3 万元。

三、量刑情节

（1）本案系共同犯罪，被告人王某某在共同犯罪中起次要作用，系从犯，应当从轻、减轻处罚。

（2）被告人王某某被抓获到案后，如实供述自己的罪行，系坦白，可以从轻处罚。

（3）被告人王某某自愿认罪认罚，并依法签署了《认罪认罚具结书》，可以依法从宽处理。

（4）被告人王某某在案发后退赃 3 万元，可以从轻处罚。

（5）被告人王某某系初犯、偶犯，应酌情从轻处罚。

四、证据认定

本案中，公诉机关提交了相应证据，法院审理后作出如下认定：

（1）同案关系人代某某、张某某、张某、吴某、王某、李某、陈某某、符某某、周某某、黄某的供述，证人田某、梁某、鲁某、陈某、吴某、王某、郑某、谢某、黄某某、符某某、胡某某、刘某某、王某某、盘某某等人的证言及辨认笔录，证实海南××娱乐有限公司公司架构、赌博平台运营及各人分工情况的事实。

（2）证人朱某、赵某、谢某的证言、充值记录、聊天记录截图等，证实在上述赌博网站进行赌博的事实。

（3）上海市公安局浦东分局搜查证、搜查笔录、扣押决定书、扣押笔录、扣押清单，证实公安机关搜查、扣押移动电话、电脑等物的事实。

（4）上海市公安局浦东分局协助查询财产通知书、上海市公安局浦东分局调取证据通知书、调取的××（海南经济特区）网络科技有限公司中国农业银行对公账户交易明细、支付宝账户、函复、微信交易流水，证实涉案账户的资金情况的事实。

（5）上海市公安局浦东分局调取证据通知书、调取的企业机读档案登记材料，证实海南××体育文化传播有限公司、海南××娱乐有限公司、××（海南经济特区）网络科技有限公司注册登记情况的事实。

（6）行政处罚决定书、笔录，证实参赌人员被行政处罚的事实。

（7）中浦鉴云（上海）信息技术有限公司司法鉴定所鉴定意见书，证实对涉案网站数据记录进行检验、提取、固定、统计的情况的事实。

（8）关于案发的工作情况说明，证实本案案发及六名被告人到案情况的事实。

（9）户籍资料，证实六名被告人的身份信息的事实。

（10）被告人李某某、吴某某、符某某、王某、郭某某、王某某的供述、辨认笔录，证实六名被告人对上述犯罪事实供认不讳。

上述证据收集程序合法，内容客观真实，足以认定指控事实。六名被告人对指控的犯罪事实和证据均无异议，并自愿认罪认罚。

五、争议焦点

本案各被告人对指控的犯罪事实及定性均无异议，并自愿认罪认罚，该案事实清楚，控辩双方没有明显争议。

六、辩护意见

（1）被告人王某某在此次犯罪中系从犯，其通过正常的Boss直聘招聘进入该公司，无任何职务，只是一名普通员工，其工作内容也是依据公司领导的指导，按照产品经理的要求做技术开发，且其入职仅4个月，也只是领取了基本工资，无任何提成，足以可见，被告人王某某参与的程度浅，起到的作用相对较小，社会危害性也相对不大。

（2）被告人王某某自被公安机关抓获，能如实供述自身相关罪行，且笔录前后保持一致，依法构成坦白，可以从轻处罚。

（3）被告人王某某自愿认罪认罚，认罪悔罪态度较好，且多次表示已经意识到自己行为的违法性，并真心悔过，可依法从宽处理。

（4）被告人王某某系初犯、偶犯，其此前一直表现良好，为人忠厚老实，此次系因法律意识淡薄，辨别能力差，且愿意退赔所有的工资收入，最大程度弥补自己造成的损失，希望对其从轻处罚，给其一个改过自新的机会。

七、法院判决

法院认为，被告人李某某、吴某某、符某某、王某、郭某某、王某某参与建立赌博网站，供他人用于赌博活动，其行为均已构成开设赌场罪。公诉机关指控被告人李某某、吴某某、符某某、王某、郭某某、王某某犯开设赌场罪的事实清楚，证据确实、充分，罪名成立。本案系共同犯罪，各名被告人均起次要作用，系从犯，依法应从轻处罚。六名被告人到案后均能如实供述自己的罪行，认罪认罚，且被告人李某某、王某、郭某某、王某某均在本院审理期间由家属帮助退缴了违法所得，李某某并预缴了罚金，可分别情节予以从轻、酌情从轻处罚。各辩护人的相关辩护意见，与事实及法律相符，本院依法予以采纳。但综合本案具体情节，不宜对各被告人适用缓刑，故郭某某辩护人关于对郭某某适用缓刑的辩护意见，本院不予采纳。为维护社会秩序，依照《中华人民共和国刑法》第三百零三条第二款、第二十五条第一款、第二十七条、第六十七条第三款、第五十二条、第五十三条、第六十四条及《中华人民共和国刑事诉讼法》第十五条之规定，判决如下：

一、被告人李某某犯开设赌场罪，判处有期徒刑一年二个月，并处罚金人民币五万元（已预缴）。

二、被告人吴某某犯开设赌场罪，判处有期徒刑一年六个月，并处罚金人民币五万元。

三、被告人符某某犯开设赌场罪，判处有期徒刑一年六个月，并处罚金人民币五万元。

四、被告人王某犯开设赌场罪，判处有期徒刑一年四个月，并处罚金人民币五万元。

五、被告人郭某某犯开设赌场罪，判处有期徒刑一年五个月，并处罚金人民币五万元。

六、被告人王某某犯开设赌场罪，判处有期徒刑一年四个月，并处罚金人民币五万元。

七、违法所得责令各被告人退赔，连同缴获的犯罪工具一并予以没收。

八、律师感悟

本案各名被告人均是为"虎拔体育"赌博 App 提供技术支持服务的，他们每个人工作内容各有分工，组成技术部门。在整个技术部门的协同下，开发、运营、维护涉案赌博 App，使该 App 得以进入市场，开展线上赌博活动。

笔者代理的是第六被告人王某某，笔者接受王某某家属的委托后，即刻会见了王某某，了解案件情况，并据此为其做法律分析，后在审查起诉阶段查阅了本案的全部卷宗，从整个案件情况来看，王某某等人构成开设赌场罪的犯罪事实清楚，证据确实充分，在此基础上，笔者即为王某某制定了罪轻的辩护方案，从各个角度出发，为其争取到了有期徒刑一年四个月结果。

值得讨论的是，本案各名被告人犯罪情节相似，都系共同犯罪中的从犯，到案后，均能如实供述自己的罪行，构成坦白，亦都表示认罪认罚，并在审查起诉阶段签署了《认罪认罚具结书》，然最终结果却有所差别，主要原因是因为本案第一被告人李某某、第四被告人王某、第五被告人郭某某、第六被告人王某某四人在案发后，积极退缴了违法所得，进一步为自己争取了减轻处罚的机会，其依据来自2021年7月1日实行的由最高人民法院、最高人民检察院发布的《关于常见犯罪的量刑指导意见（试行）》，其中关于退赃、退赔可减轻处罚有明确规定："对于退赃、退赔的，综合考虑犯罪性质，退赃、退赔行为对损害结果所能弥补的程度，退赃、退赔的数额及主动程度等情况，可以减少基准刑的30%以下；对抢劫等严重危害社会治安犯罪的，应当从严掌握。"除此之外，第一被告人李某某还在庭前预缴了罚金，因此李某某量刑的减轻幅度要高于其他被告人。

另外值得读者警醒的是，通过案情简介可以发现，被告人王某某是通过正规渠道进入海南××娱乐有限公司的，对其来说，这只是一份工作，其在工作过程中虽觉有不妥，但并未充分意识到事情的严重性，笔者通过会见王某某了解到，其性格内向，法律意识薄弱，走到今天这一步，也是多种因素导致，但既然涉嫌刑事犯罪，势必要受到处罚，后悔也为时晚矣！愿读者在现实生活工作中，切记不要触碰法律的红线。

案例 34　邹某"芒果体育"软件开设赌场案[*]

一、公诉机关指控

2016年2月，王某（在逃）经注册成立上海RS网络科技有限公司（以下简称RS公司），从事软件开发等业务，次年与MR（上海）网络科技有限公司合并经营，后又独立经营，并于2019年前后搬迁至上海市普陀区某商业园区A座3楼，有303、315两个办公室，以上海市XY信息技术服务有限公司（以下简称XY公司）名义对外进行经营。王某是公司老板，陈某（在逃）是实际负责人，被不起诉人邹某是财务兼人事，公司设有策划组、前端程序组、后端程序组、美术组等部门。2019年3月左右，在陈某的主导下，公司开始专门研发"芒果体育"网络赌博综合软件（以下简称芒果体育），该软件于2021年4月左右上线，XY公司在后续继续提供软件设计、升级、维护等服务。芒果体育平台具有充值提现、后台控制赔率和输赢的功能，赌博方式上百种。平台针对的是境内赌客，通过将赌客发展为网站会员参与赌博，平台利用自身网站引流及全民代理模式开展推广。赌客在平台内注册账号，绑定手机号码、银行卡，再通过网银、微信、支付宝等方式进行充值、提现。经审计鉴定，2021年5月至2022年9月，芒果体育接收赌客的充值金额31.8亿余元，赌客提现金额25.1亿元，总流水57亿余元。

2016年6月，被不起诉人邹某经王某面试后入职RS公司，之后一直在行政岗位，受王某、陈某领导，负责公司财务、行政、后勤工作，协助招聘技术人员，统计公司收支情况、采购办公设备、发放工资，邹某在涉案公司一直工作至被抓获。2019年3月至案发，邹某从公司获利652 572元。2023

---

[*] 衡县检刑不诉（2023）92号案件。

年 3 月 24 日，被不起诉人邹某在家中被抓获归案，到案后邹某主动退缴了全部违法所得。

二、案情拓展

RS 公司的主营业务是棋牌、平面游戏测试，查找游戏漏洞，并修复，后公司名称变更为 MR 公司，继续运营斗地主、捕鱼、十八张等赌博游戏测试。2019 年年初公司变更为 XY 公司。

XY 公司开发"芒果体育"综合赌博软件中包含的赌博种类有跑得快、斗地主、炸金花、斗牛、德州扑克、麻将等 80 余种。策划部门先制作策划书，写明某赌博软件具备的功能、赌博的方式方法、赔率等，再交由程序后端进行代码的编写，编写后交由程序前端和美术，将代码转换为可见的画面表现出来，上述几个部门对制作好的赌博软件进行查找 BUG、优化界面和操作，并制作充值提现模块。公司还成立内部员工工作群，利用"度聊天群""飞机聊天群"在群内接收陈某等上级指令，讨论赌博软件制作中遇到的各种问题。

"芒果体育"赌博网站及软件的开发时间段为 2019 年初至 2021 年 4 月，在"芒果体育"赌博网站运营初期，XY 公司和海外运营组共同为"芒果体育"赌博网站进行界面优化、运营维护、版本更新、策划制作、充值返利、红包雨等活动，吸引赌客充值和参赌。

2022 年 8 月 31 日，XY 公司解散，部分员工转至海外或者居家上班。侦查机关指控邹某用自己的银行卡接收"芒果体育"赌博网站转入的资金，每月 100 万余元，用于公司工作室运营及发放公司研发、运维赌博网站员工的工资。

三、量刑情节

（1）邹某被抓获到案后，如实供述自己的罪行，系坦白，可以从轻处罚。

（2）邹某在共同犯罪中起次要作用，系从犯，应当从轻、减轻处罚。

（3）邹某主动退缴全部违法所得，可以酌情从轻处罚。

（4）邹某自愿认罪认罚，可以依法从宽处理。

四、证据认定

（1）抓获经过、户籍资料、扣押决定书等书证。

（2）证人龙某、李某、胡某等人的证言。

（3）被不起诉人邹某等人的供述与辩解。

（4）湖南兴源会计师事务所有限责任公司及湖南铭鑫司法鉴定所出具的鉴定意见。

（5）远程勘验、提取、辨认笔录。

（6）工作手机、电脑里提取出的电子数据。

上述证据收集程序合法，内容客观真实，足以认定指控事实。

五、争议焦点

本案邹某对指控的犯罪事实及定性均无异议，并自愿认罪认罚，该案事实清楚，控辩双方没有明显争议。

六、辩护意见

（1）邹某对于工作内容违反中国法律，而构成开设赌场罪并不知情。

XY公司员工入职时并不知晓所从事的工作违反中国法律，尤其是相关游戏并不是在中国境内上线运营，每人得到的信息是相关游戏于境外合法地域上线运营，如果明确知晓游戏面向中国市场构成开设赌场的犯罪行为，公司员工不可能参与进去，也就是说公司员工缺乏从事开设赌场犯罪行为的主观故意。

退一步讲，即使在受到蒙蔽的情况下从事了开设赌场的犯罪行为，也是由于法律意识淡薄，缺乏辨别能力，对从事的工作内容陷入了错误的认识，而过失地从事了客观行为。

（2）邹某的薪资收入并不畸高，符合上海市行业平均收入标准。

综观全案被告人，根据工作年限、入职长短，每个人的工资收入尚属正常，与上海市同行业人员平均收入标准相当，甚至低于平均标准，并没有出现收入明显畸高的情形，因此从收入的角度来看，邹某也不可能辨别其从事的工作涉及违法犯罪。

（3）邹某的工作内容并不重要，或完全听从上级指令行事，虽然客观上邹某的行为确实起到了帮助犯罪的作用，但是她的工作内容对于整个犯罪集团来看，是非常微乎其微的，相对于其他从事游戏前端开发的人员来说，也是可有可无的，随时可被他人替代，即使被认定构成开设赌场罪的共犯，也应将其定性为从犯，依法从轻或减轻处罚。

（4）邹某已于公安侦查初期退出了全部违法所得，将犯罪行为带来的经济利益返还，足可见其意识到犯罪行为后的认罪、悔罪态度，依法可从轻处罚。

（5）邹某此前一直表现良好，没有任何违法犯罪前科，此次犯罪属于初犯、偶犯，如前所述她也是被公司诱骗而犯罪，应念其此前表现对其从轻处理。

（6）邹某到案以后，如实供述自己的行为，按照《中华人民共和国刑法》第67条第3款之规定，有坦白情节，可以从轻处罚。

（7）在审查起诉阶段，邹某自愿认罪认罚，依据《中华人民共和国刑事诉讼法》第15条的规定，可以依法从宽处理。

综上所述，应将邹某认定为从犯，结合其退缴全部违法所得及自愿认罪认罚，能对其作出不起诉决定，符合罪责刑相适应的法律原则，更能给各被告人及社会大众以警示，起到良好的社会效果。

七、检察院决定

检察院认为，被不起诉人邹某违反社会管理秩序，明知所在公司为他人网络开设赌场提供软件开发、技术支持等服务，其为获利仍然在公司工作，为公司经营提供帮助，其行为触犯了《中华人民共和国刑法》第三百零三条第二款之规定，涉嫌开设赌场罪。

被不起诉人邹某只是从事辅助性工作，未直接参与赌场经营和赌博软件研发，也未参与赌场或者公司分红，故其在共同犯罪中所起作用较少，系从犯，根据《中华人民共和国刑法》第二十五条、第二十七条之规定，依法可以减轻处罚；邹某到案后如实供述自己的犯罪事实，系坦白，根据《中华人民共和国刑法》第六十七条第三款之规定，依法可以从轻处罚；邹某自愿认罪认罚，根据《中华人民共和国刑事诉讼法》第十五条之规定，可以依法从宽处理；邹某主动退缴全部违法所得，可以酌情从轻处罚。

综合以上情节，可以认定邹某犯罪情节轻微，根据《中华人民共和国刑法》第三十七条之规定，对邹某免予刑事处罚。依据《中华人民共和国刑事诉讼法》第一百七十七条第二款之规定，决定对邹某不起诉。

八、律师感悟

本案的办理令笔者感触颇深。笔者与邹某相识多年，知道她几年来一直在某游戏公司任职，但对于她公司的业务内容并不知情。记得几年前的某一次饭局上，笔者谈到最近开设赌场的案件逐渐增多，还曾对她戏言"你们公司的业务要合法啊，不要到时候涉嫌开设赌场被抓了"，不承想，竟一语成谶。案发后，邹某被刑事拘留至外地，家属委托当地律师前往会见邹某，她带话要求家属找笔者前去会见她。家属经历种种曲折，与笔者取得联系。得知此事，笔者十分震惊，便急匆匆地前往当地开始处理此案。

根据笔者对邹某的了解，认为她的供述，尤其是对于公司的业务内容和游戏细节均不完全知情的供述是真实的，她平时基本不到公司上班，每月仅是核算工资和发放工资时到办公室去一两天，其他时间均不与公司的员工有任何来往，更谈不上对公司业务上的指导和管理。由于老板王某常年不在公司，邹某又负责人事、行政及财务工作，便会被公司员工认为是高级管理者，或者老板的代言人，这确实对邹某不利，甚至一度被侦查机关定性为主犯。随着侦查的深入，邹某在公司的工作内容完全显现出来，相应的证据也显示她并不参与赌博网站的设计、运维工作，也没有从赌博网站或XY公司中获得任何分红利益，仅是获取每月的工资报酬。根据相关法律规定，邹某等人的行为构成开设赌场罪的共犯，且是从犯，可以减轻或从轻处罚。加之，邹某有坦白情节，认罪认罚，已退出全部的违法所得，检察院对其作出不起诉决定是十分理想的处理结果。

本案中检察院对邹某所作的不起诉决定，属于《中华人民共和国刑事诉讼法》第177条第2款规定的酌定不起诉（亦称相对不起诉），即对于犯罪情节轻微，依照刑法规定不需要判处刑罚或者免除刑罚的，人民检察院可以作出不起诉决定。酌定不起诉的情形大致有：（1）犯罪嫌疑人在中国领域外犯罪，依照中国刑法应当负刑事责任，但在外国已经受过刑事处罚的；（2）犯罪嫌疑人又聋又哑，或者是盲人的；（3）犯罪嫌疑人因正当防卫或紧急避险过当而犯罪的；（4）为犯罪准备工具，制造条件的；（5）在犯罪过程中自动中止犯罪或者自动有效防止犯罪结果发生，没有造成损害的；（6）在共同犯罪中，起次要或辅助作用的；（7）被胁迫参加犯罪的；（8）犯罪嫌疑人自首或有重大立功表现；（9）犯罪轻微又自首的或犯罪较重而有立功表现的。酌定不起诉的本质是有罪不诉，虽然被不起诉人将不再受到刑事处罚，但法律对其实施的行为依旧给予了否定评价，即该行为仍属于犯罪行为，只有在满足上列几种情形之一，且犯罪情节轻微的情况下，才不需要进行处罚。

司法实践中，一般根据犯罪嫌疑人的主观恶性、犯罪手段、社会危害性等事实和情节对"犯罪情节轻微"进行综合判断。而评判犯罪嫌疑人的主观恶性和社会危害性，主要审查因素包括：犯罪嫌疑人实施犯罪的目的，是否为实施犯罪行为进行准备活动，所实施犯罪行为的性质、后果，以及有无前科劣迹，是否属于初犯、偶犯等。

邹某的案件也让我们得出一个启示：在找工作时，一定要擦亮眼睛，增强法律意识，不要成为犯罪分子中的一员或帮凶，否则后悔莫及。

第十二章

资金结算类开设赌场典型案例解析

《关于办理网络赌博犯罪案件适用法律若干问题的意见》第2条规定：

明知是赌博网站，而为其提供下列服务或者帮助的，属于开设赌场罪的共同犯罪，依照刑法第三百零三条第二款的规定处罚：

……

（二）为赌博网站提供资金支付结算服务，收取服务费数额在1万元以上或者帮助收取赌资20万元以上的。

收取赌资，以及赌资的输赢结算均是赌博网站最为重要的环节，如何逃避资金的监管，使得赌资能顺利出入赌博网站需要专门的人员协助完成，该类人员明知是赌博网站，而为其提供资金支付结算服务，应当定性为开设赌场罪的共犯。

本章收录了5个真实案例：

案例35，罗某某等设立"土豆公司"，通过ALOOPAY支付平台为多家赌博网站提供资金支付结算服务，并根据赌资流水提成牟利。王某某受雇担任平台客服人员，按照赌博公司的要求，通过操作"土豆公司"平台和转账为赌博公司提供资金流转服务。

案例36，杜某某等人成立工作室，为"开元""红牛"等赌博平台提供资金支付结算服务，向赌客发送银行账号，等赌客转账后，通过银商系统给赌客上分，共收取赌资合计 500 余万元。

案例 37，梁某等人受雇利用微信、支付宝收取参赌人员赌资，购买虚拟赌博金币转入参赌人员赌博网站"彩鲸捕鱼"账户，并通过差价、网站返利、奖励等获利。

案例 38，曾某某组建工作室，利用网络游戏"波克捕鱼"搭建的虚拟场景，采用出租账号、出售道具等方式接受投注，采用回购道具的方式向赌徒兑现，以此开设赌场非法牟利。刘某某受其雇用担任客服人员，负责为赌徒上下分、账号密码修改与统计等工作。

案例 39，"湘遇竞技"是一个棋牌类的游戏，玩家进入后需充值方能玩游戏，每局游戏要扣除房费、洗牌费。鲁某成为"湘遇竞技"赌博 App 的代理，招揽赌客，收取平台的返利，并为赌客提供资金支付结算服务。

案例35 王某某通过"ALOOPAY"平台提供资金结算开设赌场案[*]

一、公诉机关指控

2018年5月起，罗某某、艾某某伙同陈某某（均另案处理）等人在广东省深圳市龙岗区××广场××室设立总部（自称土豆公司），通过ALOOPAY支付平台为多家赌博网站提供资金支付结算服务，并根据赌资流水提成牟利。其间，该公司招募被告人翁某某负责公司财务，招募被告人王某某、傅某某担任平台客服。2019年2月，罗某某等人在广东省肇庆市××商务中心××单元设立工作室（又称肇庆分公司），同时安排被告人翁某某、王某某、傅某某赴肇庆工作，由被告人翁某某担任运营部负责人；又招募被告人赵某、熊某等人在肇庆担任运营客服；招募被告人冯某某、周某某等人注册空壳公司，负责提供支付宝账户接入ALOOPAY平台走账牟利。

经司法会计鉴定，2018年10月至2019年5月，罗某某等人通过空壳公司"往昔公司"的建设银行、浦发银行、中信银行账户、"磊科公司"的浦发银行账户为赌博网站走账赌资合计1.6亿余元；通过农某某的中信银行、招商银行、广发银行账户为赌博网站走账1090余万元；通过龙某某的建设银行账户为赌博网站走账65.79万余元；通过涂某的招商银行账户为赌博网站走账220.42万余元。

2019年5月7日，被告人王某某、傅某某、赵某、熊某、冯某某、周某某被公安机关抓获；次日，被告人翁某某被公安机关抓获。七名被告人到案后均如实供述上述事实。

---

[*] （2019）沪0107刑初1497号案件。

二、案情拓展

2018年11月底,王某某和其同学傅某某一起应聘至土豆公司工作,该公司有三位老板,分别为"明哥"(本案罗某某)、"麦克"和"阿丁","明哥"负责赌资转账和工作人员的日常管理,"阿丁"负责技术支持。

王某某入职后,由公司提供电脑、QQ账号及"WhatS"软件,前述每个账户里都有多个赌博公司的聊天群,聊天群内的赌博公司客服会在群内下发指令。王某某主要工作内容为:通过QQ账号及"WhatS"软件和赌博公司的客户沟通,按照赌博公司在聊天群内下发的指令,通过操作公司平台和转账为赌博公司提供资金流转服务。

赌博公司下发的指令有"下发""补单",下发是让王某某根据赌博公司客服提交的账户金额转账,"补单"就是核实赌资是否进入支付宝账户。赌博资金流转方式为:按照排班,有人负责和客户聊天,有人负责根据客户的要求将客户转过来的钱转到冯某某提供给公司的个人支付宝账户,再接着将这笔款项转入磊科公司的企业银行账号,该企业银行账号在"传话"第三方支付平台内设有资金账户,后通过"传话"将磊科企业账户内的赌资根据下发指令转出去。如遇磊科账户风控,便将接收到个人支付宝账户里的赌资先转给纬侯公司的企业支付宝账号,后再转给磊科企业银行账户。

土豆公司在将赌博资金转出之前会扣除相应的服务费,比例为2.2%~2.8%不等。ALOOPAY平台会设置好每家赌博公司的提成点,在从传话平台转出钱时自动扣除提成,剩下的钱留在磊科公司的银行卡账户内。

在审查起诉阶段,被告人王某某自愿认罪认罚,并签署了《认罪认罚具结书》。

三、量刑情节

(1)本案系共同犯罪,被告人王某某在犯罪活动中起次要、辅助作用,系从犯,应当从轻、减轻处罚。

(2)被告人王某某被抓获到案后,如实供述自己的罪行,系坦白,可以从轻处罚。

（3）被告人王某某自愿认罪认罚，并依法签署了《认罪认罚具结书》，可以依法从宽处理。

（4）被告人王某某系初犯、偶犯，应酌情从轻处罚。

四、证据认定

本案中，公诉机关提交了相应证据，法院审理后作出如下认定：

（1）证人陈某、段某某、肖某、林某某、傅某的证言，支付宝交易截图、赌博软件截图，证明自2018年起，上述五人分别在手机上使用"红桃娱乐""万能娱乐"等赌博软件，通过支付宝账户充值参与赌博的事实。

（2）证人罗某某的证言，证明其自2018年5月起，伙同艾某某等人在深圳设立总部，后在肇庆设立工作室，通过ALOOPAY平台为赌博网站走账牟利，其间招募被告人赵某等人担任平台客服等事实。

（3）证人艾某某的证言，证明其于2018年8月起，伙同罗某某等人，通过ALOOPAY平台为赌博网站走账，并以赌资流水1.5%~2.3%的比例提成获利，其负责ALOOPAY平台技术维护，并招募被告人熊某等人的事实。

（4）证人农某某（另案处理）的证言，证明其于2018年7月至2019年1月，由罗某某招募至土豆公司担任平台客服，又以个人名义注册多家空壳公司并开通企业账户、申请银行卡等交由罗某某使用，并提成牟利等事实。

（5）证人龙某某、朱某某（均另案处理）的证言，证明二人经他人介绍，先后为土豆公司注册多家空壳公司并开通企业账户、办理POS机、银行卡U盾以及提供支付宝账户等交由罗某某使用，并提成牟利的事实。

（6）证人钱某某、唐某某（均另案处理）的证言，证明其二人于2018年4—9月，由罗某某招募至土豆公司担任运营客服，又先后以个人名义注册多家空壳公司并申请银行卡U盾、POS机等交由罗某某使用，并提成牟利的事实。

（7）证人涂某的证言，证明其与罗某某系夫妻关系，其将尾号3672的招商银行卡交由罗某使用的事实。

（8）证人李某某、李某的证言、房屋租赁（居间）合同、借记卡明细、身份证照片，证明土豆公司分别在广东省深圳市、肇庆市租赁办公场所的事实。

（9）搜查证、搜查笔录、扣押决定书、扣押清单、聊天软件截图、重庆科信司法鉴定所出具的司法鉴定意见书及罗某某、艾某某、赵某、王某某等人手机内微信、POTATO 的聊天记录等电子数据，证明罗某某使用聊天软件建立多个群组，用于管理运营业务、员工考勤及招揽客户等；证明被告人翁某某、王某某、傅某某、赵某、熊某某、冯某某、周某某在土豆公司工作期间，均明知自己的行为系帮助赌博网站走账的事实。

（10）上海司法会计中心有限公司出具的司法鉴定意见书，证明 2018 年 10 月至 2019 年 5 月，罗某某、陈某某、艾某某等人通过人头公司、空壳公司为赌博网站提供有偿赌资走账服务。其中，通过空壳公司"往昔公司""磊科公司"为赌博网站走账赌资合计 1.66 亿余元；通过农某某名下银行卡为赌博网站走账 1090 余万元；通过龙某某名下银行卡为赌博网站走账 65.79 万余元，通过涂某名下银行卡为赌博网站走账 220 余万元等。

（11）受案登记表、立案决定书、指定管辖决定书、搜查证、传唤证、抓获经过、户籍资料等，证明本案案发及上述七名被告人的到案经过和身份信息。

（12）被告人周某某的供述，证明其自 2019 年 2 月起，经被告人王某某介绍至被告人冯某某处，负责人头公司支付宝账户转账工作，并按转账金额 0.02% 的比例提成获利的事实。

（13）被告人冯某某的供述，证明其自 2019 年 1 月起，先后向罗某某等人提供 8~10 个支付宝账户，按账户流水 0.3% 的比例提成获利，以及雇用被告人周某某协助其转账和帮助罗某某等人在肇庆市租赁办公场所等事实。

（14）被告人王某某、傅某某、赵某、熊某的供述，证明上述四人由罗某某等人招募至土豆公司，且均在明知土豆公司系帮助赌博网站走账的情况下，仍在肇庆工作室担任 ALOOPAY 平台客服工作的事实。

（15）被告人翁某某的供述，证明其自 2018 年 5 月，经他人介绍至土豆公司负责财务工作，2019 年 2 月至广东省肇庆市担任运营部负责人。其指认该公司系通过 ALOOPAY 平台帮助赌博网站走账，并以赌资流水 1.8%~2.8% 的比例提成获利等事实。

上述证据收集程序合法，内容客观真实，足以认定指控事实。被告人翁某某、王某某、傅某某、赵某、熊某、冯某某、周某某对指控的犯罪事实和证据均无异议，并自愿认罪认罚。

五、争议焦点

本案被告人对指控的犯罪事实及定性均无异议，并自愿认罪认罚，该案事实清楚，控辩双方没有明显争议。

六、辩护意见

辩护人对于本案认定的事实及罪名不持异议，就被告人王某某的量刑方面提出如下辩护意见：

（1）本案系共同犯罪，被告人王某某在犯罪活动中起次要、辅助作用，依法应从轻、减轻处罚。

（2）被告人王某某被公安机关抓获后，能如实供述自身相关罪行，依法构成坦白，可以从轻处罚。

（3）被告人王某某在本案中所从事的工作具有高度可替代性，犯罪情节较轻，并自愿认罪认罚，在审查起诉阶段签订了认罪认罚具结书，认罪认罚的良好态度，可依法从宽处理。

（4）被告人王某某此前一贯表现良好，没有任何犯罪前科，本次系初犯、偶犯，其犯罪主观恶性较小，可从宽处理。

综上，恳请法院考虑以上情节，念在被告人王某某年纪尚小，以教育为主，惩罚为辅，对其判处较低的刑罚。

七、法院判决

法院认为，被告人翁某某、王某某、傅某某、赵某、熊某、冯某某、周某某伙同他人，共同为赌博网站提供资金支付结算服务，情节严重，其行为均已构成开设赌场罪，依法应予处罚。上海市普陀区人民检察院的指控成立。被告人翁某某、王某某、傅某某、赵某、熊某、冯某某、周某某在共同犯罪中均起次要作用，系从犯，到案后如实供述自己的罪行，且自愿认罪认罚，依法均应减轻处罚。七名被告人的辩护人基于上述量刑情节，提出对各自被告人减轻处罚的相关辩护意见，可予采纳。公诉机关的量刑建议，可予采纳。根据各名被告人犯罪的性质、情节、在共同犯罪中的地位、作用及对社会的危害程度等，依照《中华人民共和国刑法》第三百零三条第二款、第二十五条第一款、第二十七条、第六十七条第三款、第五十二条、第五十三条、第六十四条之规定，判决如下：

一、被告人翁某某犯开设赌场罪，判处有期徒刑一年八个月，并处罚金人民币二万元。

二、被告人王某某犯开设赌场罪，判处有期徒刑九个月，并处罚金人民币八千元。

三、被告人傅某某犯开设赌场罪，判处有期徒刑九个月，并处罚金人民币八千元。

四、被告人赵某犯开设赌场罪，判处有期徒刑八个月，并处罚金人民币六千元。

五、被告人熊某犯开设赌场罪，判处有期徒刑八个月，并处罚金人民币六千元。

六、被告人冯某某犯开设赌场罪，判处有期徒刑九个月，并处罚金人民币八千元。

七、被告人周某某犯开设赌场罪，判处有期徒刑八个月，并处罚金人民币六千元。

八、作案工具、赌资及违法所得均依法予以没收。

八、律师感悟

本案是典型的网络赌博中恶意利用移动支付平台或网络红包衍生出的新型赌博形式的开设赌场类案件。此类案件通常有较稳定的组织架构并形成利益链条，通过近几年公安机关冻结和收缴的网络赌博资金来看，不仅数额巨大，且大量的赌资都是通过地下钱庄等非法金融机构转账、结算的，这不仅危害国家的金融安全与管理秩序，同时也加剧了洗钱犯罪、地下交易等犯罪行为的滋生。所谓的网络赌博犯罪链条化，是指当下网络赌博犯罪以境外赌博网站或境内赌博网站为依托,向赌客提供服务,由赌博经纪人、网络支付公司、网络代理人以及各类赌客形成的黑色产业链。其中赌博集团负责为赌客提供服务和技术支持,网络支付公司作为非法金融机构向赌客提供资金来源、资金结算和转账,而网络代理人负责开发市场,组建下级代理团队和发展业务等。

我国法律规定,明知是赌博网站,而为其提供下列服务或者帮助的,属于开设赌场罪的共同犯罪:(1)为赌博网站提供互联网接入、服务器托管、网络存储空间、通讯传输通道、投放广告、发展会员、软件开发、技术支持等服务,收取服务费数额在 2 万元以上的;(2)为赌博网站提供资金支付结算服务,收取服务费数额在 1 万元以上或者帮助收取赌资 20 万元以上的;(3)为 10 个以上赌博网站投放与网址、赔率等信息有关的广告或者为赌博网站投放广告累计 100 条以上的。实施上述行为,数量或者数额达到前款规定标准 5 倍以上的,会被认定为"情节严重"。本案中各名被告人构成共同犯罪是无疑的,但因各名被告人均是受"领导"指示工作,在整个犯罪活动中起次要、辅助的作用,故均属于从犯。

本案中笔者代理的是第二被告人王某某,笔者在承办案件的过程中也深有感触,案发时,其刚满 20 岁,之前一直是遵纪守法的好公民,因自身社会经验不足、法律意识淡薄,才误入歧途,最终也要自己承担恶果,确实令人唏嘘!

案例36　杜某某为"红牛"等赌博平台提供资金结算开设赌场案*

一、公诉机关指控

2022年1月起，被告人王某某、杜某某伙同被告人张某某在河南省南阳市高新区中关村产业园某室，为"开元""红牛"等赌博平台提供资金支付结算服务，从中牟利。其中，王某某结伙杜某某共同出资运营，并由杜某某招募张某某负责充值上分等服务。经查，上述工作室收取赌资共计750余万元。

2022年2月起，被告人王某某分别为石某、王某1、王某2介绍联络"开元"等赌博平台充值代理账号，用于提供资金结算服务。经查，上述人员工作室收取赌资合计500余万元。

2022年3月3日，被告人王某某、杜某某、张某某分别被民警抓获，到案后均供述基本犯罪事实。被告人张某某已退缴违法所得2.3万元。

二、案情拓展

2022年1月，杜某某的朋友王某某跟其说他有几个赌博网站的账号可以为赌客上分赚钱，让杜某某拿几张银行卡和他一起做，杜某某因当时缺钱便答应了，后王某某找好房子后，二人便在租赁的房屋处开了一个专门为赌博网站充钱的工作室，一开始是二人一起做，后来张某某又加入。

涉案平台系王某某从上家处获得，起初为"开元"，后来为"红牛"，赌博平台上自带聊天功能，赌客通过该聊天功能联系工作室要求上分，工作室

---

* （2022）沪0104刑初543号案件。

即给赌客发送银行账号，等赌客转账后，王某某等人即通过银商系统给赌客上分，给赌客上的分是工作室提前向上家买好充在工作室账户里的，赌客需要即可转至赌客账号。

赌博平台上分比例为1元人民币兑1积分，王某某等人向上家兑换比例为10000元兑换10300个积分，多的300个积分可通过充值给赌客提现获利。王某某、杜某某、张某某三人的分成比例为4:3:3。

三、量刑情节

（1）本案系共同犯罪，被告人杜某某系主犯。

（2）被告人杜某某被抓获到案后，如实供述自己的罪行，系坦白，可以从轻处罚。

（3）被告人杜某某自愿认罪认罚，可以依法从宽处理。

（4）被告人杜某系初犯、偶犯，应酌情从轻处罚。

四、证据认定

本案中，公诉机关提交了相应证据，法院审理后作出如下认定：

（1）证人王某1、王某2、石某、周某某、薛某某的证言，搜查笔录、扣押清单、赃证物品照片、手机充值截图、游戏软件截图、银行交易明细等书证、物证，上海弘连电子数据司法鉴定所司法鉴定意见书、上海同大会计师事务所有限公司审计报告，证明被告人王某某、杜某某、张某某开设赌场的事实。

（2）受案登记表、案件接报回执、立案决定书、抓获经过、刑事判决书、资金往来结算票据，证明本案案发经过以及各被告人的到案及前科情况，张某某已退缴违法所得。

（3）被告人王某某、杜某某、张某某的供述，其对犯罪事实供认不讳。

上述证据收集程序合法，内容客观真实，足以认定指控事实。被告人王某某、杜某某、张某某均对指控的犯罪事实和证据没有异议，并自愿认罪认罚。

五、争议焦点

本案各被告人对指控的犯罪事实及定性均无异议,并自愿认罪认罚,该案事实清楚,控辩双方没有明显争议。

六、辩护意见

辩护人对公诉机关指控的罪名及犯罪事实均无异议,但请法庭注意被告人杜某某存在如下从轻处罚情节:

(1)被告人杜某某到案以后,如实供述与自身有关的涉案情节,未隐瞒真相,按照《中华人民共和国刑法》第67条第3款之规定,依法构成坦白,可以从轻处罚。

(2)在审查起诉阶段,被告人杜某某自愿认罪认罚,并签署了《认罪认罚具结书》,依据《中华人民共和国刑事诉讼法》第15条的规定,可以从宽处理。

(3)被告人杜某某此前一直表现良好,没有任何违法犯罪前科,此次犯罪属于初犯、偶犯,可对其从轻处理。

(4)被告人杜某某家庭情况特殊,家中尚有一年迈的母亲和未成年的孩子需要照顾,自杜某某被拘留后,其家庭便陷入了严重的生活困境,再长期羁押,不利于其家庭稳定和谐,望法庭能考虑到前述情况,对其从轻处罚,让其早日回归社会、回归家庭,承担起相应的社会、家庭责任。

七、法院判决

法院认为,被告人王某某、杜某某、张某某明知系赌博应用程序而提供资金支付结算等服务,情节严重,其行为均已构成开设赌场罪,且系共同犯罪,应予处罚。公诉机关指控成立。被告人王某某、杜某某、张某某系坦白,且自愿认罪认罚,本院予以从轻处罚。被告人王某某、杜某某在共同犯罪中起主要作用,系主犯。被告人张某某在共同犯罪中起次要作用,系从犯,予以减轻处罚。被告人王某某有犯罪前科,予以酌情从重处罚。被告人张某某退缴违法所得,予以酌情从轻处罚。根据本案的事实、性质、情节及对于社会的危害程度，公诉机关的量刑建议符合刑法罪刑相当原则，本院予以支持。依照《中华人民共和国刑法》第三百零三条第二款，第二十五条第一款，第二十六条第一款、第四款，第二十七条，第六十七条第三款，第七十二条第一款、第三款，第七十三条第二款、第三款，第五十二条，第五十三条，第六十四条之规定，判决如下：

一、被告人王某某犯开设赌场罪，判处有期徒刑五年九个月，并处罚金人民币五万元。

二、被告人杜某某犯开设赌场罪，判处有期徒刑五年三个月，并处罚金人民币五万元。

三、被告人张某某犯开设赌场罪，判处有期徒刑一年九个月，缓刑二年，并处罚金人民币七千元。

四、缴获的犯罪工具予以没收；被告人的违法所得予以追缴。

八、律师感悟

本案也系为平台提供资金支付结算服务，从中牟利而构成开设赌场罪的案例，首先从判决结果来看，明显可以看出本案相较其他案件判决结果较重，所以笔者在此进行释明：本案发生于《刑法修正案（十一）》实施以后，我国《刑法》第303条第2款规定：开设赌场的，处五年以下有期徒刑、拘役或者管制，并处罚金；情节严重的，处五年以上十年以下有期徒刑，并处罚金。

2010年8月31日最高人民法院、最高人民检察院、公安部《关于办理网络赌博犯罪案件适用法律若干问题的意见》第2条关于网上开设赌场共同犯罪的认定和处罚规定：

明知是赌博网站，而为其提供下列服务或者帮助的，属于开设赌场罪的共同犯罪，依照刑法第三百零三条第二款的规定处罚：

（一）为赌博网站提供互联网接入、服务器托管、网络存储空间、通讯传输通道、投放广告、发展会员、软件开发、技术支持等服务，收取服务费数额在2万元以上的；

（二）为赌博网站提供资金支付结算服务，收取服务费数额在1万元以上或者帮助收取赌资 20 万元以上的；

（三）为 10 个以上赌博网站投放与网址、赔率等信息有关的广告或者为赌博网站投放广告累计 100 条以上的。

实施前款规定的行为，数量或者数额达到前款规定标准 5 倍以上的，应当认定为刑法第三百零三条第二款规定的"情节严重"。

结合本案事实，被告人王某某、杜某某、张某某明知是赌博网站而提供资金支付结算服务，帮助收取的赌资达数百万元，已远超赌资 100 万元（20 万元的 5 倍）的"情节严重"标准，法定刑已达到五年以上有期徒刑的幅度。因此，共同犯罪中的主犯第一被告人王某某、第二被告人杜某某的量刑幅度为有期徒刑五年以上；而第三被告人张某某，主要是受王某某、杜某某的指示工作，在本案中所起的作用较小，主观恶性相较另外两名被告人小，又有退出违法所得的酌情从轻处罚情节，故对其可以降档处理，最终刑期为一年九个月，并适用了缓刑，该判决结果充分体现了张某某具有的各种量刑情节，合法合理。

案发后，杜某某一直表示认罪悔罪，本案第三被告人张某某系因杜某某的原因才进入涉案工作室的，此次案发，杜某某不止害了自己也害了张某某。赌博活动的核心目的在于获得高额回报，杜某某原本有一个幸福的家庭，其也是出于想多赚些钱才做的这些，最终却因自己的一念之差，破坏了这份幸福美满，笔者在此还是想重申一下，天网恢恢疏而不漏，君子爱财，亦要取之有道！

案例37 梁某为"彩鲸捕鱼"网站参赌人员上下分开设赌场案[*]

一、公诉机关指控

自2021年3月起,被告人李某某先后招募被告人董某某、霍某某、梁某等人,租借重庆市巴南区旭辉御府小区某室作为工作室,在"彩鲸捕鱼"网站为参赌人员提供上下分等服务。被告人李某某、董某某、霍某某、梁某利用微信、支付宝收取参赌人员赌资,购买虚拟赌博金币转入参赌人员赌博网站账户,并通过差价、网站返利、奖励等获利。

经审计,2021年4月1日至10月14日,被告人李某某为"彩鲸捕鱼"网站参赌人员提供上下分等服务,涉及入金金额为725万余元。

2021年10月14日,被告人李某某、董某某、霍某某、梁某被公安机关抓获,到案后如实供述上述犯罪事实。

二、案情拓展

2021年9月20日,梁某的同学李某某联系其让其到他那里工作,李某某租赁重庆市巴南区旭辉御府小区某室作为工作室,在该处从事赌博网站代客人充值的工作,梁某因当时无业便同意了。李某某是该工作室老板,梁某和霍某某、董某某系员工,三人分三班为客人在赌博网站上下分。

涉案网站名称为"彩鲸捕鱼",里面有捕鱼游戏和斗地主等游戏,该平台所有的赌博游戏都是用金币充值的,客人通过平台直接充值比例为100元换购180万金币,李某某通过"彩鲸捕鱼"平台安装了一个名为"325"的

---

[*] (2022)沪0115刑初833号案件。

人工充值软件，赌客可以通过该软件聊天实现上下分。

充值具体操作为：先由李某某向平台换购游戏币至账户，客人通过游戏平台联系到梁某等，之后通过企业微信、支付宝、QQ红包等方式将钱转给梁某等提供的账号内，梁某等再将游戏币转到客人的游戏账号内，客人退分就是工作室回收客人的游戏币，将钱转给客人。上分充值比例为100元人民币换购197万~200万游戏币不等，退分比例为203万游戏币换100元人民币，李某某等人通过赚取差价获利。

上述操作中用到的电脑、手机、账号均系李某某提供，梁某三人日常住在工作室内，房租、吃饭等日常开销均由李某某支付。

2021年10月，上海市公安局浦东分局民警在工作中发现一投资理财平台诈骗团伙，该诈骗团伙通过搭建游戏平台，以赚取游戏币后可提现为由，诱使被害人入金，骗取被害人钱款，经侦查发现，梁某、李某某、霍某某、董某某有重大作案嫌疑，遂将四人抓获。

案发后，梁某退出违法所得5000元，并于审理过程中预缴罚金5000元。

三、量刑情节

（1）本案系共同犯罪，被告人梁某在共同犯罪中起次要作用，系从犯，应当从轻、减轻处罚。

（2）被告人梁某被抓获到案后，如实供述自己的罪行，系坦白，可以从轻处罚。

（3）被告人梁某自愿认罪认罚，并依法签署了《认罪认罚具结书》，可以依法从宽处理。

（4）被告人梁某在案发后退赃5000元，预缴罚金5000元，可以酌情从轻处罚。

（5）被告人梁某系初犯、偶犯，应酌情从轻处罚。

四、证据认定

本案中，公诉机关提交了相应证据，有下列经庭审举证、质证的证据予以证实：

(1) 证人何某某的证言，证实经梁某介绍，李某某招募其与霍某某、梁某等人在巴南区旭辉御府小区某室为"彩鲸捕鱼"网站参赌人员提供上下分等服务。

(2) 证人马某某、吕某某、邹某某的证言、相关支付宝、微信转账记录、行政处罚决定书，证实其经网站客服上下分在"彩鲸捕鱼"网站赌博，后被行政处罚的情况。

(3) 上海市公安局浦东分局扣押决定书、扣押笔录、扣押清单，证实公安机关对涉案手机、电脑、银行卡依法扣押，手机上有涉案微信、支付宝账号登录的情况。

(4) 工作 QQ 聊天记录、"彩鲸捕鱼"工作账号截屏，证实被告人李某某、董某某、霍某某、梁某为"彩鲸捕鱼"网站参赌人员提供资金支付结算的情况。

(5) 上海政信会计师事务所审计报告，证实重庆市巴南区旭辉御府小区某室 13 台工作机，于 2021 年 4—10 月涉及收取赌资的情况。

(6) 案发及抓获经过，证实本案的案发及被告人李某某、董某某、霍某某、梁某的到案经过。

(7) 户籍资料，证实被告人李某某、董某某、霍某某、梁某的身份情况。

(8) 被告人李某某、董某某、霍某某、梁某的供述，证实四名被告人对犯罪事实供认不讳。

上述证据收集程序合法，内容客观真实，足以认定指控事实。被告人李某某、董某某、霍某某、梁某对指控的犯罪事实和证据均无异议，并自愿认罪认罚。

五、争议焦点

本案被告人对指控的犯罪事实及定性均无异议，并自愿认罪认罚，该案事实清楚，控辩双方没有明显争议。

六、辩护意见

（1）被告人梁某此前社会表现良好，无前科劣迹，其行为虽构成犯罪，但属于初犯、偶犯，其加入犯罪团伙仅十来天就案发了，犯罪情节较轻，涉案金额较少，主观恶性不大，可以从轻从宽处罚。

（2）梁某归案后能够如实供述自己的罪行，具有坦白情节，在共同犯罪中起次要作用，系从犯，在羁押期间、取保候审期间能够严格遵守各项规定，积极配合案件调查，表现良好，应当从轻、减轻处罚。

（3）梁某自愿签署《认罪认罚具结书》，并积极主动退赃5000元，预缴罚金5000元，认罪悔罪态度良好，希望法庭从宽处理。

（4）鉴于梁某在案发后的综合表现，其绝没有再犯的危险，宣告缓刑对其居住的社区没有不良影响，符合适用缓刑的条件，希望结合本案的实际情况，宽严相济，对其教育为主，惩罚为辅，对梁某做出最低的刑事处罚并适用缓刑，给其一个改过自新的机会。

七、法院判决

法院认为，被告人李某某、董某某、霍某某、梁某为赌博网站提供资金支付结算服务，其中被告人李某某系情节严重，其行为均已构成开设赌场罪。公诉机关的指控成立，予以支持。本案被告人的犯罪金额系司法审计机构基于相关证据依法依规进行审计得出的，足以认定。被告人李某某的辩护人所提认定被告人犯罪金额证据不足的意见不予采纳。被告人李某某、董某某、霍某某、梁某所实施的为赌博网站提供资金支付结算服务的行为，在整个开设赌场犯罪过程中起辅助作用，应当认定四名被告人均为从犯，依法对被告人李某某减轻处罚，对被告人董某某、霍某某、梁某从轻处罚。李某某的辩护人所提系从犯的意见予以采纳。被告人李某某、董某某、霍某某、梁某能如实供述罪行，并自愿认罪认罚，依法从轻从宽处罚。被告人董某某、霍某某、梁某已退缴违法所得，酌情从轻处罚。辩护人所提相关意见予以采纳。依照《中华人民共和国刑法》第三百零三条第二款、第二十五条、第二十七条、第六十七条第三款、第七十二条、第七十三条、第五十二条、第五十三条、第六十四条，《中华人民共和国刑事诉讼法》第十五条之规定，判决如下：

一、被告人李某某犯开设赌场罪，判处有期徒刑四年，并处罚金人民币五万元。

二、被告人董某某犯开设赌场罪，判处有期徒刑二年，缓刑二年，并处罚金人民币一万元。

三、被告人霍某某犯开设赌场罪，判处有期徒刑一年九个月，缓刑一年九个月，并处罚金人民币五千元。

四、被告人梁某犯开设赌场罪，判处有期徒刑一年六个月，缓刑一年六个月，并处罚金人民币五千元。

五、违法所得和作案工具予以没收。

八、律师感悟

本案是典型的以网络游戏为基础的赌博，赌博网站通过提供虚假备案信息，违规设置游戏积分转移功能，通过"代理"权限形成现金兑付闭环。这一类赌博活动主要是网游公司提供了游戏平台及虚拟货币与现行货币互换服务，从而通过虚拟货币实现竞技赌博。本案所指的"上下分"服务，即游戏币与人民币的双向兑换服务。其中"上分"指为他人充值，将人民币兑换成游戏币的行为；"下分"指为他人提现，将游戏币兑换成人民币的行为。为赌博网站提供"上下分"服务，属于为赌博网站提供资金支付结算服务的行为，构成开设赌场罪的共同犯罪。

本案中笔者代理的是第四被告人梁某，在本案侦查阶段即介入并全程跟进案件进展，侦查阶段会见梁某，根据梁某的陈述初步了解到案件情况，发现梁某系通过其同学李某某进入该工作室的，且案发时梁某在涉案工作室工作也仅有20天左右，自身获利为5000元，且在公安机关讯问过程中，已如实供述本人的全部犯罪事实，有坦白情节，并且表示愿意退出全部违法所得，笔者认为梁某涉案情节较轻、主观恶性不大，满足取保候审的条件，便着手为其申请取保候审，并获得公安机关的准许，这对梁某及家属来说，是一个很不错的结果。所谓取保候审，是一种刑事强制措施，取保出来了并不意味着案件到此为止，后续流程还是要继续进行，通俗来讲即取保在外，等候审判的意思。故在梁某取保之后，笔者也并未松懈，后续积极与检察机关沟通，为梁某争取到了退赃的机会，在审查起诉阶段签署了《认罪认罚具结书》，具结书的量刑建议是一年六个月，并处罚金。案件进入法院审理阶段后，笔者又积极沟通罚金数额及预缴的事宜，最终梁某在开庭前预缴罚金5000元，笔者在辩护时结合案件的实际情况，着重为其发表了适用缓刑的辩护意见，最终被法院采纳。

适用缓刑后，笔者也与梁某进行了沟通，告知其以后工作要脚踏实地，承诺高额工资的，一定要小心，交友也要谨慎，切不可再盲目相信他人！梁某也表示其以后一定踏实工作，谨慎交友，做一名遵纪守法的好公民。

案例38 刘某某利用"波克捕鱼"游戏开设赌场案[*]

一、公诉机关指控

2016年至2020年5月,被告人曾某某出资组建"情意工作室",通过在淘宝、微信群宣传推介等途径吸引赌徒,利用网络游戏"波克捕鱼",搭建虚拟场景,采用出租账号、出售道具等方式接受投注,采用回购道具的方式向赌徒兑现人民币,以此开设赌场非法牟利。被告人曾某、刘某某、吴某某以及张某某(另案处理)等人受曾某某雇用担任客服等工作人员,负责为赌徒上下分、账号密码修改与统计等工作。具体如下:

被告人曾某某通过自己充值、从他人处购买等方式,获取"波克捕鱼"高等级或高炮台的VIP账号。曾某某等人以日租金人民币25~260元不等的价格,将账号出租给赌徒。赌徒得到账号内相应金币的初始分值,此外也可以购买白金、黄金等不同品种的道具弹头,采用弹头转化为金币、能量的方式上分,并在游戏内通过捕鱼等随机事件的发生博概率赢取金币或道具。曾某某等人与赌徒约定,待账号内金币数量达到1000万起满足回购条件,以每1000万金币兑换190~300元不等的比例,在租期届满归还账号时向赌徒回购金币兑现筹码;以略低于售价的价格,在租期届满归还账号时向赌徒回购弹头兑现筹码。

经审计,2019年9月至2020年5月,被告人曾某某等人采用出租回收账号、出售回收道具等方式,与赌徒交易,累计接受投注315 853元。

公安机关根据线索于2020年5月20日将被告人曾某某、曾某、刘某某、

---

[*] (2020)沪0114刑初1788号案件。

吴某某抓获。四名被告人到案后如实供述了上述犯罪事实。

二、案情拓展

2020 年 1 月，刘某某无业，经朋友介绍入职某游戏工作室，其主要工作是负责"波克捕鱼"游戏账号的出租、金币回收、修改账号密码。该工作室向其他游戏商人回收游戏账号，然后转租给玩家玩捕鱼游戏，租金按天算，账号分为救济金号和机械号，救济金号出租价格根据账号的等级和金币数量而定，25~300 元不等（账号金币 100 万~1000 万不等）；机械号由曾某负责。玩家不玩后，可将账号返还给工作室，回收比例为每 1000 万金币以 190~300 元回购。

除此之外，该工作室还负责游戏中心道具的出售和回收，道具出售主要有弹头、号角等。"白金弹头"的出售价格是 33 元一个，回收价格是 32 元；"黄金弹头"出售价格是 18 元一个，回收价格是 16 元，以此赚取差价。

三、量刑情节

（1）本案系共同犯罪，被告人刘某某在共同犯罪中起次要作用，系从犯，应当从轻、减轻处罚。

（2）被告人刘某某被抓获到案后，如实供述自己的罪行，系坦白，可以从轻处罚。

（3）被告人刘某某自愿认罪认罚，并依法签署了《认罪认罚具结书》，可以依法从宽处理。

（4）被告人刘某系初犯、偶犯，应酌情从轻处罚。

四、证据认定

本案中，公诉机关提交了相应证据，有下列经庭审举证、质证的证据予以证实：

（1）证人陈某、王某、傅某某的证言，相关微信聊天记录、支付宝记录截图、行政处罚决定书等书证，与被告人曾某某等人的供述能够相互印证，证实其等通过淘宝等途径，添加"情意工作室"客服微信，并从客服处租赁账号、购买弹头等道具投注上分,在游戏中随机获得金币、弹头等道具,后交给客服回购兑换成人民币下分,采用此方式参与赌博的事实。

(2)证人张某某的证言,与被告人曾某某等人的供述能够相互印证,证实其受曾某某雇用,在"情意工作室"担任客服,该工作室通过向赌徒出租回收账号、出售回收道具等方式牟利的事实。

(3)证人周某某、朱某某的证言,波克公司的营业执照复印件的书证,证实注册在上海市普陀区的波克科技股份有限公司是网络游戏"波克捕鱼"的运营商,该款游戏的玩家通过捕鱼获取道具,游戏本身不具有赌博功能;但是游戏中存在好友间赠送弹头的漏洞,这一漏洞被不法分子利用后,有所谓"商人"向玩家非法交易;公司注意到这种情况,采取了封停账号、要求异常玩家写保证书等方式进行查处的事实。

(4)搜查证、搜查笔录、扣押清单、随案移送清单及相关照片,证实各被告人作案用的电脑、手机等物品已经由公安机关依法扣押后随案移送的事实。

(5)微信聊天记录截图的书证,与被告人曾某某等人的供述能够相互印证,证实曾某某等人向赌徒出租回收账号、出售回收道具的联系情况。

(6)调取证据通知书及相关电子数据光盘,协助冻结财产通知书,证实公安机关依法向深圳市腾讯计算机系统有限公司调取涉案微信账户信息、微信绑定银行卡的信息以及相关交易明细;向支付宝(中国)网络科技有限公司调取涉案支付宝账户信息、绑定银行卡的信息以及相关交易明细;对相关银行账户冻结财产的事实。

(7)上海司法会计中心有限公司出具的司法会计鉴定意见书,证实涉案赌资的审计情况。

(8)被告人曾某某、曾某、刘某某、吴某某的多次供述和辩解,对其主要犯罪事实均供认不讳。

(9)公安机关出具的抓获经过记录的书证,证实本案的案发、侦破情况及各被告人的到案经过。

(10)常住人口基本信息,证实各被告人的自然身份状况。

上述证据收集程序合法,内容客观真实,足以认定指控事实。被告人曾某某、曾某、刘某某、吴某某对指控的犯罪事实和证据均无异议,并自愿认罪认罚。

五、争议焦点

本案被告人对指控的犯罪事实及定性均无异议,并自愿认罪认罚,该案事实清楚,控辩双方没有明显争议。

六、辩护意见

首先,被告人刘某某对于案件的基本事实无异议,且表示认罪认罚,故辩护人对于起诉书指控的刘某某涉嫌开设赌场罪案件的基本事实及定性没有异议。

其次,辩护人认为被告人刘某某存在如下从轻处罚情节:

(1) 被告人刘某某在本案中所起的作用较小,系从犯,可以从轻或者减轻处罚。被告人刘某某系涉案工作室的员工,经他人介绍到该工作室工作,仅工作了3个月的时间。工作期间也是按照老板的要求,从事相关的工作。被告人每个月领取固定的工资,没有任何的提成。事发时,被告人的非法所得较小。

(2) 被告人刘某某到案之后如实供述了自己的犯罪事实,构成坦白,可以对其从轻处罚。被告人刘某某到案之后多次如实稳定地供述案件的所有事实,配合公安机关的指认、辨认及调查工作。

(3) 被告人刘某某认罪认罚,悔罪态度诚恳。被告人刘某某从第一次讯问开始一直如实稳定供述案件情况,且一直表示认罪认罚。事发之后,被告人对自己的行为进行了充分反省,一再表示不会再犯。

(4) 被告人为初犯、偶犯,此前没有任何违法犯罪的前科劣迹。被告人平日里勤勤恳恳,为人老实本分。被告人此次只是因法律意识淡薄,没有想到自己的行为已经触犯刑法,才会犯下错误,其没有再犯的危险。

(5) 被告人刘某某符合缓刑适用条件。被告人刘某某有固定的帮教机构,可以进行社区矫正,对他执行缓刑,有利于被告人更好地回归社会。

综上,恳请法庭本着惩罚与教育相结合,教育为主的原则,能够对被告人从轻处罚并适用缓刑，给他一个改过的机会。

七、法院判决

法院认为，公诉机关指控被告人曾某某、曾某、刘某某、吴某某犯开设赌场罪的犯罪事实清楚，证据确实、充分，所控罪名成立，应依法惩处。控辩双方关于在共同犯罪中，被告人曾某某系主犯，被告人曾某、刘某某、吴某某系从犯，应当减轻处罚以及四名被告人到案后均能如实供述自己的罪行，可从轻处罚的意见，合法有据，本院予以采纳。因被告人曾某、刘某某、吴某某尚不具备适用缓刑的条件，故对控辩双方提出的建议对三名被告人适用缓刑的意见，不予采纳。据此，依照《中华人民共和国刑法》第三百零三条第二款、第二十五条第一款、第二十六条第一款、第二十七条、第六十七条第三款、第五十二条、第五十三条、第六十四条之规定，判决如下：

一、被告人曾某某犯开设赌场罪，判处有期徒刑三年，罚金人民币三万六千元；

二、被告人曾某犯开设赌场罪，判处有期徒刑一年，罚金人民币一万二千元；

三、被告人刘某某犯开设赌场罪，判处有期徒刑十个月，罚金人民币一万元；

四、被告人吴某某犯开设赌场罪，判处有期徒刑十个月，罚金人民币一万元；

五、赌资及犯罪工具，予以没收。

八、律师感悟

本案中"波克捕鱼"的玩法是游戏玩家通过捕鱼获取道具及金币，再用获取的道具及金币继续捕鱼，如此循环。笔者需要强调的是，该游戏本身不具有赌博功能，但是，游戏规则中的某些漏洞被不法分子利用后就出现了本案中被告人以"商人"身份与玩家进行非法交易。他们采用出租高级账号、道具等方式接受赌徒玩家的投注，再用回购账号、道具的方式向赌徒兑现人民币，以此非法牟利。

不管是出租捕鱼账号给玩家，回购账号及道具兑现筹码，还是直接向玩家收售道具及金币，实现虚拟货币/虚拟道具与现金的转化，为他人实施赌博活动提供直接帮助，都会涉嫌开设赌场罪。笔者亦代理过其他赌博平台的案件，涉嫌开设赌场罪的案件，平台是否牵涉其中，主要是看以下几点：（1）平台设置弹头转移游戏功能，是否有合理解释；（2）平台是否指导代理、银商收售弹头；（3）平台是否明知代理组织赌博而放纵其发展。本案中，波克捕鱼系正规游戏 App，并不涉嫌开设赌场行为。

笔者代理的系第三被告人刘某某，案发时，刘某某也刚满 20 岁，笔者会见刘某某后了解到，其学历不高，社会经验较少，当时也是急于找工作，经朋友介绍联系的曾某某，即本案第一被告人，后便入职曾某某开设的工作室，对其来说，其只是正常工作，并未充分意识到工作内容涉嫌违法犯罪，案发后，也一直表示非常后悔，因自己法律意识淡薄，才误入歧途，好在其在该工作室工作时间不长，其间也仅是领取基本工资，并未抽取提成，笔者根据刘某某在本案中所处的地位与所起的作用为出发点，结合本案的具体情况，为其争取从轻、减轻处罚，最终争取到了有期徒刑十个月的结果，其本人和家属都是认可该结果的。笔者相信，经过此事后，刘某某一定会汲取经验、有所成长。

案例39 鲁某为"湘遇竞技"赌博App提供资金结算开设赌场案[*]

一、公诉机关指控

2021年7月至案发,被告人吴某、陈某、殷某、胡某,伙同晏某(另案处理)担任"德胜互娱""湘遇竞技"赌博App代理,为上述两款赌博App平台提供资金支付结算服务。该团伙另行发展被告人鲁某为下级代理,被告人鲁某招揽赌客,收取平台返利,并为赌客提供资金支付结算服务。

二、案情拓展

2021年7月,鲁某的微信好友"迎宝"给鲁某发送了"湘遇竞技"App的下载链接,因为鲁某平时就喜欢打麻将,于是就下载并用其微信进行注册,在该游戏内的昵称和其微信一致,然后鲁某将其游戏ID给了"迎宝","迎宝"将鲁某的ID设置成了代理的权限。

"湘遇竞技"是一个棋牌类的游戏,只能微信注册,注册以后会生成游戏ID,一个微信只能注册一个游戏账号,游戏内的昵称用微信的昵称。App内设有多种棋牌游戏,玩得多的有跑得快、红中麻将、跑胡子等。App下设俱乐部和创建房间的游戏模块,一般玩家玩的都是俱乐部,俱乐部是有层级关系的。玩家在游戏前,需向自己的上级买分,充值比例是1∶1,如充值1万元账号内就有1万分,这1万分相当于筹码,玩家之间的输赢就通过分数来结算。

俱乐部就相当于一个虚拟的棋牌室,俱乐部老板通过发展自己的下级代

---

[*] (2022)沪0120刑初776号案件。

理,下级代理再发展自己的下级代理的裂变式模式发展玩家进行游戏。该 App 里面的棋牌游戏都是真人玩的,需要充值分数。

鲁某刚开始的时候,其上级"迎宝"给了其 1 万分的权限,鲁某不需要交纳押金,但上级设置了分数预警值,预警值是 8000 分,即如果其游戏账号 ID 低于 8000 分的话,其就需要向上家买分给自己的账号上分,如果不上分的话,下级就不能在 App 内玩了,鲁某并未发展自己的下级代理,其发展的都是普通玩家,这些普通玩家会显示在鲁某的账号下,上家会设置和鲁某的分成比例,如果鲁某发展的玩家玩了之后,平台会自动计算,并将分成所得直接加在鲁某的平台分数中。另外如鲁某的下家向其买分数,其需按照买家的充值金额为玩家上下分。

鲁某代理"湘遇竞技"的盈利模式:玩家玩牌需进入房间,房间内的所有玩家每一局都要扣除房费、洗牌费,平台会将收取的房费全部返给代理,返利以 App 内分数的形式直接打到代理账号上。

鲁某到案后,如实供述了自己的罪行,并于审查起诉阶段自愿签署了《认罪认罚具结书》,在案件审理过程中退出了违法所得 6000 元。

三、量刑情节

(1)本案系共同犯罪,被告人鲁某在共同犯罪中起次要作用,是从犯,应当从轻、减轻处罚。

(2)被告人鲁某到案后,如实供述自己的罪行,系坦白,可以从轻处罚。

(3)被告人鲁某自愿认罪认罚,并依法签署了《认罪认罚具结书》,可以依法从宽处理。

(4)案发后,被告人杨某某在家属的帮助下退缴违法所得 6000 元,可以酌情从轻处罚。

四、证据认定

本案中,公诉机关提交了相应证据,法院审理后作出如下认定:

(1)报案人阎某的证言,证实 2021 年 6 月,其在"德胜互娱""湘遇竞技"App 上赌博的事实。

（2）被告人陈某的供述，证实其伙同晏某、殷某、胡某、吴某为上述赌博 App 提供资金结算服务。

（3）被告人殷某的供述，证实其伙同晏某、陈某、胡某、吴某为上述赌博 App 提供资金支付结算服务。

（4）被告人胡某的供述，证实其伙同晏某、陈某、殷某、吴某为上述赌博 App 提供资金支付结算服务。

（5）被告人吴某的供述及辨认笔录，证实其伙同晏某、陈某、殷某、胡某为上述赌博 App 提供资金支付结算服务。

（6）同案犯晏某的供述，证实其担任上述赌博 App 代理并伙同陈某、殷某、胡某、吴某提供资金支付结算服务。

（7）游戏账号截屏、微信账号截图，证实晏某团队用以联系玩家和收取赌资的微信账号和游戏账号。该事实另有被告人陈某、殷某、胡某、吴某的供述予以印证。

（8）被告人鲁某的供述，证实其被晏某团队发展为上述赌博 App 代理，并发展下级玩家，为玩家提供赌资结算服务。上述事实另有"湘遇竞技"游戏账号截图、鲁某的微信聊天记录予以证实。

（9）微信账号截图、鲁某微信转账记录，证实被告人鲁某发展的下级玩家的情况及赌资收取情况。

（10）案发经过，上海市公安局案（事）件接报回执，受案登记表、立案决定书，证实本案的案发情况及被告人的到案过程。

（11）户籍信息，证实被告人陈某、殷某、胡某、吴某、鲁某的身份信息。

上述证据收集程序合法，内容客观真实，足以认定指控事实。被告人陈某、殷某、胡某、吴某、鲁某对指控的犯罪事实和证据均无异议，并自愿认罪认罚。

五、争议焦点

本案被告人对指控的犯罪事实及定性均无异议，并自愿认罪认罚，该案事实清楚，控辩双方没有明显争议。

六、辩护意见

（1）本案系共同犯罪，被告人鲁某在共同犯罪中起次要作用，是从犯，应当从轻、减轻处罚。

（2）被告人鲁某后，能如实供述自身相关罪行，依法构成坦白，可以从轻处罚。

（3）被告人鲁某自愿认罪认罚，在审查起诉阶段签订了《认罪认罚具结书》后，经过本人要求，其家属已经在庭前代鲁某积极退出违法所得6000元，体现了其认罪认罚的良好态度，可以酌情从轻处罚。

综上，希望法庭能对被告人鲁某减轻处罚，并依法适用缓刑。

七、法院判决

法院认为，被告人陈某、殷某、胡某、吴某为赌博平台担任代理，并提供网络支付结算服务，情节严重；被告人鲁某为赌博网站担任代理并接受投注；五名被告人的行为显已触犯刑律，构成开设赌场罪，且属共同犯罪。公诉机关指控的罪名成立。在共同犯罪中，被告人吴某、陈某、殷某、胡某、鲁某起次要作用、辅助作用，系从犯，依法应当从轻或减轻处罚。被告人陈某、殷某、胡某有自首情节，依法可以从轻或减轻处罚；被告人吴某、鲁某到案后能如实供述自己的罪行，依法可以从轻处罚；被告人吴某、陈某、殷某、胡某、鲁某能自愿认罪认罚，依法可以从宽处理；被告人吴某、陈某、殷某、胡某、鲁某均已退出违法所得，可酌情从轻处罚。在共同犯罪中，同案犯的基本情况，包括同案犯姓名、住址、体貌特征、联络方式等信息，属于被告人应当供述的范围。公安机关根据被告人供述抓获同案犯的，不应认定其有立功表现，故对辩护人提出吴某有立功表现的辩护意见，本院不予采纳。综合被告人的犯罪情节及本案的社会危害性，对被告人吴某、陈某、鲁某不宜宣告缓刑，该三名被告人及其辩护人提出适用缓刑的辩解与辩护意见，本院不予采纳。公诉机关的量刑建议适当，本院予以采纳。为严肃国家法制，确保社会管理秩序，依照《中华人民共和国刑法》第三百零三条第二款，第二十五条第一款,第七十二条,第六十三条第一款,第六十七条第一、三款,第七十二条第一、三款,第七十三条第二、三款,第五十二条,第五十三条,第六十四条及《中华人民共和国刑事诉讼法》第十五条之规定,判决如下:

一、被告人吴某犯开设赌场罪,判处有期徒刑七个月,并处罚金人民币七千元。

二、被告人陈某犯开设赌场罪,判处有期徒刑六个月,并处罚金人民币六千元。

三、被告人殷某犯开设赌场罪,判处有期徒刑六个月,宣告缓刑一年,并处罚金人民币六千元。

四、被告人胡某犯开设赌场罪,判处有期徒刑六个月,宣告缓刑一年,并处罚金人民币六千元。

五、被告人鲁某犯开设赌场罪,判处有期徒刑八个月,并处罚金人民币八千元。

六、退缴在案的非法所得人民币三万元予以没收。

八、律师感悟

网络赌博犯罪作为一种伴随互联网的发展而产生的新型赌博犯罪,具有其自身的特性及独特的发展态势,网上开设赌场一般层级分工明确、参赌人员规模化、犯罪活动隐蔽化、组织化、链条化等。本案也属于网络赌博,传统赌博有的,网络赌博都有,传统赌博没有的,网络赌博也有,同时网络赌博也分很多形式,本案是利用赌博 App,把线下赌场搬上网络。

鲁某在本案中的身份是代理,通过招揽赌客、收取平台返利,并为赌客提供资金支付结算服务。根据最高人民法院、最高人民检察院 2005 年 5 月 13 日开始实行的《关于办理赌博刑事案件具体应用法律若干问题的解释》第 2 条,以营利为目的在计算机网络上建立赌博网站,或者为赌博网站担任代理,接受投注的,属于《刑法》第 303 条规定的"开设赌场"。所以,鲁某的行为构成开设赌场罪是无疑的。该 App 里的玩家虽然都是真实存在的,但在玩家和庄家不停的赌博过程中,二者之间的胜率也趋向平等,但庄家每一局都在"抽水",即收取房费、洗牌费等,所以即使玩家最终和庄家打成平手，因为抽水机制的存在，玩家的本金也会被庄家拿走大半，所以这就是为什么十赌九输，赢的只有庄家。现实中，很多代理基本都是从玩家发展过来的，本案中鲁某也不例外，归根结底，还是其本身就嗜赌，所以才愈陷愈深，最终经不起诱惑，也做起了代理，触犯了法律的红线，走上了违法犯罪的道路。

本案中有五名被告人，均系从犯、均认罪认罚，也都有退出违法所得的行为，但其量刑仍有所区别，主要原因如下：一系本案第二被告人陈某、第三被告人殷某、第四被告人胡某均系自首，自首系法定的可从轻、减轻处罚情节；二系第一被告人吴某、第五被告人鲁某的涉案流水较另外三名被告人较高，故最终的结果也有所区别。

第十三章
提供场地类开设赌场典型案例解析

最高人民法院、最高人民检察院、公安部于2014年3月26日发布的《关于办理利用赌博机开设赌场案件适用法律若干问题的意见》第3条规定：明知他人利用赌博机开设赌场，提供场地的，以开设赌场罪的共犯论处。这是关于线下提供赌博场地的规定，引申为其他类型的各种线下赌场均应具有法律效力，究其本质为开设赌场行为提供了直接的帮助。

相较于线下赌场开设场地的真实存在，利用网络开设赌场似乎并不需要固定的场地，但有些特殊形式的线上"赌局"对于参与者"入局"有一定的要求，或收取一定的"入局"费用，通常称为"房卡"。笔者认为通过利用"房卡"组织赌博活动，也应归入本书的提供场地类开设赌场行为。

本章收录了3个真实案例：

案例40，董某某、王某某利用"百家乐"赌博网站开设赌场，牟取非法利益。陈某某明知董某某、王某某开设赌场聚众赌博，仍有偿提供自己的居住场地供赌场使用。

案例41和案例42，杨某某和许某均是利用"哈灵麻将"App亲友圈的房卡，组织赌博人员赌博，并以收取房卡费用或房卡差价的方式牟利。

案例 40　陈某某提供线下场地开设赌场案*

一、公诉机关指控

被告人董某某、王某某为牟取非法利益，结伙于 2020 年 10 月下旬开始，在被告人陈某某居住的上海市宝山区菊泉街某室内开设网络"百家乐"赌场。其间，被告人董某某负责从上家徐某某（另案处理）处获得"百家乐"赌博网站的账号和密码，并与上家结算赌资；被告人王某某负责操盘与赌客结算赌资；被告人陈某某明知被告人王某某、董某某等人开设赌场聚众赌博，仍积极提供场地出租牟利。同年 11 月 2 日，公安人员在上址查获该赌场，当场抓获被告人董某某、王某某、陈某某及赌客方某、蒋某等五名赌客（均另案处理），同时缴获赌具电脑 1 台、账本 1 册、赌资 4900 元。

该赌博网站网页截图显示：至案发，该赌博账号赌资金额总计为 153 770 元，洗码量为 141 672.5 元。

被告人董某某、王某某、陈某某到案后逐步如实供述了上述犯罪事实。

二、案情拓展

陈某某与其丈夫、女儿租赁居住于上海市宝山区菊泉街某室，陈某某和王某某之前系邻里关系，后一直保持联系，王某某为组织网络"百家乐"而购置了 1 台台式电脑并放置于陈某某家中，并向陈某某承诺每带人过去玩一次，便支付相应费用给陈某某。

参赌玩家至上海市宝山区菊泉街某室后，由王某某和董某某负责操盘、收钱、分钱，赌博网址系董某某自上家处取得。参赌方式为：王某某先将电

---

* （2021）沪 0113 刑初 208 号案件。

脑连在电视上，然后登录亚星网络"百家乐"平台，之后参赌人员押注，可以押"庄、闲、和"，之后王某某点击押注，后向每个人收钱，然后根据结果分钱。该网站返水比例为12%，由董某某向上家结算。

案件审理过程中，被告人董某某、王某某均退出违法所得1万元，被告人陈某某预缴罚金5000元。

三、量刑情节

（1）本案系共同犯罪，被告人陈某某在共同犯罪中起次要作用，系从犯，应当从轻、减轻处罚。

（2）被告人陈某某被抓获到案后，如实供述自己的罪行，系坦白，可以从轻处罚。

（3）被告人陈某某自愿认罪认罚，并依法签署了《认罪认罚具结书》，可以依法从宽处理。

（4）被告人陈某某在案发后预缴罚金5000元，可以酌情从轻处罚。

四、证据认定

本案中，公诉机关提交了相应证据，有下列经庭审举证、质证的证据予以证实：

（1）上海市公安局宝山分局出具的搜查证、搜查笔录、扣押决定书、扣押清单及相关照片，证实公安人员对该赌场进行搜查，从被告人王某某处扣押涉案电脑机箱1台、账本1本、赌资4900元。

（2）上海市公安局宝山分局出具的该赌博网站网页截图、账本及统计单，证实该"百家乐"的网址、登录界面、主页、账号密码及该账号码量情况。

（3）证人胥某某、虞某某的证言证实，胥某某于2020年10月10日将菊泉路某室以每月2800元的价格租给虞某某，平时由虞某某、陈某某夫妇和女儿一起居住。

（4）证人范某、王某、蒋某某、王某某、方某（均系"百家乐"赌客）的证言及辨认笔录，证实当日其在上址参加网络"百家乐"赌博时被公安人员查获,平时王某某负责操盘和与赌客结算赌资,董某某负责协助操盘及配钞,场地由陈某某提供;王某、蒋某某另证实该赌场于2020年10月已开设。

(5) 上海市公安局宝山分局出具的《行政处罚决定书》,证实参赌人员均已被行政处罚。

(6) 上海市公安局宝山分局出具的《公安专业档案卡片详细信息》,证实被告人王某某、陈某某劣迹情况。

(7) 上海市公安局宝山分局出具的《办案说明》及户籍资料,证实本案的案发、三名被告人的到案经过。

(8) 被告人董某某、王某某、陈某某对上述犯罪事实供述不讳。

上述证据收集程序合法,内容客观真实,足以认定指控事实。被告人董某某、董某某、王某某、陈某某对指控的犯罪事实和证据均无异议,并自愿认罪认罚。

五、争议焦点

本案被告人对指控的犯罪事实及定性均无异议,并自愿认罪认罚,该案事实清楚,控辩双方没有明显争议。

六、辩护意见

(1) 被告人陈某某在本案中系从犯,依法可减轻处罚。本案中陈某某的行为是为他人开设赌场提供场所,被告人陈某某提供场所的行为系他人开设赌场的帮助行为,在本案的犯罪行为中起到次要、辅助性作用,依法可认定为从犯,并对其减轻处罚。

(2) 被告人陈某某的犯罪情节较轻,犯罪行为性质不算恶劣,且陈某某相对同案他人社会危害性较小,可对其从轻处罚。综合全案,本案中参赌人员较少,真正在陈某某家中赌博的次数也较少,在犯罪情节的严重程度和性质上,陈某某为开设赌场提供场所的行为应明显与真正开设赌场的人员相区分,陈某某没有参与或组织他人赌博的行为,也没有参与赌博网站利润分成,其行为性质上不算恶劣,依法可从轻处罚。

(3) 被告人陈某某如实供述个人涉案情况,构成坦白且愿意认罪认罚,依法可从轻处罚。被告人在笔录中如实供述了其所知情的所有事实，对于他人的犯罪事实也没有任何隐瞒，依法构成坦白，且其在审查起诉阶段签署《认罪认罚具结书》表达自己认罪的决心，依法可对其从轻处罚。

（4）被告人陈某某积极缴纳罚金，可见其认罪悔罪态度，可酌情对其从轻处罚。

（5）从被告人陈某某的家庭情况来看，女儿自幼由陈某某带大，极其依赖她，目前孩子正处于叛逆期，自从陈某某被羁押后，对孩子情绪、学习造成很大的影响，希望法院对陈某某从轻处罚，让其尽快回到社会尽一个母亲的抚养责任，以保证孩子在青春期关键时刻的健康成长。

七、法院判决

法院认为，被告人董某某、王某某、陈某某为牟取非法利益，结伙他人，为赌博网站担任代理并接受投注，其行为均已构成开设赌场罪，依法应予惩处。公诉机关指控的犯罪事实清楚，证据确实充分，指控的罪名成立。被告人董某某、王某某在共同犯罪中起主要作用，系主犯，应当按照其参与的全部犯罪处罚；被告人陈某某在共同犯罪中起次要作用，系从犯，应当从轻处罚。被告人董某某、王某某、陈某某到案后如实供述自己的罪行，自愿认罪认罚，均可依法从轻处罚。据此，依照《中华人民共和国刑法》第三百零三条第二款，第二十五条第一款，第二十六条第一款、第四款，第二十七条，第六十七条第三款，第五十二条，第五十三条第一款，第六十四条及《中华人民共和国刑事诉讼法》第十五条之规定，判决如下：

一、被告人董某某犯开设赌场罪，判处有期徒刑十个月，并处罚金人民币一万元。

二、被告人王某某犯开设赌场罪，判处有期徒刑十个月，并处罚金人民币一万元。

三、被告人陈某某犯开设赌场罪，判处有期徒刑七个月，并处罚金人民币五千元。

四、扣押在案的赃款赃物，依法没收。

八、律师感悟

所谓开设赌场，是指开设专门用于进行赌博的场所。这种场所既可以由本人直接支配，也可以委托他人间接支配；行为人提供场所既可以是自己的住宅或者他人的住宅，也可以是旅馆、宾馆等提供的房间。开设赌场的人是否直接参与赌博，以及开设赌场是否以营利为目的都不影响本罪的成立。

本案被告人陈某某就是典型的明知他人开设赌场聚众赌博，为牟取非法利益而提供场地，进而构成开设赌场罪的案件。陈某某并不参与赌博，其提供场地的行为系帮助行为，所以认定其为从犯是无疑的，本案中另外两名被告人系开设赌场的组织者，在共同犯罪中起主要作用，是主犯，故另外两名被告人的处罚结果明显重于陈某某。

笔者作为陈某某的辩护人全程参与该案件，经会见陈某某得知，陈某某为董某某、王某某提供的用于开设赌场的场地为其租住的地址，涉案房屋并非只有陈某某一人居住，其丈夫和女儿也都居住于此，王某某向其表示每过去玩一次支付给其的费用为100元，至案发，陈某某收到的费用仅有600元。虽然陈某某获利较少，但并不影响其构成犯罪，陈某某在到案后，也充分地认识到了自己行为的严重性，其知道王某某带人在其租住房屋内玩"百家乐"，却没有制止，一是因为其自身学历低，法律意识淡薄，当时并没有充分认识到事情的违法严重性；二是因为其抱有一些侥幸心理，故即使在意识到赌博行为是不对的，也没有停止为王某某等人提供场地。

笔者相信，如果陈某某能早些意识到其行为会产生的后果，一定会及时终止，毕竟其有一个完整的家庭，其为王某某提供场地的初衷也是想赚取一点零花钱，结果却得不偿失，反而害了自己，也害了自己的家庭，陈某某的丈夫从事保安工作，常年上夜班，陈某某的女儿一直都由其照顾，自陈某某被羁押后，其女儿的生活和学习都受到了一定的影响，陈某某每次提到这些都忍不住泪流满面，悔恨万分。

笔者见过许多这样的案件，因为赌博拆散了多少家庭，酿成了多少悲剧，相较于其他因赌博而妻离子散的案件来说，本案陈某某的犯罪行为较轻，在律师的辩护下，最终结果是有期徒刑七个月，因判决前陈某某已被羁押两个月，法律规定，羁押一日折抵刑期一日，所以当陈某某及其家属知道这个结果后也都松了一口气。陈某某也表示，其一定好好改造，争取早日与家人团聚。

案例41 杨某某提供线上"房卡"开设赌场案*

一、公诉机关指控

2018年5月至2020年10月,被告人杨某某单独或伙同他人利用微信群组及"哈灵麻将"App亲友圈组织数十名赌博人员,利用其预先以优惠价格购进并充值在亲友圈的房卡进行赌博,被告人杨某某通过向赌局赢家收取3元/局房费的方式非法获利,累计收取房费5.8万余元。

2020年10月22日,被告人杨某某被公安机关抓获,到案后如实供述了上述事实。

二、案情拓展

2020年10月22日,金山卫派出所民警在工作中发现某微信号利用境外聊天软件在网上开设赌场,经民警调查,该微信号使用者系杨某某,具有开设赌场嫌疑,后民警于当天在上海市浦东新区竹柏路某处将犯罪嫌疑人杨某某传唤至金山卫派出所接受调查。

经讯问,犯罪嫌疑人杨某某交代:因为其比较喜欢打麻将,2017年下半年,一个微信好友(微信昵称:I'm范)将其拉进一个微信群(该微信赌博群已不存在),群内都是玩哈灵麻将的赌客,然后其一直在哈灵麻将上玩麻将,2018年其注册成哈灵麻将的代理,一开始的目的是觉得买卡太贵了,想成为代理以便宜的价格买到房卡,而且平时收入比较低,想顺便做点兼职。2018年5月,因为玩麻将的朋友越来越多,所以找其购买房卡的需求越来越大。其有一个微信好友(昵称:小圆子)来找其,想和其一起合作在微信上

---

* (2021)沪0116刑初299号案件。

建立一个群,赚点外快。于是其就和"小圆子"一起创建了一个微信群(群名:休息休息50禁),拉了他们以前一起在哈灵麻将上玩麻将的朋友进微信群,然后又组建了一个哈灵麻将的亲友圈,后来群里的朋友拉了他们的朋友,这个群人数也变多了,最多有90人左右,微信群内的人如果要买房卡,会私聊其购买,价格就是其买进房卡的价格,一般是1.2元或1元一张,如果是在哈灵麻将亲友圈内赌博的,每消耗一张房卡玩一局麻将,这一局的大赢家会通过微信或者支付宝单独转给其3元作为台费。

杨某某成为代理后,地点不固定,有时候在家里,有时候在外面,只要杨某某能使用手机就会去做。一开始是杨某某和"小圆子"一起做的,杨某某负责充值房卡,"小圆子"负责拉人进群。亲友圈的成员玩的都是上海敲麻,一局封顶50元,一般一局打完输赢在十几元左右。输赢是以哈灵麻将App内的分数计算的,1分代表1元,打麻将的赌客打完之后都是自己互相加微信结算的,如果遇到有人输了不付钱的情况,杨某某会自己掏钱给赢钱的人,然后把不付钱的人踢掉,杨某某是通过微信公众号"哈灵麻将"购买的房卡,每次收取台费可以赚取2元差价,差价由杨某某和"小圆子"平分,每人可以拿1元。2019年年底之后,就是杨某某一个人做,杨某某和"小圆子"一起做时,是"小圆子"负责管理赌博的亲友圈,每天大概有100场,后来杨某某自己做的时候,一天20场左右,直至案发。

案件审理过程中,被告人杨某某家属代为退缴违法所得5.8万元。

三、量刑情节

(1)被告杨某某被抓获到案后,如实供述自己的罪行,系坦白,可以从轻处罚。

(2)被告人杨某某自愿认罪认罚,并依法签署了《认罪认罚具结书》,可以依法从宽处理。

(3)案发后,被告人杨某某在家属的帮助下退缴违法所得5.8万元,可以从轻处罚。

(4)被告人杨某某系初犯、偶犯,应酌情从轻处罚。

四、证据认定

本案中,公诉机关提交了相应证据,法院审理后作出如下认定:

(1) 赌客证人龚某、顾某某、杜某某的证言及经上述证人确认的相关软件照片,证实被告人杨某某利用社交软件建立群组,组织群内人员通过棋牌App进行赌局,按群内规则进行赌资结算,以向每局赢家收取房费形式非法获利等具体情况。

(2) 公安机关出具的扣押决定书、扣押笔录、扣押清单、相关工作情况,司法鉴定科学研究院出具的司法鉴定意见书及经被告人杨某某确认的相关信息界面照片等,证实公安民警依法向被告人杨某某扣押其登录账号运营管理赌博群组、收取获利的犯罪工具苹果手机2部;并通过手机内信息界面确认了本案被告人杨某某用于开设赌场的管理账款微信账号、部分赌博人员微信账号及哈灵麻将App购卡、赌局数量、收取房费信息等具体情况。

(3) 被告人杨某某的供述,对指控的犯罪事实供认不讳。

(4) 公安机关调取的户籍信息,证实被告人杨某某的年龄等身份情况。

(5) 公安机关出具的侦破经过、工作情况,证实本案的案发及被告人杨某某的到案经过等情况。

上述证据收集程序合法,内容客观真实,足以认定指控事实。被告人杨某某对指控的犯罪事实和证据均无异议,并自愿认罪认罚。

五、争议焦点

本案被告人对指控的犯罪事实及定性均无异议,并自愿认罪认罚,该案事实清楚,控辩双方没有明显争议。

六、辩护意见

(1) 被告人杨某某被公安机关抓获后,能如实供述自身相关罪行,依法构成坦白,可以从轻处罚。

(2) 被告人杨某某自愿认罪认罚,在审查起诉阶段签署《认罪认罚具结书》后,经过本人要求,其家属已经在庭前代杨某某积极退出全部违法所得,体现了其认罪认罚的良好态度,可以酌情从轻处罚。

(3)被告人杨某某犯罪主观恶性不深,社会危害性较小,杨某某一贯表现良好,没有任何犯罪前科,本次系初犯、偶犯,因为法律意识淡薄,不慎走上犯罪道路,且亲友圈中以亲戚朋友居多,未造成严重后果,其主观恶性不深,社会危害性较小,可挽救程度高。

(4)被告人杨某某家中有一个上小学的女儿需要抚养,其作为孩子的母亲,虽然此次触犯了法律理应受到惩罚,但对于年幼的孩子来说,若母亲长期不在身边对孩子的身心都有严重影响。另外,杨某某于2019年10月31日进行左肺部部分切除手术,该病情受环境影响比较大且需要定期复诊,不适合长期羁押。恳请法庭能够本着惩罚与教育相结合的原则,对其从轻处罚,使其能够尽快回归家庭、回归社会。

七、法院判决

法院认为,被告人杨某某以营利为目的开设赌场,其行为构成开设赌场罪。公诉机关指控的事实及罪名成立。被告人杨某某到案后如实供述自己的罪行,可以从轻处罚。被告人杨某某积极退缴违法所得,可以酌情从轻处罚。依据经2006年《中华人民共和国刑法修正案(六)》修正的《中华人民共和国刑法》第三百零三条第二款,《中华人民共和国刑法》第十二条第一款、第二十五条第一款、第六十七条第三款、第六十四条之规定,判决如下:

一、被告人杨某某犯开设赌场罪,判处有期徒刑十一个月,并处罚金人民币一万元。

二、扣押的作案工具手机二部及退缴的违法所得均予以没收。

八、律师感悟

随着网络科技的发展,聚众赌博也不再拘泥于某处实际存在的场地中,本书中也多次提到线上赌博这种赌博形式,参与线上赌博往往对参与者的参赌方式有一定要求,其中常见的一种就是参赌前要支付一定的入场费用以购买"房卡"。本案就是典型为线上开设赌场的犯罪活动提供参赌的"房卡",通过代理充值"房卡"赚取差价的方式牟利,笔者认为此种行为也应属于为提供场地类开设赌场的行为。

本案中杨某某是有正当工作的，家庭也算幸福美满，但无奈其喜好赌博，平时自己就会玩"哈灵麻将"，后发现做"房卡"代理可以以优惠的价格拿到"房卡"，这样不但自己可以低价玩"哈灵麻将"，如果有人找其开房，其还可以赚取差价当作业余收入，于是其便这么做了。

案发后，杨某某的丈夫找到笔者并委托笔者为杨某某辩护，笔者接受委托后全程跟进案件的进展，为杨某某进行了专业的法律分析，加之杨某某本人在羁押期间也受到了相关法治教育，故其本人的态度自始至终都是认罪的，并向律师表示希望能为其争取最大限度的从轻或减轻处罚。笔者以此为出发点，在检察院阶段积极与承办检察官沟通，发表辩护意见，而后于审查起诉阶段，在杨某某未实际进行退缴违法所得的情况下，签署《认罪认罚具结书》时争取到有期徒刑一年一个月的量刑建议，这已经是一个比较好的结果，但笔者仍坚持不懈地为杨某某进行最终辩护，最终在审判阶段，法院判决在检察院量刑建议的基础上，再减两个月，即判处有期徒刑十一个月。当然这其中少不了家属的配合，杨某某的家属从来没有放弃过她，在审判阶段，积极为其筹措钱款，帮助杨某某退出违法所得，为其赢得最后减轻处罚的机会！

经此一事，笔者相信杨某某一定会痛改前非，等刑罚执行完毕，望其可以开始全新的生活。也希望读者可以引以为戒，远离赌博，好好生活。

【类案摘录】

案例42 许某提供线上"房卡"开设赌场案*

2019年12月至2021年1月,被告人许某利用微信、默往等召集赌客,在"哈灵麻将"App平台上为赌客提供"房卡"进行赌博,通过每局向大赢家收取房费的方式获利,共计非法获利1.7万余元。2021年1月7日,被告人许某被公安机关抓获,到案后如实供述了上述事实。审查起诉阶段,许某通过家属退缴违法所得1.7万元。

法院认定被告人许某以营利为目的,开设赌场,其行为构成开设赌场罪。公诉机关指控的罪名成立。被告人许某到案后如实供述自己的罪行,可以从轻处罚。被告人许某有退赃表现,可酌情从轻处罚。法院依据经2006年《中华人民共和国刑法修正案(六)》修正的《中华人民共和国刑法》判处许某有期徒刑六个月,并处罚金6000元。

---

* (2021)沪0116刑初482号案件。

第十四章

开设赌场罪案件律师辩护策略

刑事辩护是一项专业性极强的工作,这种专业性不仅体现在对于法律知识的掌握与运用上,还需要辩护律师具有大量的社会常识,且擅于逻辑推理,也要有快速学习的能力。通常来讲,法律条文的内容是具体的,但对于法律条文的适用,比如行为的法律定性,则需要透过现象看本质,有一个认证的过程。法律是严谨的,与刑事相关的法律、司法解释更是如此,辩护律师依循法律的框架针对一个个的案件开展具体工作,每个案件的内容可谓五花八门,但所有的工作围绕着一个主线,即从犯罪的构成出发,结合事实的查明及法律的适用,为被告人争取合法合理的处罚结果,维护法律的实施,追求法律公平与正义。

撰写本书时,我们整理了近年来刑事辩护团队代理的开设赌场罪案件,共有 162 件,本书收录了其中的 42 个典型案例,笔者按照刑事案件办案流程,对有关开设赌场罪的辩护策略简要归纳整理如下:

1. 律师应及时介入辩护

在刑事案件的办理过程中,律师辩护工作是贯穿始终的,且越早介入越好。通常我们会提到"黄金 37 天",就是说犯罪嫌疑人被刑事拘留后,通过律师的辩护,其被释放的概率在 37 天内最大。案件发生后,从委托人或家属的角度出发,内心是十分焦急的,在确认委托律师后,便希望律师能第一时间介入办案,尤其是委托人被羁押在看守所的情况下,家属希望律师能马上会见到委托人。

在了解案件的基本情况之后,辩护律师应当及时与公安机关或公诉机关对接,依法提出自己对案件的看法,并形成书面的辩护意见递交办案机关,当案件发生变化或了解的信息出现更新时,辩护律师更应该及时向办案机关递交补充辩护意见。

有很多被羁押的委托人,通过笔者会见了解基本案情后,及时向公安机关提交辩护意见,得到采纳,被取保候审成功;也有被逮捕后的委托人,通过辩护律师协助办理退赃或谅解,再向检察机关递交《羁押的必要性审查申请》,成功变更强制措施为取保候审;更有通过辩护律师及时地提出辩护意见,委托人被公安机关撤销指控,或被检察机关作出不起诉决定。

笔者认为,及时介入辩护不仅仅是要在时间上及时,更应该在办案机关发生变化，或案件情形、证据等发生改变时随时作出辩护思路的调整，以充分保障委托人的权益。

2. 律师应全面了解案件事实

案件卷宗是由侦查机关制作的，也是检察机关提起公诉、法院审判的依据，辩护律师应当认真阅看卷宗，全面了解案件事实，尤其是委托人涉案的行为及罪名情况，为提供有效辩护打下良好的基础。

当案件尚处于羁押或侦查阶段时，由于辩护律师无法阅看案件的卷宗，很难全面还原案件的事实，这时就需要辩护人多次会见委托人，并与承办人员沟通，尽力了解更多的案件事实，不可消极等待。只有了解更多的案件事实，才能更好地为委托人提供帮助。在此阶段，律师了解案件的事实是一个循序渐进的过程，通过与委托人的多次会见慢慢还原案件的整个脉络，同时根据以往的办案经验，作出合理的判断。当然，律师在了解案件事实时，也要有基本的生活经验，至少是与该案件事实相关的经验或知识储备，如恰好没有该方面的知识储备，则需要向专业人士求助，学习与案件事实相关的知识，以达到通过案件的事实表象探究所涉法律行为本质的目的。

根据笔者的经验，有部分案件的事实，可通过已经生效的法律文书予以确定。在共同犯罪的案件中，部分当事人已经被追究刑事责任，则生效的判决书中载明的犯罪事实即可作为同案犯案件事实的参考。我们经常遇到这样的情况，同一家公司或同一个团伙的主犯已经判决生效，从犯刚刚抓获到案，则律师可以通过了解已生效判决文书中载明的案件事实，来推定本案主要的犯罪事实，进而作出初步的法律建议，比单独地从委托人处了解案情更具有真实性。

3. 律师应与委托人安排多次会面

委托人被羁押的，辩护律师为全面了解案件事实，需安排会见委托人。大多数的看守所对于会见次数没有限定，但对于每次的会见时间有一定的约束。以上海为例，律师单次的会见时间为45分钟或60分钟，这就需要辩护律师与委托人在会面时要高效沟通。正是由于会面时间的限制，辩护律师应当安排多次会面，不能因为怕付出时间精力而怠于安排会见工作。

以笔者的工作习惯来说，新承接的案件会在第一时间安排会见工作，且在第一次会见后的两三个工作日内再安排一次会见，通过短期内的两次沟通，案件的基本脉络清晰，也给了双方首次会面后几天的时间考虑或补充，这样的工作效率反而更高，实际效果也就更好。有的律师限定办案时的会见次数，笔者认为这是很不科学的。相反，如果多次会见完全与案件进展无关或经常要求律师隔三岔五地会见，这种会见是无效的，也是不能接受的，所有的会见工作应以办案必需为前提。当然，笔者并不是说当案件无进展时，律师不应前去会见委托人，律师是为委托人提供法律服务的专业人士，也是委托人与家属间的桥梁，定期会见有一定的必要性，但不应成为律师办案的累赘。

4. 律师应严格剖析犯罪的构成要件

《刑法》中的罪名是确定的，但每个罪名的具体犯罪行为是多种多样的，在法律条文中不可能对每个罪名对应的具体行为方式进行列举。以本书所讲的开设赌场罪为例，《刑法》中仅提到"开设赌场的……"，并没有解释或定义何为开设赌场，也未说明具体包含何种类型的赌博行为。所有的犯罪认定构成与否均需要经过一个印证的过程，即该种行为是否符合犯罪的全部构成要件。

辩护律师面对一个被控开设赌场罪的案件，应当从犯罪的构成要件逐一分析。

通过对开设赌场罪构成要件的分析，有的案件会变更罪名为赌博罪，或帮助信息网络犯罪活动罪等他罪，即由一重罪变为另一轻罪。笔者及团队代理的案件中，有很多委托人以开设赌场罪被刑事拘留，后于审查逮捕阶段或审查起诉阶段变更为帮助信息网络犯罪活动罪，将动辄三五年的刑期降至几个月或三年以内。

笔者经常遇到一些委托人，可能是从网络上查询过相关的法律条文，或者听说过帮助信息网络犯罪活动罪这个罪名，知道该罪名的最高刑罚为有期徒刑三年，属于非常轻的一个罪名，只要犯罪行为涉及提供广告服务或资金支付结算服务的，就想将开设赌场罪辩护为该罪名。殊不知，网上开设赌场共同犯罪的认定问题有相关的司法解释予以规范。最高人民法院、最高人民检察院、公安部《关于办理网络赌博犯罪案件适用法律若干问题的意见》中明确规定：

明知是赌博网站，而为其提供下列服务或者帮助的，属于开设赌场罪的共同犯罪，依照刑法第三百零三条第二款的规定处罚：

（一）为赌博网站提供互联网接入、服务器托管、网络存储空间、通讯传输通道、投放广告、发展会员、软件开发、技术支持等服务，收取服务费数额在2万元以上的；

（二）为赌博网站提供资金支付结算服务，收取服务费数额在1万元以上或者帮助收取赌资20万元以上的；

（三）为10个以上赌博网站投放与网址、赔率等信息有关的广告或者为赌博网站投放广告累计100条以上的。

…………

有时候，单从被告人的行为来看，似乎与帮助信息网络犯罪活动罪相同，但正是有了前述特殊规定，被告人的行为会被认定为开设赌场罪的共犯，此时再作强行的辩解或辩护是无济于事的。须知，律师所作的辩护应是从犯罪事实与法律规定出发的，并不会因为某罪的判罚更轻而硬往轻罪去辩，这就成了明知不可为而为之，不仅得不到法院的支持，还会引起反感，或给人以非常不专业的印象。

5. 精确认定量刑的标准

开设赌场罪的处罚有两个档次，情节严重的，处五年以上十年以下有期徒刑，并处罚金；未达情节严重的，处五年以下有期徒刑、拘役或者管制，并处罚金。由此看来，精确认定"情节严重"会直接影响判决的结果。

相关的司法解释对于各种形式的开设赌场均有比较详细的量刑标准，比如抽头渔利的数额、赌资的数额、参赌人数、利润分成金额、服务费数额等达到一定的标准即构成"情节严重"；赌博机的数量、违法所得、赌资、参赌人数等达到一定的标准以开设赌场罪定罪处罚，在此标准基础上达到一定的倍数即构成"情节严重"。

法律或司法解释的规定是详细明确的，每个案件的事实是需要进行认定的，如何合法合理地认定，这就需要被告人与辩护律师合作，根据案件的证据材料予以综合确认，这是十分考验辩护律师功底的一项工作，对于判决结果也是至关重要的。

6. 把握法定量刑情节，争取从轻或减轻处罚

对于法定量刑情节，辩护律师一般关注于自首、立功、坦白等，或者共同犯罪中的从犯地位，这些情节对于刑期的影响较大。

笔者已经形成一种习惯，在首次会见委托人，或者同委托人面谈时，一定会问清案发时嫌疑人的到案经过，先确认嫌疑人是否有自动投案的情况，进而确定是否有自首情节。当然，自首情节的认定是比较复杂且严谨的。《刑法》第67条规定："犯罪以后自动投案，如实供述自己的罪行的，是自首。对于自首的犯罪分子，可以从轻或者减轻处罚。其中，犯罪较轻的，可以免除处罚。被采取强制措施的犯罪嫌疑人、被告人和正在服刑的罪犯，如实供述司法机关还未掌握的本人其他罪行的，以自首论。犯罪嫌疑人虽不具有前两款规定的自首情节，但是如实供述自己罪行的，可以从轻处罚；因其如实供述自己罪行，避免特别严重后果发生的，可以减轻处罚。"为此，《最高人民法院关于处理自首和立功具体应用法律若干问题的解释》还详细列明了各种可以认定为自动投案的情形、如实供述自己罪行的认定要求，以及类自首的详细情况。

《刑法》第68条规定："犯罪分子有揭发他人犯罪行为，查证属实的，或者提供重要线索，从而得以侦破其他案件等立功表现的，可以从轻或者减轻处罚；有重大立功表现的，可以减轻或者免除处罚。"《最高人民法院关于处理自首和立功具体应用法律若干问题的解释》第5条以及第7条详细列明了有立功表现的行为。

结合本书中的案例，绝大多数案件的被告人均是被公安机关抓获到案，到案以后如实供述自己的犯罪事实，系坦白，依法可以从轻处罚。本书只有部分案例中被告人有自首情节。其中，案例14中，唐某在公安机关至其家中抓捕时，其在外办事，了解到此情况后，主动与公安人员取得联系，并约定见面地点，有自动投案行为，到案后能如实供述犯罪事实，被认定为自首，依法予以减轻处罚。案例16中，饶某在得知其余几名同案人员被公安机关抓获后，在家属的陪同下前来上海，与笔者约定时间见面咨询，随后前往公安机关投案，到案后在首次讯问中即供述了主要犯罪事实，被认定为自首，在最终的判决时也与其他几名同案被告人有所区别，直观地体现了自首情节的

重要作用。

相对于自首与坦白而言,立功的认定是最少见的,而认定成立功的案件中,大多数也是协助抓捕同案犯这样的有立功表现行为。

本书中的案例 28 孟某某被公安机关抓获后委托笔者作为辩护人前往会见,得知其姐姐孟某也是同案犯后,笔者提出建议由其书写字条一张,大意是劝姐姐立即至公安机关自首,由监所管教将字条转给笔者,笔者再将字条交给家属并说明用途,姐姐收到转交的字条后,持字条至就近的公安机关投案,整个流程完毕。本案一审中姐姐孟某被认定为自首,而弟弟孟某某并未被认定有立功表现,被判处有期徒刑六年;笔者继续代理孟某某上诉,在二审中成功以该节事实认定为孟某某有立功表现,改判为有期徒刑四年。这是一起成功地争取立功表现的辩护案例,为委托人大幅减少了刑期。

在共同犯罪中,另一个重要的量刑情节即是主从犯的认定,如能认定为从犯,则依法应当从轻、减轻处罚。

7. 积极退赃,争取酌定从轻处罚情节

辩护律师通过了解案情,或查阅卷宗后,对于委托人存在违法所得的,应当与委托人及家属沟通,了解是否有相应的经济能力,尽力将违法所得全部退缴,即使因经济原因无法全部退缴,也可退缴一部分,同样也能起到酌定从轻处罚的作用。

本书中案例 1,王某某将全部违法所得 2 万元退缴;案例 5,陈某退缴违法所得 1000 元;案例 6,叶某某退缴了全部违法所得 2.03 万元;案例 12,黄某某退缴了自述的全部违法所得;案例 14,唐某退缴违法所得 5 万元……诸多案例均有此酌定可从轻处罚的情节,也最终体现在了判决的结果上。

8. 认罪认罚的选择

2018 年 10 月 26 日第十三届全国人民代表大会常务委员会第六次会议通过修改《中华人民共和国刑事诉讼法》的决定,其中增加一条,作为第 15 条:"犯罪嫌疑人、被告人自愿如实供述自己的罪行,承认指控的犯罪事实,愿意接受处罚的,可以依法从宽处理。"这就是认罪认罚制度的法律规定。

2019 年 10 月 24 日,最高人民检察院联合最高人民法院、公安部、国家安全部、司法部召开新闻发布会,共同发布《关于适用认罪认罚从宽制度的指导意见》，对认罪认罚从宽制度的基本原则、当事人权益保障等作出具体规定。

根据《检察日报》2022 年 10 月 15 日报道：2019—2021 年，全国检察机关在依法严惩严重刑事犯罪的同时，积极适用认罪认罚从宽制度，适用率从 2019 年的 49.3%，提高到 2021 年的 89.4%，增加 40.1 个百分点，2022 年 1—9 月提升至 90.5%。与此同时，刑事案件不捕率、不诉率逐年上升，2021 年不捕率、不诉率分别为 31.2%、16.6%，较 2018 年分别增加 9.1 个、8.9 个百分点。

本书所收录的案件中，大多数被告人自愿认罪认罚，有些也在审查起诉阶段签署了《认罪认罚具结书》，最终也获得了从宽处理的判决结果。

如果犯罪嫌疑人或被告人对于案件的基本事实是无异议的，对于涉案罪名也无异议或仅是想争取更少的刑期，那么辩护人应当在提出辩护意见的同时，与公诉机关沟通认罪认罚程序的安排。

笔者遇到过有些委托人或者家属可能对于认罪认罚不了解，认为这是不是表示律师放弃辩护了，会不会对委托人不利？如果不认罪，通过在审判阶段的辩护，会不会有更好的结果？委托人或家属的这些想法，辩护律师都能理解，但辩护律师肯定要在全案通盘考虑之后，结合办案经验，以及与公诉机关的沟通后，才会提出接受认罪认罚的法律建议，有效利用认罪认罚制度的优越性，为委托人争取最有利的量刑建议。

在实践中，同样的案件，或者同一案件中不同的被告人，在事实和罪名没有争议的前提下，认罪认罚与不认罪认罚所带来的后果还是有很大区别的，这也是我国法律增设这一制度的目的所在。

9. 律师应收集对委托人有利的证据

《刑事诉讼法》第 55 条规定："对一切案件的判处都要重证据，重调查研究，不轻信口供。"公安机关、检察机关或法院可以收集和调取与案件有关的证据，辩护人也有取证的权利。

根据《刑事诉讼法》第 41 条、第 43 条的规定，辩护人可以向办案机关申请调取对证明犯罪嫌疑人、被告人无罪或者罪轻的证据材料；辩护人也可以向有关单位和个人收集与案件有关的材料。

辩护律师经与委托人沟通，或查阅案件卷宗后，如发现有相关证据或证人可以证明犯罪嫌疑人、被告人无罪或者罪轻的，应当及时向办案机关申请调取，或依法自行调取相关证据材料。

10. 辩护应坚持到最后一刻

辩护应坚持到最后一刻，这是比较通俗的说法，也就是说，没有到判决作出的时候，就不应当放弃努力。

案件事实和罪名有较大争议时，辩护律师在审判阶段积极辩护自不必说，这是律师职责所在。当案件因被告人自愿认罪认罚，适用简易程序或速裁程序审理时，辩护律师也应当继续努力，在实践中，因为辩护律师和家属的努力，如退赃、预缴罚金等，使得判决结果在原《认罪认罚具结书》的基础上大幅减少的案例不在少数。本书中案例1、案例5、案例10、案例17、案例28、案例37、案例40等，均是在法院审理过程中，被告人通过辩护律师与法官的沟通，在其家属的帮助下，于判决作出前预缴了罚金，争取到了酌定从轻处罚的结果。

因此，辩护律师的辩护工作应当是以判决作出的时间为终点，不到最后一刻绝不能放弃。

后　　记

　　天下事有难易乎？为之，则难者亦易矣；不为，则易者亦难矣。2022年9月，《申如刑辩系列丛书》立项之初，编委成员们多次探讨撰写过程中的困难，确定编写方向后，我们积极地投入书稿的撰写工作中，慢慢形成编写体例，随着丛书第一本《诈骗罪案件律师代理实务》的完稿并出版，我们顿生信心，并加快了继续撰写的步伐。

　　正是有了第一本书编写的经验，我们在本书的案例选取方面节省了不少时间，尽力选取同一类型中最具典型性的案例，这些案例均是笔者所在的上海申如律师事务所刑事辩护团队代理的真实案件。因为这些案件均是我们亲自办理的，所以我们更能探究案件的内部详情，在允许的范围和限度内，使读者看到案件中较丰富的内容。

　　丛书的构思源于2022年上海申如律师事务所一次内部会议，面对数量庞大的刑事案件卷宗，我们萌生了分类汇编成书的想法。关于著书，我的恩师朱妙春大律师一直是我的榜样，也可以说是整个中国律师界的榜样，他年逾七旬，虽已著作等身，但仍笔耕不辍。当丛书第一本《诈骗罪案件律师代理实务》出版后的某天，我与恩师约定次日下午前去拜访他，到了中午他来电说刚好在环球港附近就餐，餐后直接来我处相见，省得我下午再单独跑一次，师徒之间不必见外，他就是这样一位随和的长辈。当看到我们的新书后，他非常高兴，给予了很高的评价，并鼓励我们要坚持下去，这是一件非常有意义的事。

　　本书得以出版，应当感谢知识产权出版社编辑刘江老师，他给予了我们很多建议，使我们的丛书逐步得以顺利出版，与刘江老师的合作也是源于恩师的传承；也应当感谢上海申如律师事务所的律师以及律师助理们，包括但不限于王为荣律师、王洋律师、王嵘律师、田冬明律师、张玉律师、秦婧律师、郭子媚律师、高颖律师、韩晖律师、韦庆格、王琪、龙晶晶、张安安等，他们或担任办案律师，或担任律师助理，或从事客服工作，均对本书中每个案件的办理倾尽了全力，对得起委托人的信任与选择；行政团队的李丛汐、乐婧菲为本书的前期准备工作提供了帮助，也一并表示感谢；最后应当感谢案件委托人及家属，是他们的信任与配合，使得律师们能成功办理案件，取得理想的成果。

本书编委成员除笔者外，另有上海申如律师事务所的同事们，他们有安金玲律师、王晓萍律师、谢灵珊律师、叶梅花律师、张晨律师，大家分工协作，加班加点，为本书的撰写倾注了心血，且不言辛苦，我们是一个极有执行力的团队。

这是我们上海申如律师事务所刑事辩护团队完成的第二部作品，书中定有不足之处，期待同人及读者提出批评与建议。我们也将继续努力，在办案的同时，做好刑事辩护领域的归纳与整理工作，使得办案与著书相长，在各位师友及同事的帮助下，我们将继续出版新的作品。

我们必将一如既往地认真办案、不负所托，努力达成申如律师的愿景——"申如"，您的申请，都能如愿。

张 兵

2023 年 12 月 18 日